리라이팅 클래식 005

맹자,
진정한 보수주의자의 길

리라이팅 클래식 005
맹자, 진정한 보수주의자의 길

초판 1쇄 발행 _ 2008년 5월 20일
초판 5쇄 발행 _ 2020년 5월 15일

지은이 · 이혜경

펴낸이 · 유재건
펴낸곳 · (주)그린비출판사 | 신고번호 · 제2017-000094호
주소 · 서울시 마포구 와우산로180 4층 | 전화 · 702-2717 | 팩스 · 703-0272

ISBN 978-89-7682-309-0 04150
이 도서의 국립중앙도서관 출판시도서목록(CIP)은 e-CIP 홈페이지(http://www.nl.go.kr/ecip)에서
이용하실 수 있습니다.(CIP제어번호: CIP2008001416)

Copyright ⓒ 2008 이혜경
저작권자와의 협의에 따라 인지는 생략했습니다.
이 책은 지은이와 그린비의 독점계약에 의해 출간되었으므로 무단전재와 무단복제를 금합니다.
책값은 뒤표지에 있습니다. 잘못 만들어진 책은 서점에서 바꿔드립니다.

이 저서는 2007년 정부(교육과학기술부)의 재원으로 한국학술진흥재단의 지원을 받아 수행된
연구임(KRF-2007-361-AL0016)

철학과 예술이 있는 삶 그린비출판사
홈페이지 · www.greenbee.co.kr | 전자우편 · editor@greenbee.co.kr

맹자,
진정한
보수주의자의 길

이혜경 지음

그린비

책머리에_생산적인 『맹자』 읽기를 위하여

정 때문일까? 전공 때문에 때때로 맹자를 만나면서 어느 때부터인가 그에게 호감을 갖게 되었다. 처음 동양철학 공부를 시작할 때는 동양의 것에 대해 곱지 않은 시선을 가지고 있었고, 지금도 그가 썩 마음에 드는 것은 아니다. 그러나 그의 사상이나 그 영향력이 어떠했든, 그 자신은 거짓 없는 대단히 고귀한 정신을 가진 사람이라고 느낄 수 있었다. 너무 이상적이라는 흠은 있지만, 개인과 공동체를 위한 그의 구상은 정말로 절묘한 것이어서 볼 때마다 감탄하게 된다. 그의 사상을 전하는 『맹자』는 세상에 나온 지 이천 년이 지났지만 여전히 새로운 해석을 낳고 있다. 그 정도로 사람들을 움직이는 것이라면 그에게는 뭔가 특별한 것이 있음이 분명하다.

맹자는 내가 아는 사람 가운데 가장 자존심이 강한 사람이다. 맹자만큼 자기 자신을 숭고한 존재로 여기는 사람을 나는 보지 못했다. 맹자는 인간의 핵심은 마음이라 생각했고 그 마음이 뻗어 가는 데까지가 자신이라고 생각했다. 인간의 육체는 작은 몸으로 한정되지만 마음은 세상 끝까지 뻗어 갈 수 있다. 맹자는 자신을 비롯한 인간을 그러한 존재로 믿었고 실제로 그의 삶은 그러한 존재가 보여 줄 수 있는 당당함과 명랑함으로 가득 찬 것이었다. 그의 마음은 한 몸에 갇혀 일신의 안위만을 염려하기에는 너무나 발랄했다. 그는 밖으로 뻗어 나가는 마음을 따라 점점 넓은 세상의 아픔과 기쁨을 함께 느끼며 자신을 키워 갔다.

그는 인간을 사랑의 존재로 파악했다. 그에 의하면 인간을 인간이게 하는 건 타인의 감정에 공감하고 타인을 염려하는 능력이다. 함께 느끼는 능력을 통해 타인과 연결되는 것이 인간의 본모습이다. 그러므로 자신의 본성대로 사는 인간은 고립되지 않고 세상 사람들의 마음을 넘나든다. 그러므로 맹자가 꿈꾸는 세상에서는 자신을 성장시키는 것과 우애로운 공동체를 형성하는 일이 한가지 일이다.

맹자가 『맹자』라는 책에서 설명하는 것은, 인간이 그러한 존재라는 것, 그리고 그러한 존재들이 모여 사는 평화로운 세상에 관한 것이다. 그러니 일신의 안위와 영화, 기껏해야 가족의 안위와 영달이 주 관심사이고, 그것을 당당하게 권리라고 생각하고 사는 오늘날 사람들의 눈에 맹자는 위선자이거나 허풍쟁이거나 나아가 사기꾼으로 여겨질 만도 하다.

다른 목적이 있는 것도 아니고, 단지 보다 멋진 사람이 되고 싶어서 가끔씩 불끈하는 속물적 본성을 감추는 위선이라면 누가 그런 위선을 나쁘다고 할 수 있으랴. 몸이 미처 못 따라가는 원대한 포부 때문에 허풍쟁이로 보일지라도 그것이 남에게 피해 주는 것이 아니라면 또한 무엇이 문제이랴. 아마도 맹자를 비롯한 유학자들에게 씌워진 가장 심각한 혐의는 사기꾼이라는 죄목일 것이다. '사람 잡아먹는 예교'라는 유학에 대한 루쉰(魯迅)의 참담한 단죄는, 유학이 근대 이후 어떻게 대접받았는지를 가장 예리하게 보여 준다.

맹자도 인정했지만 맹자가 생각한 인간다운 인간은 장삼이사(張三李四)가 쉽게 넘볼 수 있는 경지가 아니다. 그래서 맹자는 자신 안에 갇혀 사는 보통 사람과 달리 자신처럼 개인적 자아를 벗어난 사람들이 선각자의식과 책임의식을 가지고 세상을 선한 방향으로 인도해야 한다고 생각했다. 그리고 맹자의 구상은 얼마 뒤에 실제로 정치에 도입되어 중국이나 한국에서 오랫동안 정치이념으로 작동했다. 즉 맹자는 사심을 벗어난 도덕적 엘리트들에 의한 정치를 구상했다. 그 정치는 근대 민주주의의 세례를 받은 사람들의 눈으로 볼 때 '독재'로 불려야 할 것이었고, 루쉰처럼 신랄한 눈과 입을 가진 사람에 의하면 도덕적으로 이상적인 기준을 내세우며 보통 사람들의 평범한 욕망을 폄하하고 억압한 대(大) 사기참극이었다.

루쉰의 그러한 비난은 자신의 심장을 후벼 파듯이 다분히 비극적이다. 유학이 그토록 나쁜 짓만 했다면 왜 좀더 빨리 그것을 청산하지 못했는가? 나쁘기만 했는데도 그렇게 오랫동안 거기에 매여 있었다면 그 사람들은 얼마나 바보들인가? 그들은 서양의 계몽이 아니라면 언제까지나 그러한 어둠 속에 갇혀 있었을 모자란 사람들인가?

근대 서양의 전지구적 근대 계획 속에서 유학이라는 우리의 전통은 뭔가 대단한 잘못을 저지른 것으로 몰락했고, 맹자는 공자와 함께 유학을 상징하는 원흉이 되었다. 서양의 군사적 위협에 생존조차도 분명하지 않았던 비상사태에서 일어난, 거의 패닉 상태에서 저지른 살기 위한 몸부림이었으므로 정상은 참작되지만, 그것은 유학으로서는 억울한 재판이었다. 지금은 근대적 가치 자체가 의심받는 시대이므로 유학을 구박한 과거에 대해 반성하는 것이 훨씬 쉬운 일이 되었지만, 근대적 가치로 과거의 것을 평가하는 일이 얼마나 부당한 것인가는 조금만 생각해 보면 알 수 있다. 당신이 스무 살 때 왜 마흔 살인 지금처럼 의젓하지 못했냐고 비난하는 것에 비유될까?

스무 살의 인간에게는 의젓함이 아니라 오히려 경박한 반항심이 미덕이라는 비유로 유학을 옹호한다면 이는 절반 정도만 성공한 비유가 될 것 같다. 경박한 반항심과 유학은 결합되기 어려운 조합이기 때문이다. 이 비유를 통해 말하고 싶은 것은, 그 당시에는 유학이 사람들이 선택할 수 있는 가장 좋은 것이 아니었을까 하는 것이다.

그런데 유학이 갖는 힘은 스무 살이라는 한때의 미덕에 그치는 것이 아닐 수도 있다. 이천 년 동안 『맹자』를 비롯한 중요한 유학 경전들은 달라진 시대에 적응하기 위해 끊임없이 재해석되었으며, 현재까지도 『맹자』를 사모하는 사람들의 줄은 끊이지 않았다. 『맹자』가 사람들을 끄는 매력은 무엇보다도 나 자신이 이 세상 모든 가치의 원천이라고 주장하며 세상의 중심에서 주인으로 살라는 그 메시지일 것이다. 그 메시지는 산업사회의 톱니바퀴 위에서 위축될 대로 위축된 인간의 어깨를 으쓱하게 해주며 자신의 삶을 주체적으로 돌아보게 해줄 수도 있다.

유학이 인간의 자존감을 한껏 높여 준 윤리이론임은 분명하다. 그러나 유학은 또한 정치이론이다. 개인의 선한 삶이 모두의 선한 삶으로 이끈다는 윤리·정치이론이다. 서양에서 수입된 근대의 정치는 윤리와 분리된 것이다. 물론 정치인의 직업윤리는 묻지만, 정치인의 자질로 전인격적 고귀함을 요구하지 않는다. 축구선수가 축구만 잘하면 되는 것처럼 정치인은 정치만 잘하면 된다. 클린턴 전 미국 대통령이 세상을 떠들썩하게 한 섹스 스캔들을 일으켰어도 그의 정치적 능력을 평가한 미국 시민들은 그를 재신임했다. 유학의 영향 때문인지 연예인에게조차도 높은 도덕성을 요구하던 우리나라 사람들도, 드디어 도덕성에 흠이 있다 해도 경제적 능력을 높이 사겠다며 기능적인 대통령을 선택하기에 이르렀다. 이것이 세련된 민주 시민의 태도일지도 모른다. 유학처럼 정치인의 자질로 인격을 묻는 것은 시대착오적일지도 모른다. 루쉰의 비판처럼, 도덕성을 정치의 자격으로 요구함으로써 그저 평범한 보통 사람들을 도덕적 불구자인 것처럼 무시하며 위에서 그들을 조종하는 반민주적인 작태로 이어질지도 모른다.

그러나 그러한 현실 정치의 폐해는 맹자의 탓이 아니다. 맹자는 그러라고 한 적이 없다. 어떤 이론이든지 현실에서 적용되었을 때는 다른 모습으로 변모한다. 이론의 탓이 아주 없지는 않겠지만 대부분은 현실의 사람들이 책임져야 할 부분이다. 오히려 수많은 맹자의 후예들은 현실 정치의 부패 앞에서 맹자의 정신을 다시 상기하며 그 난국을 타개해 갔다.

유학이 역사적으로 오랫동안 권력의 등에 업힌 이론이었기 때문에 유학이 태생부터 권력을 추구하기 위한 이론이라고 오해하기 쉽다. 그러나 맹자는 자기 시대의 대세를 거부한 사람으로 출세와는 거리가 멀었다. 전쟁의 그 시대에 대세를 탄 다른 사상가들은 필승의 방법을 제공함으로써 권력을 얻었다. 맹자는 전쟁의 시대를 거부한 사상가였다.

전쟁은 어떤 것들은 발전시킬 것이다. 무기 산업을 발전시킬 것이고, 인간 관리술을 발전시킬 것이고, 생산의 발전도 촉진할 것이다. 그러나 한편에서는 더욱 많은 것들을 파괴한다. 인명을 파괴하고 일상의 터전을 파괴하고 자연을 파괴한다. 전쟁터에서는 모든 것들이 전쟁의 수단으로서 가치가 매겨진다. 인간 역시 예외가 아니다. 전쟁이 파괴한 가장 중요한 것은 인간의 존엄성이었다. 맹자는 인간의 존엄성을 지키려 한 사람이다. 그에게 좋은 것은 물질의 풍요로움이나 확대된 권력 같은 것이 아니었다. 그래서 그는 당대에는 현실을 모르는 서생으로 취급되었다. 그러나 그는 흔들리지 않고 자신의 믿음을 지켰다.

근대는 여러 가지 점에서 전국시대와 닮았다. 전국시대가 효율적인 전쟁을 정점으로 가치를 일원화시켰다면, 근대는 생산성을 정점으로 그러했다. 전국시대가 기존의 신분질서를 무너뜨리고 상민에게도 신분 상승할 기회를 주었다면, 근대는 기존의 신분질서를 무너뜨리고 평등한 세상을 열었다고 자부했다. 전국시대에는 창과 칼을 겨누고 노골적인 전쟁을 했다면, 지금은 경쟁이라는 이름의 일상의 전쟁, 경제라는 이름의 생업 전쟁을 한다. 어느 때에도 평등한 세상은 없었다. 다른 방식으로 신분은 재편되었다. 전국시대에 부국강병에 기여한 자와 그렇지 못한 자로 신분이 재편되었다면, 지금은 재산을 가진 자와 그렇지 못한 자, 재산이 있는 나라와 그렇지 못한 나라로 신분이 재편되었다.

근대의 진보 이념에 반대를 표명하고 그들과 다른 정치를 설계하던 사람들이 유럽에 있었다. 보수주의라는 이름을 얻은 그들의 정치 이념은 경제적 성장을 진보라고 생각하지 않았다. 그들은 이익을 합리적으로 추구한다는 이성을 가진 개인의 허망함을 비판하며, 행복한 삶을 위해서는 공동체 안에서 전통을 존중하며 인격적으로 성숙해 가야 한다고 생각했다.

나는 맹자가 정치적으로도 여전히 우리에게 영감을 줄 수 있다고 생각한다. 서양 근대의 보수주의자들처럼 진보 이념을 비판하면서 전통을 중요하게 생각하는 우리의 보수주의자가 있다면, 그들에게 전통은 유학이고 맹자일 것이다. 맹자는 인간이 이기적이라는 것을 알고 있었지만 자신의 마음은 그러한 인간에 대한 사랑으로 넘치고 있음을 자각했다. 인간의 본성을 먼저 자각한 사람이라는 자부심과 그에 따르는 책임감을 가장 포괄적으로 실천할 수 있는 방법은 정치였다. 그에게 정치는 자신의 사랑을 가장 폭넓게 실행하기 위한 길이었을 뿐이다. 이기적이기 십상인 권력자들을 다루는 것은 그의 또 다른 과제였다.

맹자는 좋은 삶에 대한 분명한 청사진과 그에 대한 믿음을 가지고 있었다. 그래서 그는 시대의 조류를 거스르는 보수주의자가 되었다. 오늘날에도 좋은 삶에 대한 그의 청사진에 공감하는 사람들은 있을 것이다. 그들에게 맹자는 현재적인 사람이 될 수 있다.

스스로 보수주의자가 아닐지라도 맹자 같은 이웃과는 사이좋게 지낼 수 있을 것이다. 그 사람은 유쾌한 사람이며, 스스로에게 부끄럽지 않으려고 하는 사람이며, 동정심이 풍부한 사람이며, 자신이 남보다 축복받은 사람이라는 것을 자각하고 그것을 사회에 갚아야 한다고 생각하는 사람이다. 어떤 힘 앞에서도 비굴하지 않을 수 있는 맹자 같은 사람과 이웃이 되고 친구가 된다는 것은 기쁨일 것이다.

서로의 말을 이해하면서 기분 좋게 대화할 수 있는 보수주의자가 있다면, 설사 내가 급진적인 진보주의자라도 그로부터 많은 것을 얻을 수 있을 것이다. 내가 말하는 진보는 진정 무엇의 진보인지를 다시 한번 생각할 기회를 갖게 될 것이고, 내가 선택하는 방식이 정말로 내가 원하는 것을 가져다줄 수 있는지 검토하게 할 것이고, 혹 내가 추구하는 진보가 누군가의 퇴보를 혹은 희생을 딛고 있는 것이 아닌지 돌아보면서 신중해질 수 있을 것이다.

:: 차 례

책머리에_생산적인 『맹자』 읽기를 위하여 • 4

1부 맹자의 시대와 그 사람됨

1_혼란한 시대와 대결하다 19
전쟁이 일상이 된 시대 19
대세는 부와 권력 23
법이 필요한 시대 25
맹자가 자임한 사명 28

2_그의 사람됨과 삶 33
맹모삼천과 교육 33
왕도정치를 향한 열정 35
스승으로서의 삶 38

2부 자신으로 사는 삶

1_나를 나이게 하는 것 45
나는 누구인가? 45
사람의 본성 45 | 사람 가운데 나 53
가치의 근원인 내 마음 60
진정한 나 60 | 나의 감정이 가치의 원천 62

맹자,
진정한
보수주의자의 길

2_본성 키우기 67

감정 예민하게 하기 69
공감의 능력 69 | 사랑은 배워야 하는 것 71 | 가장 진한 사랑 75
덕으로 정착시키기 82
감성에서 덕으로 82 | 하늘과 사람의 협동 85 | 네 가지 덕 89

3_마음 지키기 98

마음과 욕심의 대결 98
자신이 되기 위한 공부 102
집나간 마음, 마음을 찾기 위한 공부 102 | 스스로를 위한 공부 106
호연지기를 길러야 하는 이유 111
용기의 내면화 112 | 호연지기는 도덕적 체력 115

3부 세상의 주인 되기

1_관심 넓혀 가기 123

타인과 관계 맺기 123
타인과의 관계 맺기는 나를 완성해 가는 과정 123 | 관계의 매개는 덕 126 | 덕은 타인을 움직이는 능력 131
나를 중심으로 펼쳐지는 세계 135
맹자가 그린 좋은 사회 135 | 사람이 도를 넓힌다 139 | 내 마음과 세상의 규범 143

2_객관세계와 마주하기 149

내게 주어진 것 149
본성과 명 149 | 재아자와 재외자 152
명에 대처하는 자세 158
사명은 노력해서 완수할 것 158 | 그 결과에는 순응할 것 160 | 도덕과 정치, 그리고 나의 가치 164 | 운명의 영역을 최소화하는 노력 169

3_자기 신념 지키기 175

인류에 대한 위협 물리치기 175
인류 지키기는 문명 지키기 175 | 평등애의 공동체주의는 인을 무시하는 것 179 | 사회를 거부하는 개인주의는 의를 무시하는 것 185 | 인류은 개인과 공동체의 조화를 위한 것 187 | 다른 형태의 문명 위협자들 190
유용성의 원리 비판하기 195
부국강병의 법가 195 | 전쟁터를 누비는 외교 전문가들 201 | 전쟁을 반대하는 사람들의 논리 205 | 사이비 군자 207
부동심과 지언 214
언어와 정치 214 | 부동심을 위한 지언 218

4_권력 다루기 223

도덕적 지도자로서의 위상 223
제후에게 발탁되어야 하는 현실 223 | 도도한 덕의 전문가 225
관계의 원칙 228
군신유의 228 | 벼슬에 나아감과 물러남 231
혁명도 불사한다 235
혁명의 정당성 235 | 혁명의 조건 238

4부 우리시대의 맹자 읽기

1_세상의 중심에서 주인으로 사는 삶 245

    나는 정말 존엄한 존재인가 246
    완전하게 선하지는 않더라도 246 | 나와 세상을 행복하게 하는 힘 249
    성장의 과제 253
    세상의 중심으로 253 | 함께 성장하기 255

2_환영할 만한 보수주의자의 모델 261

    한국의 보수주의로서 유학 262
    근대 서양의 보수주의 262 | 우리의 보수주의로서 유학 267
    유학자의 긍지와 책임감 271
    덕의 불평등 271 | 도덕성에 근거한 자부심과 헌신 276

맺음말_맹자와 사이좋게 지내기 281

부록

맹자의 성선설 • 289
『맹자』와 원목차 • 310
찾아보기 • 315

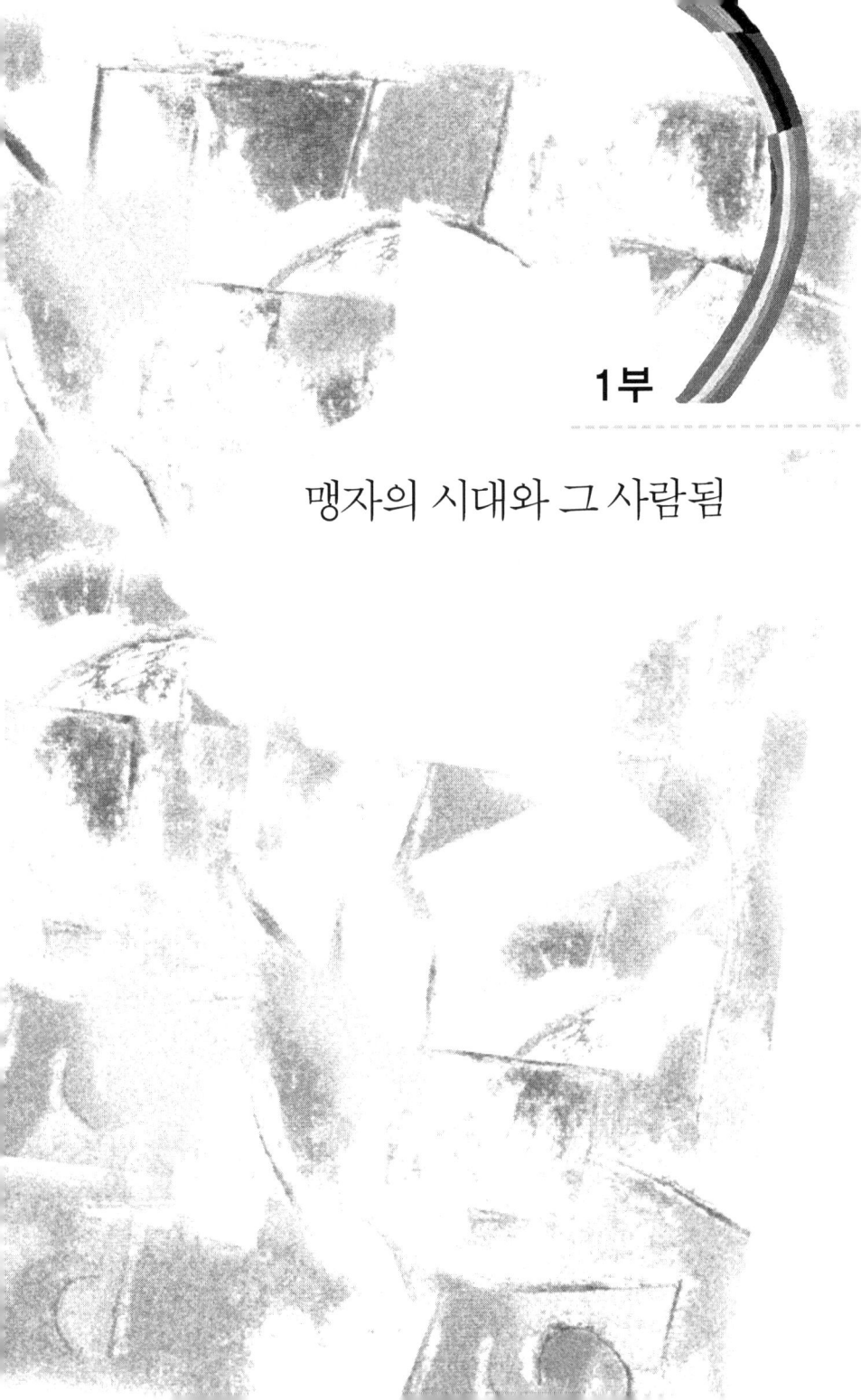

1부

맹자의 시대와 그 사람됨

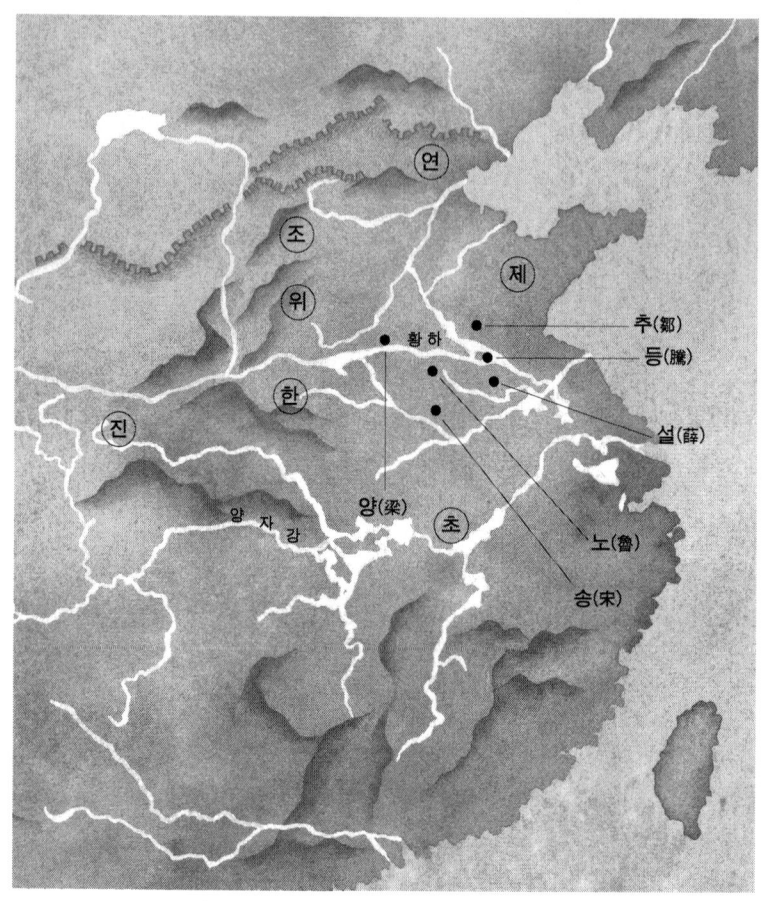

전국 7웅(원으로 표시)과 맹자의 행적

50세가 넘은 맹자는 자신과 정치적 이상을 함께할 제후를 찾아 20여 년 동안 세상을 편력했다. 그러나 끝내 뜻을 이루지 못하고 고향 추(鄒)로 돌아와 제자들과 토론하며『맹자』를 남겼다. 비록 살아서 자신의 이상을 실현하지는 못했지만『맹자』는 시대를 넘어, 아마도 맹자가 상상했던 그 이상의 영향력을 발휘했다. 참고로 맹자의 이동경로는 다음과 같다. 추→양→제→송→설→추→등→노→추

1_혼란한 시대와 대결하다

1. 전쟁이 일상이 된 시대

『맹자』는 맹자와 양혜왕의 대화로 시작된다. 자기 나라를 찾은 맹자에게 양혜왕은 어떻게 내 나라를 이롭게 해줄 것인가를 묻는다. 어떤 이익이 있을까 묻는 왕을 향해 맹자가 돌려준 대답은 당시의 시대상황과 맹자의 문제의식이 어떤 것이었는지를 단적으로 보여 준다. 맹자의 대답은 다음과 같았다.

왕은 어째서 이익에 대해서만 말씀하십니까? 진정 중요한 것은 인(仁)과 의(義)일 뿐입니다. 한 나라의 왕이 '어떻게 하면 내 나라를 이롭게 할 수 있을까' 궁리하면, 그 아래 대부는 '어떻게 하면 내 집안을 이롭게 할 수 있을까'를 궁리하고, 선비와 서민들은 '어떻게 하면 내 한 몸 이롭게 할 수 있을까'를 궁리합니다. 이처럼 위아래가 다투어 자신의 이익을 취하려 하면 나라는 위태로워집니다.(「양혜왕 상」1)

맹자는 기원전 372년에 태어나서 기원전 289년에 죽은 것으로 추정된다. 이 시기는 역사적으로 전국시대(기원전 403~기원전 221년)에 해당한다. 전국(戰國)이라는 단어는 중국 전체가 통상적인 전쟁상태에 있었다는 것을 표현한 것이다. 전국시대 이전에는 주(周)라는 봉건국가가 중원을 통치하고 있었다. 주는 왕이 지배하는 중앙의 땅 주위를 봉지로 편성하여 그곳에 왕의 혈연을 제후로 책봉했다. 중앙과 지방은 혈연과 제사, 군사 등으로 연결되어 있었다. 씨족집단에서 출발했던 그 집단 내부의 질서는 혈연적인 유대에 의해 유지되었고, 봉건국가로 성장해도 가족질서의 구도는 변하지 않았다. 그들은 부자간의 은혜와 복종 관계, 형제간의 서열 등으로 질서를 유지했다.

시간이 지나면서 그러한 혈연적 유대는 자연히 느슨해졌다. 결정적으로 기원전 8~7세기경부터 철제 농기구가 사용되고 치수·관개 사업이 가능해진 이후, 농작물의 비약적인 증가는 전통적 계급 구분을 흔들었다. 특히 서쪽의 진(秦)이나 북쪽의 진(晉), 동쪽의 제(齊), 남쪽의 초(楚) 등 변방의 제후국들은 중앙의 왕보다 경제적으로나 군사적으로 더 큰 힘을 갖게 되었다. 중앙의 왕은 이전처럼 제후국과의 관계를 유지할 능력을 잃었고, 제후국들은 독립적으로 국력을 키우기 시작했다.

그러나 어느 한 나라가 이전의 왕을 대신할 만큼 강성하지는 못했다. 남쪽의 중요한 세력이었던 초(楚)가 작은 국가들을 침략하자, 약소국가들이 제(齊)에 의지하게 되면서 제의 통치자 환공(桓公)은 유능한 재상 관중(管仲)의 도움을 받아 중원 안의 상호방위조약을 체결했다. 환공은 이 제후국 동맹의 대표로 추대되어 중원의 평화와 함께 주왕의 명예를 지키는 일을 수행했다. 이들은 불효한 자는 죽이고 세자를 바꾸지 않으며 첩을 정실로 삼지 말 것으로 시작하는 몇 가지의 맹약을 체결했다. 이는 이전의 사회질서를 지키겠다는 의지를 표명한 것인데, 그 이면을 보면 제후의 가족질서가 그러한 구호가 필요할 정도로 흔들리고 있었다는 것으로 읽힌다.

패자(覇者)라 불리는 이러한 제도는 전쟁이 가열되는 것을 지연시킬 수는 있었지만 막을 수는 없었다. 패자제도가 유지되던 시대를 전국시대와 구별하여 춘추시대(春秋時代, 기원전 770~기원전 403년)라고 부른다.

맹자가 태어났을 때는 이미 패자제도도 기능을 상실하고 파괴적인 전쟁이 점점 가열되고 있을 때였다. 그 전쟁 속에서 살아남은 제후국들의 숫자는 점점 줄어들었다. 감소한 제후국 가운데에서도 주요한 7개의 나라가 칠웅(七雄)이라고 불렸다. 서쪽의 진(秦), 동쪽의 제(齊), 남쪽의 초(楚), 동북쪽의 연(燕), 그리고 연 서쪽의 조(趙)와 그 아래의 위(魏)와 한(韓) 등이었다. 과거와 같은 동맹을 부활시키는 것을 비롯하여 전쟁을 막기 위한 여러 조치들이 있었지만 어느 것도 효과를 거두지 못했다. 전쟁은 어느 한 나라가 중원을 통일할 때까지 계속될 기세였다.

세상을 살기 어렵게 한 것은 제후국 간의 전쟁만이 아니었다. 기존에 인간관계를 맺어 주던 가족윤리가 무너지고 새롭게 계급이 재편되어 가는 때였다. 제후뿐 아니라 누구의 경우에도 순간의 판단이 대대손손의 영화를 판가름할 것이었다. 제후국 내의 반역과 암살은 수도 없이 발생했다. 아들이 아버지의 재산을 노리고 차남이 장남의 지위를 노리고 자행되는 패륜도 끊이지 않았다. 앞에서 인용한 맹자의 말처럼 제후는 제후대로, 대부는 대부대로, 서민은 서민대로 욕망의 한도가 무너져 가능한 모든 수단을 동원해 넘볼 수 있는 모든 것을 욕망했으며, 또 그렇게 자란 욕망을 실현시켰다. 제후들은 자신들을 모두 왕이라고 부르기 시작했다. 이전에 표면상으로 내세웠던 주왕에 대한 충성이라는 슬로건이 더 이상 의미가 없어진 실리추구의 시대였다.

모든 사람이 통일만이 구제 방법이라고 여긴 것은 아니었지만, 그 통상적인 전쟁 상황이 정상적이지 않다는 인식은 모두가 공유했다. 그러한 비정상적인 상황이 200년 가까이 지속되었다. 제후들은 나라의 존속을 위해 그리고 적극적으로 통일의 주체가 되기 위해 아이디어를 제공할 인재들을 필요로 했고, 제후들의 수요에 부응하여 수많은 인사들이 세상에 자신의 얼굴과 이론을 알리며 등장했다. 자신의 재능을 시험하고 야심을 실현하기 위해, 혹은 세상을 구원해야 한다는 사명감 때문에 각지의 사람들이 통일의 대책을 내놓으며 학파를 형성했다. 개중에는 인간의 욕망을 경쟁적으로 자극하는 사회 자체에 염증을 느끼고 사회를 떠나고 싶어 하는 사람도 있었고, 경쟁 자체를 부정하며 평등한 사랑을 주장하는 사람도 있었다. 백가쟁명(百家爭鳴)이라고 하듯, 수많은 학자들이 변화한 세상을 위한 혹은 세상의 변화를 위한 이론을 경쟁적으로 전개했다.

2. 대세는 부와 권력

비슷한 힘을 가진 여러 나라들이 병립해 있는 상황에서 서로 통일의 주도권을 잡기 위해 싸운다면, 어느 나라라도 섣불리 다른 나라를 공격하기 어렵다. 자신과 비슷한 힘을 가진 나라가 약소국을 공격하는 것을 그대로 보고 있을 수도 없다. 곧 자신보다 더 강한 힘을 가질 것이기 때문이다. 누구라도 경쟁자이므로 전술적으로 누구와도 일시적으로 동맹을 맺을 수 있다. 동쪽의 나라와 동맹을 맺어 함께 남쪽의 나라를 친다면 손쉽게 승리를 내다볼 수 있다. 그러므로 어느 한 나라가 눈에 띄게 강해져도 공공의 적이 될 수 있다. 나머지 나라들이 자신들의 생존을 위해 그에게 대항하기 위해 연합할 수 있기 때문이다. 이 시대에 여러 나라를 돌아다니며 연합을 주선하는 전문 외교가들의 인기가 하늘을 찌를 듯했던 것은 당연했다. 남북의 나라들을 종으로 혹은 동서의 나라들을 횡으로 연합한다는 의미로 그들은 종횡가(縱橫家)라고 불렸다.

    그러나 근본적인 것은 역시 강한 군사력을 갖는 것이다. 강한 군대, 그리고 인적으로 물적으로 강한 군대를 뒷받침할 많은 농민을 확보하는 일, 이론적으로 실천적으로 그러한 부국강병을 전문으로 하는 집단이 가장 시세가 높았다. 그들은 제도라는 의미를 갖는 '법'(法)에 대한 이론을 전개했기 때문에 법가(法家)라고 불렸다. 기원전 356년 상앙(商鞅)은 진(秦)의 고위관리로서, 농본주의와 법치주의를 근간으로 하는 제도개혁〔變法〕을 실시했다. 과거 봉건제의 토지제도였던 정전제를 폐지하여 토지를 농민이 소유하고 매매할 수 있게 함으로써 과거의 봉건적 요소를 제거하고 중앙집권화를 꾀했다. 이는 생산력을 증대시키고 동시에 중앙에서 세제를 직접 징수함으로써 재정의 증대를 달성하는 효과를 낳았다. 평화 시에 농사를 짓는 농민은 유사시에는 군사가 되었으며 정부는 이들의 공과를 평가하여 엄격한 상벌을 실시했다. 세습적 귀족계급 역시 철저하게 공과에 따라 계급과 지위를 포함한 상벌을 받게 함으로써 과거의 귀족계급은 자연스럽게 해체되었다. 상앙보다 앞서서 위(魏)의 이회(李悝), 초(楚)의 오기(吳起), 그리고 상앙과 비슷한 시기에 한(韓)의 신불해(申不害), 조(趙)의 신도(愼到) 등이 근본이 같은 성격의 제도개혁을 단행했다.

관개와 철제 농기구의 도입으로 급격히 늘어난 생산량은 또한 상업을 발달시켰고, 상인계층의 발생은 교역을 목적으로 한 상품 생산을 촉진했다. 점점 큰 자본을 갖게 된 상인은 정치가와 결탁하여 권력관계에까지 관여하게 되니, 통일을 위한 이론가가 되는 것뿐 아니라 상업과 같은, 이전에는 주목받지 못했던 여러 가지 능력으로, 누구의 자식으로 태어나든 무엇이든 꿈꿀 수 있는 세상이었다. 종횡가인 소진(蘇秦)이라든지 법가의 혁신가 상앙, 군인 출신의 전쟁 전문가 손자(孫子) 같은 사람들은 개인의 능력만으로 출세한 사람들이었다. 이 전국(戰國)을 통일한 진시황을 만든 것은 거상 여불위(呂不韋)였다.

제후는 부국강병을 꿈꾸고 나라 안의 사람들은 제각각 늘어난 행운의 기회를 잡기 위해 세상을 향해 눈을 돌렸다. 물질적인 부와 그 흐름, 권력의 이동, 모든 것들이 이전과는 달리 손에 잡힐 듯한 세상이었다.

    법가가 단행한 제도개혁은 그 시대와 그 시대의 인간들이 원하는 것을 제대로 포착한 것이었다. 제후뿐 아니라 모든 사람들이 부와 권력을 원했다. 법가는 부와 권력을 향한 사람들의 욕망을 이용하여 그 욕망이 빚어낼 수 있는 힘을 제후의 부와 권력을 위해 집중시켰다. 생산의 증대와 필승의 군대는 제후가 원하는 것이었다. 제후가 원하는 것을 제공하는 사람들은 제후의 보호 아래서 부와 권력을 누릴 수 있었다. 앞의 인용문에서 맹자는 혜왕에게 "왕은 어째서 이익에 대해서만 말씀하십니까? 진정 중요한 것은 인과 의일 뿐입니다"라고 말하지만, 이익을 무시하고서는 생존조차도 여의치 못한 상황이었다. 이익을 좇아 전쟁을 하는 것은 자신을 지키기 위한 것이기도 했다. 인과 의는 더 이상 어떤 울림도 갖지 못하는 말이었다. 맹자의 묘사처럼 제후는 제후의, 대부는 대부의, 서민은 서민의 이익을 찾지만, 맹자의 우려와는 달리 그들의 욕망 추구는 나라를 위태롭게 하기는커녕 부국강병의 원동력이 되었다. 법가가 마련한 신상필벌(信賞必罰)의 제도 속에서 사람들의 욕망은 한 방향으로 집중되었다.

3. 법이 필요한 시대

기원전 536년, 정(鄭)의 재상이었던 자산(子産)이 법을 공개한 것이 중국 성문법의 효시라고 한다. 자산은 보수파들의 강한 반대를 무릅 쓰고 '당면한 사태에 대처해야 한다'라는 이유로 형법(刑法)의 공개를 감행했다.

보수파들이 염려했던 것은 법령을 이해하게 된 보통 사람들이 더 이상 상전을 두려워하지 않고 형법을 근거로 송사의 마음을 갖게 될 것이라는 예상이었다. 염려에 가득 찬 그러한 예상은 근거 있는 것이었다. 자신들의 행위를 규제하는 것이 상전의 변덕이 아니라 정해진 법이 되면, 혹 그 법이 아무리 가혹한 것이더라도 자기 행위가 사회에서 어떤 결과를 낳을지 예측할 수 있게 되고, 따라서 스스로 장래의 계획을 세울 수 있게 된다. 법가들이 법을 공표하면서 강조했던 "반드시 약속한 대로 상과 벌을 실시한다"(信賞必罰)는 원칙은 법가적 기획의 성공을 담보하는 중요한 요소였다. 법에 대한 믿음이 생기면 그 사회의 구성원들은 법이 인정하는 한에서는 자신의 권리를 주장하기 시작한다. 기존의 세습적 귀족이 행사하던 전횡이 효력을 발휘할 수 없음은 물론이고 새로 부상한 귀족이라 하더라도 법을 지켜야 한다. 그러므로 법은 개인의 행위를 제한하면서 동시에 보호해 주는 역할을 했다. 부국강병을 기치로 내걸었던 법가의 개혁은 귀족들의 세력 확대를 억제하고 중앙으로 권력을 집중시키는 효과를 노린 것으로, 한편으로는 신흥 세력의 권리의식을 키우고, 다른 한편으로는 그 권리를 지켜 주는 것이었다.

실제로 형법이 공표된 지 약 20년 뒤 정나라에는 일종의 사설 변호사도 등장했다. 등석(鄧析)이라는 사람인데, 그는 독자적으로 죽간(竹簡)에 형벌을 써넣은 죽형(竹刑)을 제작하여 공개하고, 개인 사무

소를 열어 보수를 받고 소송문제를 상담해 주었다고 한다. 등석은 그의 존재를 불편해 한 정나라 귀족에 의해 살해당했다. 법의 등장은 그 시대의 계급관계 전체를 위협하는 일이었으니, 등석이 살해당한 것은 예상하지 못할 일도 아니었다.

등석과 거의 동시대를 살았던 공자는 "소송을 다루는 일은 나도 남들만큼 하지만 소송 그 자체를 없애고 싶다"(『논어』 「안연」 13)고 자신의 입장을 밝혔다. 공자의 이 말은 소송이 잦았다는 사실을 보여 주면서 동시에 소송이 빈번해진 현실을 마주한 보수파들의 심정을 대변한다. 공자에게 법이 단적으로 어떤 것이었는지 보여 주는 사건으로 『논어』에 등장하는 직궁(直躬)이라는 사람의 일화가 있다. 이웃집 울타리가 무너져 자기 집으로 뛰어 들어온 양을 자기 아버지가 숨기고 주인에게 돌려주지 않자, 아버지를 절도범으로 고발한 아들이 있었다. 이 아들에 대해 그 동네 영주가 공자에게 정직한 청년이라고 칭찬하자, 공자는 "아버지는 아들을 위해 숨겨 주고 아들은 아버지를 위해 숨겨 주는 데야말로 참된 정직이 있다"(『논어』 「자로」 18)라며 반박했다.

순수하게 법만이 인간관계를 조정하는 사회에서는 각 개인은 국가가 의도한 대로 이익을 좇는 자신의 본성에 충실해서 법을 지킬 것이다. 이 직궁의 이야기는 공자의 위기의식 때문에 과장된 것일 수도 있지만, 법적인 인간관계가 관철되면 부자간의 관계도 타인 사이의 관계와 다를 바 없게 될 것이라는 것을 시사한다. 인간 사이에는 오직 이해관계만이 지배할 것이다. 인간이 가진 이기심을 간파한 국가가 내건 포상금과 형벌만이 인간행위를 지배할 것이다.

　법가는 인간의 욕망을 인정하고 오히려 그것을 적극적으로 이용했다. 반면 공자는 주대의 봉건사회에서 작동했던 효제(孝悌)의 윤리를 이상적인 사회윤리로 생각했다. 아들이 아버지에게 갖는 존경과 사랑의 마음을 나라 안의 모든 친족 어른에게 갖는다면 당시와 같은 하극상이 빚은 혼란은 없을 것이다. 아버지가 아들에 대해 갖는 애틋한 마음을 나라 안의 모든 약자에 대해 갖는다면 나라 안에 굶어 죽는 백성은 없을 것이다. 동생이 형에 대해 갖는 공손한 마음을 나라 안의 모든 연장자에게 갖는다면 법이 없어도 욕망의 충돌은 없을 것이다. 형이 윗사람으로서 동생을 배려하는 마음을 나라 안의 모든 연소자에게 갖는다면 소외당하는 사람 없는 우애 넘치는 사회가 될 것이다. 그 사회는 인간이 가진 자연스러운 성정에 의해 인간관계가 맺어지는 사회였다.

　법은 인간이 가진 그러한 우애의 성정은 무시하고 인간의 이기심만을 인정한다. 공자에게 법이란 인간이 갖는 자연스러운 성정을 내동댕이치고 밖으로 향하는 욕망을 좇으면서, 인간성을 잃고 나아가 사회를 파멸로 이끄는 그러한 것으로 비쳤다.

4. 맹자가 자임한 사명

공자 사후 약 100년 뒤에 태어난 맹자는 공자의 제자인 자사(子思)의 문하에서 공자의 학문을 배우며, 스스로 공자의 후계자임을 자처했다. 맹자는 얌전하고 유약한 서생이 아니었다. 『맹자』를 통해 그릴 수 있는 그의 모습은 건장한 신체에 함부로 대할 수 없는 기상을 가진 대장부의 모습이다. 동시대의 여러 이론가들과 논쟁하는 태도에서는 막무가내의 독선적 태도까지도 엿보인다. 자신감에 넘치는 활달한 사람, 그런 사람이 시대의 대세를 이끄는 대신 공자와 같은 보수주의자의 후계자가 된 이유는 무엇일까?

맹자는, 인간이 스스로는 오로지 욕망에 의해서 움직이고 사회적으로는 유용성의 척도만으로 가치를 평가받는 존재라면 짐승과 다를 바 없다고 생각했다. 스스로를 그러한 인간 범주에 넣기에는 그의 자존심이 너무 컸다. 자기 자신뿐만 아니라 자신이 속해 있는 인간이라는 집단은 그보다 훨씬 고귀한 존재라고 생각했다.

그는 공자가 보여 준, 세상의 평화는 자신의 한 줌 마음에 달려 있다는 생각에 매료되었다. 자신의 마음이 가진 내적 가능성이 세상 모든 가치의 원천이라는 생각은 매혹적이었다. 내 몸 속에 자리 잡은 이 작은 마음이 이 세상에 찬란한 문화를 이룩하고 인간적으로 살 수 있는 세상을 만드는 원천이라는 그 사상은 맹자의 자존감을 더할 나위 없이 충족시켰다. 이 이상 더 나의 위대함을 인정해 주는 이론은 없을 것이었다. 자기 마음의 위대함을 확신한 맹자는, 욕망의 노예가 되어 자신의 가치를 유용성으로 축소시키고 스스로를 소모품으로 전락시키는 인간을 구원하기 위해 세상에 나섰다.

맹자는 공자에게서 이어받은 그 이념을 '왕도'(王道)라고 표현했다. '덕(德)에 의한 정치'라는 의미의 왕도정치는 성왕(聖王)이었던 요(堯)임금 이래의 정치라고 주장되었다. 맹자는 요임금 외에도 순(舜)임금과 우(禹)임금, 그리고 은(殷)·주(周)대의 탕(湯)왕, 문(文)왕, 무(武)왕, 주공(周公), 그리고 공자 등을 왕도를 이어서 실천해 온 성왕들로 꼽았다. 때로 폭군이 나타나 백성을 도탄에 빠뜨리는 일도 있지만, 이 왕도는 소멸하는 일 없이 자격 있는 인물들에 의해 계승되어 이 세상에 실현된다고 주장했다. 맹자는 이렇게 도가 전승되어 온 계보를 만듦으로써 왕도정치를 시공을 초월한 절대적인 진리로 내세웠다. 그 전승자의 마지막에 스스로를 앉힌 맹자의 책임은 무거웠다.

유용성의 원리를 내세우며 인간을 부와 권력을 위한 도구로 전락시켜 버린 법가나 종횡가뿐 아니라, 급변하는 사회질서와 계속되는 전쟁 속에서 사회 자체에 대해 거부감을 표명하면서 극단적인 개인주의를 주장한 양주(楊朱), 전쟁상태를 만든 근본 원인인 인간의 이기심을 증오하여 인간의 자연적 감정을 억제하고 혹독한 극기를 통해 평등한 공동체를 꿈꿨던 묵가(墨家) 등이 모두 맹자가 대결해야 할 상대들이었다. 전쟁을 종식시키기 위해서는 중원을 통일해야 했지만, 그것은 군사력에 의해서가 아니라 나의 위대한 마음에 의해 가능하다는 전망을 맹자는 가지고 있었다. 통일은 필요했지만 통일은 내 마음의 힘에 의해 평화적으로 성취할 수 있으며, 그 통일의 결과는 인류가 찬란하게 실현된 문화 천하여야 했다. 그러기 위해서는 밖으로 달아나려는 가치를 내 마음속에 붙들어 두는 일이 핵심적 과제였다.

이리하여 맹자는 부와 권력을 좇아 약육강식의 소용돌이 속으로 제 발로 걸어 들어가는 세상 사람들을 저지하기 위해 나섰다. 자기 한 몸, 내 집안, 내 나라 등, 울타리 안의 대상에 대한 배타적인 이익 추구는 충돌을 부를 것이 분명했고, 단 하나의 강자에 의해 독식될 때까지 피의 충돌이 계속될 것이 분명했다. 인간은 그보다 훨씬 현명한 존재이고, 또한 훨씬 더 숭고한 존재이어야 했다. 눈앞의 현실이 그렇지 않더라도 그것은 그러한 인간성을 잠시 잃은 결과일 뿐이었다. 맹자의 사명은 사람들이 잠시 잃은 것, 즉 인간의 존엄성과 그 존엄성으로 지탱되는 자존감을 다시 찾는 것이었다.

공자와 그 이전 성인의 정신을 잇는다는 간판을 달고 세상에 나선 맹자의 사업, 즉 인간의 존엄성을 되찾는다는 맹자의 사명은, 유학의 정신을 단적으로 규정하는 본질적인 것이 되었다. 맹자는 자신들의 정신이 목표로 하는 왕도정치, 그 왕도정치의 실현 가능성을 철학적으로 설명한 성선설을 확실한 언어로 제시함으로써, 앞으로 2천 년 이상 건재할 유학이라는 집의 기둥을 세웠다.

맹자(孟子), 기원전 372~기원전 289년(추정)

첫인상은 중요하다. 그러나 한두 살 나이를 먹으면서 점점 첫인상에 휘둘리지 않게 된다. 사람은 보는 것만으로는 알 수 없다는 것을 새록새록 느끼기 때문이다. 맹자가 어떤 얼굴을 하고 있었는지 알려 주는 기록은 없다. 그러나 후대 사람들이 미루어 짐작해 그린, 현재 돌아다니는 맹자화상의 맹자는 하나같이 좋은 인상은 아니다. 이러한 맹자만을 보고 맹자에 대한 선입견을 만들지 말길 바란다. 설사 정말 이렇게 생겼더라도, 혹 거친 말투를 구사한 사람이었더라도, 그를 알면 알수록 비단 같은 마음씨와 순결한 정신을 가진 사람이라는 것을 느끼게 될 테니…….

2_그의 사람됨과 삶

1. 맹모삼천과 교육

맹자(孟子), 즉 맹선생의 성은 맹이며 이름은 가(軻)이다. 추(鄒)라는 지방 출신인데, 추는 공자가 태어난 노(魯)나라에 속한 지방이라는 설도 있고 독립된 나라라는 설도 있다. 어느 쪽이든 공자의 고향인 곡부(曲阜)에서 가까운 곳이었다.

맹자는 '맹모삼천'(孟母三遷)이라는 고사로 유명하다. 일찍 남편을 여의고 혼자 맹자를 키운 어머니는, 행여 맹자가 잘못된 길로 나갈까 걱정하여 인자한 어머니보다는 엄한 어머니로서 대했던 모양이다. 맹자의 교육 환경을 염려해 묘지 근처에서 시장으로, 다시 학교 옆으로 이사했다는 일화는 한대(漢代)에 나온 책인 『열녀전』에 실려 있다. 이 책에는 또 꾸준히 공부하지 않고 걸핏하면 책을 덮는 아들을 깨우쳐 주기 위해 한참 짜던 베를 절단하고, 놀라는 아들에게 중도에서 공부를 그만둔다면 이렇게 잘린 베처럼 쓸모없는 사람이 될 것이라고 경고했다는 이야기도 실려 있다.

『열녀전』에 실려 있는 이 이야기들은 유명하기는 하지만 그 사실 여부는 분명하지 않다. 특히 맹자가 어려서 아버지를 잃고 홀어머니 밑에서 자랐다는 이야기는 믿기 어렵다. 『맹자』 안에 맹자가 아버지를 어머니보다 일찍 여의긴 했지만 아버지를 여읜 것도 성인이 된 뒤임을 알려 주는 이야기가 나오기 때문이다. 어쨌든 『맹자』 속의 맹자에게는 기센 홀어머니 밑에서 자란 남자가 풍길 법한 유약함은 전혀 없다. 『열녀전』은 외척과의 권력 투쟁에서 실세(失勢)한 왕족인 유향(劉向)이 지은 것이다. 여자들을 향해 권력일랑 넘보지 말고 현모양처의 역할이나 제대로 하라고 얘기하는 책이므로, 맹모삼천의 이야기도 그 의도에서 만들어졌을 가능성이 크다.

그런데 재미있는 것은, '성선설'의 제창자인 맹자가 교육 환경의 중요성을 강조하는 '맹모삼천'의 주인공이라는 점이다. '성선설'은 인간의 타고난 본성이 선하다는 주장이다. 이 말을 액면 그대로 받아들인다면, 선천적인 선함을 주장하는 성선설과 교육 환경이라는 후천적 요소를 강조하는 '맹모삼천'과는 양립하기 어렵다. '맹모삼천'은 맹자 어머니의 이야기로 맹자는 그 이야기의 조연일 뿐이고, 따라서 맹자의 주장과 양립하는가를 따질 필요조차 없는지도 모른다.

그런데 성선설을 주장하는 맹자에게 교육은 대단히 중요하다. 왜일까? 맹자가 말하는 타고난 착한 본성은 완성품이 아니기 때문이다. 우리가 타고났다는 착한 본성은 재료 정도에 해당한다. 좋은 재료가 그대로 좋은 물건을 보장하는 것은 아니듯이, 착한 본성을 현실에서 쓸 만한 것으로 만들기 위해 여러 가지 조건이 필요하다. 교육은 그 가운데서도 중요한 요소이다. 우리 사극에 등장하는 조선시대의 선비들은 예외 없이 맹자의 후예들인데, 그들이 어떤 모습으로 등장하는지 상기해 보면 쉽게 알 수 있다. 대여섯 살 정도 된 어린아이부터 서당에서 공부하는 모습으로 등장한다. 다 큰 어른, 나아가 반백의 중년, 백발의 노인들까지도 혼자 있을 때는 예외 없이 책상 앞에서 책을 읽고 있다. 선천적인 선한 본성은 후천적인 노력 없이는 쓸 만한 것으로 되지 않는다. 본론을 통해 성선설의 전체 모습을 확인하게 될 것이다.

2. 왕도정치를 향한 열정

맹자는 인의(仁義)의 덕을 바탕으로 하는 왕도정치가 당시의 정치적 분열 상태를 극복할 유일한 길이라고 믿었다. 어떤 제후라도 왕도정치를 시행할 것을 기대하면서 50세가 넘은 맹자는 유세(遊說)를 위한 편력을 시작했다. 기원전 320년경에 양(梁: 현재 하남성 개봉시)의 혜왕(惠王)을 찾은 것이 시작이었다. 1~2년 뒤 혜왕이 죽고, 그의 아들인 양(襄)에게 실망해 산동에 있는 제(齊)나라로 옮겼다. 그곳에서 선왕(宣王)에게 기대를 걸고 7~8년을 머물렀으나, 역시 자신의 이론이 채용되지 않자 떠날 수밖에 없었다. 그 뒤 송(宋: 하남성 상구현), 설(薛: 산동성 등현 서남쪽)을 거쳐 일차로 추에 돌아온 뒤, 다시 문공(文公)의 초대를 받아 등(藤: 산동성 등현)으로 갔다. 역시 이상을 실현시키지 못하고 노(魯: 산동성 곡부현)를 거쳐 고향인 추로 돌아왔다.

맹자는 약 20년 동안 세상을 편력했지만 자신의 이상을 함께할 제후를 만날 수 없었다. 당시의 제후들이 필요로 했던 것은 부국강병의 정치술이었기 때문이다. 맹자의 왕도정치 사상은 그러한 제후들의 현실적 관심과 맞아떨어질 여지가 없었으므로, 그와 뜻을 함께할 제후를 만나지 못한 것은 오히려 당연했다. 맹자로서는 자신이 사명이라고 생각했던 일을 실현할 길이 차단되었으므로, 절망감을 느끼지 않을 수 없었을 것이다.

그러나 맹자는 어떤 식으로든지 편법을 생각하는 일이 없었다. 영토와 신민을 가진 제후가 아니었던 맹자로서는 제후와 동업해야 비로소 왕도정치를 실천할 수 있을 것이므로, 일단은 제후와 뜻을 맞추는 일이 필요했다. 즉 제후의 마음을 얻는 일이 선결과제였다. 사람의 마음을 얻는 데는 여러 가지 길이 있는데, 맹자는 제후의 마음을 얻는 방법으로 그들이 왕도정치가 좋은 것을 알고 선택하도록 하는 한 가지만을 사용했다. 왕도정치의 핵심은 통치자의 선한 마음이다. 선한 마음이란 타인에 대한 배려와 사랑의 마음이다. 그 마음이 확인되어야만 시작할 수 있다. 제후가 그 마음이 있다면 맹자의 말에 귀를 기울일 것이었다. 다른 방법으로 제후의 마음을 얻을 수도 있지만, 그렇다면 그것은 왕도정치라는 집을 지으면서 기둥부터 썩은 나무를 쓰는 것과 같다.

맹자가 제후들에게 유세를 하고 다닌 것은 권력을 얻기 위한 것이 아니라 백성을 구제하기 위한 것이었다. 왕도정치라는 사업에서 그는 제후들의 지도자 내지 동업자였지, 제후들에게 권력을 구걸하는 사람이 아니었다. 제후들이 어떤 태도로 맹자를 대우했는지는 다른 문제이지만, 맹자 자신은 왕도정치의 전도사로서 태도를 분명히 했으며 흔들린 적이 없었다. 뜻을 함께할 제후를 얻지 못한 것은 백성들이 왕도정치의 은택을 입지 못한다는 것을 의미했으므로, 분명 통탄할 일이었다. 맹자는 그러한 현실은 인간의 힘이 어찌지 못하는 운명이라고 받아들였다. 그리고 교육에 의한 후진 양성이라는 방식을 통해 왕도정치의 다른 실현 방식을 찾는다.

젊지 않은 몸을 이끌고 제후들에게 유세하는 한편, 당시의 여러 이론들과 대결하는 것 역시 그의 사명이었다. 백가쟁명의 시대라고 불릴 정도로 수많은 이론가들이 앞 다투어 제후들에게 자신들의 이론을 어필하고 백성들에게 영향력을 확대해 갔다. 이익을 따지는 제후들을 설득하는 일부터, 맹자 자신이 주적으로 지목한 양주(楊朱)·묵적(墨翟)과 대결하는 일, 그리고 고자(告子)라는 만만치 않은 본성 이론가와 대결하는 일들은 맹자가 평생토록 벗어날 수 없는 과제였다. 뒤에서 자세히 보겠지만, 이들과 대결하는 맹자는 흡사 검투사처럼 거칠고 공격적이었다.

객관적으로 보면, 시대를 역행하는 일에 종사했던 맹자는 조류를 거스르면서 남들보다 몇 배로 힘든 삶을 살았다. 그러나 『맹자』에서는 의기소침해 있는 맹자를 만날 수 없다. 그는 지치는 일 없이, 한계 없는 자존감과 뻗치는 기개에 명랑함까지 발산한다. 객관적으로 불우했던 상황에서 가능했던 그러한 내면의 힘은 어디에서 오는 것일까? 그는 진정으로 자신의 선한 마음을 믿었고, 그 마음의 힘만이 가치라고 생각했다. 외부의 조건들이 얼마만큼 갖춰지든 혹은 부족하든, 그것이 자신의 가치를 가감할 수 없었다. 내면의 가치를 믿으며 외적인 조건에 흔들리지 않는 사람의 당당함과 명랑함, 그것은 맹자가 사람들에게 보여 주고자 했던 유학자의 삶이었다. 맹자 자신이 스스로의 삶을 통해 보여 준 밝고 활기찬 삶보다 더 좋은 유학적 삶의 본보기는 없을 것이다.

3. 스승으로서의 삶

50세가 넘어서 시작했던 편력을 그치고 맹자가 고향으로 돌아온 것이 70세가량 되었을 때라고 추정된다. 고향으로 돌아와 제자들과 함께 『시경』과 『서경』, 그리고 공자의 정신에 대해 토론했으며, 그때 만들어진 책이 오늘날 전해지는 『맹자』 일곱 편이다. 맹자의 꿈은 몸소 왕도정치를 실천하는 것이었지만, 그러한 꿈은 맹자 생전에 실현되지 않았다. 그 꿈이 좌절된 뒤 종사했던 교육과 저술에 의해 맹자가 지키던 도는 후세에 전해졌고, 결과적으로 맹자의 정치적 좌절은 오히려 후진 양성이라는 면에서 그 영향력을 증대시키는 결과를 가져왔다.

 맹자가 전설시대의 요임금부터 그린 도(道)의 전승은 약 2천 년에 걸친다. 도는 사라지지 않는다. 다만 가려지는 때가 있을 뿐이다. 도는 자격 있는 사람들에 의해 세상에 드러나고 그때는 태평성대를 구가하지만, 수백 년 단위로 부침을 겪는다. 맹자는 난세(亂世)를 사이에 두고 태평성대가 돌아오는 그 주기를 대략 500년이라고 보았다. 500년마다 한 번씩 뛰어난 덕을 가진 지도자가 나타나 왕도를 실현하지만, 그 뒤에는 500년 뒤에 다른 성인이 나타날 때까지 점점 도는 희미해지고 백성들은 고통의 세월을 보내게 된다.

그렇다면 도의 수호자로서의 역할은 자신의 시대에 그것을 실현하려고 노력하는 데서 끝나지 않는다. 맹자는 물론 자신의 시대가 도가 실현될 시기라고 기대했고 자신이 그 사명을 맡을 인물이라고 생각했지만, 자신의 예상대로 되지는 않았다. 예상이 어찌됐든 시대에 따라 부침하는 도의 성격상 희미해진 도를 지켜야 하는 일은, 당장 실현하는 일 못지않게 중요한 일이다. 당대에 도를 실현할 전망을 잃은 맹자가 고향에 돌아와 한 일은 바로 장차 이 도를 지켜 나갈 후배들을 키우는 일이었다.

탕임금을 보좌했던 이윤(伊尹)이라는 현자의 입을 빌려 맹자는 "하늘이 이 백성을 낳고, 먼저 안 사람〔先知者〕이 뒷사람을 알게 해주고, 먼저 깨달은 사람〔先覺者〕이 뒷사람을 깨닫게 하셨다. 나는 백성 가운데 먼저 깨달은 사람이다"(「만장 상」 7)라고 말한다. 선각자임을 자각한 군자는 자신의 후계자를 키워야 한다. "자신을 바르게 함으로써 세상의 모든 존재를 바르게 하는"(「진심 상」 19) 일은 세대를 넘어 계속되어야 할 일이다. 도의 존재 방식이 그러하기 때문이다. 맹자가 지키는 도는 시대를 초월해 영원한 것이다. 유한한 개인은 단절 없이 후계자를 키워 냄으로써 그 영원성을 지켜 나간다. 당대에 도를 실현하는 일에는 실패했지만, 이후 2천 년 이상 유학자들이 맹자의 후예를 자처한 것을 보면, 이 방면에서 맹자의 공은 타의 추종을 불허한다. 맹자가 군자의 세 가지 즐거움 가운데 하나로 "천하의 영재를 얻어 교육시키는 일"(「진심 상」 20)을 꼽은 것도 이 맥락에서 이해할 수 있을 것이다.

맹자는 어떤 선생이었을까? 맹자는 군자의 교육 방법 다섯 가지를 열거한 적이 있다. 즉, 때맞춰 내리는 단비처럼 사람을 교화시키는 방법이 있고, 덕을 이루어 주는 방법이 있고, 타고난 재능을 완전히 실현하도록 해주는 방법이 있고, 묻는 말에 대답해 주는 방법이 있고, 직접 가르치지 않으면서도 감화를 주는 방법이 있다(「진심 상」 40). 또 맹자는 "가르치는 데는 많은 방식이 있는데, 가르치기가 달갑지 않아 거절하는 것 역시 가르치는 것이다"(「고자 하」 16)라고 말한 적도 있는데, 이렇게 하면 여섯 가지가 되겠다.

『맹자』 안에서 맹자가 제자들에게 이러한 교육 방식 각각을 어떤 식으로 실천했는지 확인하는 것은 쉽지 않지만 『맹자』 자체가 주로 제자들과의 문답 형식으로 되어 있어서 위의 교육 방법으로 분류한다면 묻는 말에 대답해 주는 방법을 가장 애용한 것처럼 보인다. 특히 그 이름이 『맹자』의 편명이 되기까지 한 공손추(公孫丑)와 만장(萬章), 그리고 고자와의 논쟁에서 중요한 역할을 했던 공도자(公都子) 등 중요한 제자들은 자신들의 주된 관심사가 명확했던 것으로 보인다. 공손추는 '호연지기'(浩然之氣)나 '부동심'(不動心)과 같이 마음 수양하는 일에 꾸준한 관심을 보였으며, 만장은 역사에 관심이 많았다. 그래서 만장과의 대화 속에서 2천 년에 걸친 도의 전승 이야기도 등장한다. 공도자는 본성이론에 관심이 많았다. 고자의 본성이론을 비롯하여 당시에 세상에서 이야기되던 본성이론에 민감했으며 스승과의 문답을 통해 스승의 본성이론(성선설)에 대해 확인하고 고자의 제자와 논쟁을 벌인다.

    공자와 비교할 때 맹자는 확실히 온화한 성품은 아니었다. 제자들과의 문답에서도 가까운 사람 사이에서 오갈 수 있는 유머라든지 풍자 대신에, 직설적인 질문과 대답이 오고 간다. 직설적이고 날카로운 질문과 대답 속에서 맹자 자신의 학설이 정련되었을 것이고 제자들의 지혜도 깊어졌을 것이다.

    공자처럼 온화하면서도 유머 넘치는 스승도 있고, 맹자처럼 직설적이면서 강직한 스승도 있다. 인간에 대한 깊은 이해와 따뜻한 공감이 굳센 성품과 날카로운 말투로 표현됨으로써 더욱 진솔한 것으로 다가오는 것인지도 모른다. 맹자가 여전히 우리의 마음을 움직이는 것이 있다면 아마도 냉철한 말투로도 가리지 못하는 그의 따뜻한 마음 때문이리라.

2부

자신으로 사는 삶

알브레히트 뒤러(Albrecht Dürer), 「멜랑콜리아 1」(*Melencolia I*), 1514.
우리의 본성을 선하다거나 악하다고 한 가지로 단정할 수 있을까? 천사의 날개를 달고 있으면서도 악마의 얼굴을 드러내는 것이 인간 아닌가?

1_나를 나이게 하는 것

1. 나는 누구인가?

사람의 본성

생물학적 종으로서 인간이 다른 종과 구별되는 무리라는 것은 적어도 언어를 사용하면서부터는 확실하게 자각했을 것이다. 그러나 인간 일반을 지칭하는 명사는 어느 정도 시간이 지나서야 등장했던 것 같다. 중국인들은 중원을 둘러싼 사방의 이민족에게 이름을 붙이면서 북쪽의 오랑캐〔北狄〕, 남쪽의 오랑캐〔南蠻〕, 서쪽의 오랑캐〔西戎〕, 동쪽의 오랑캐〔東夷〕 하는 식으로, 사람을 뜻하는 문자 대신 짐승을 의미하는 문자(虫-벌레, 犭-개 등)를 사용했다. 자신들과 같은 인간 범주에 넣지 않은 것이다.

그뿐 아니라 같은 중원 안의 사람이라도 공자는 통치자 계급과 피치자 계급을 다른 단어를 사용해서 지칭했다고 한다. 즉 우리가 현재 쓰고 있는 사람을 의미하는 '인'(人)이라는 한자는 통치자를 일컬을 때만 쓰고 피치자들은 백성이라는 의미의 '민'(民)으로 불렀다.

중국에서 '사람'〔人〕을 인간 일반을 지칭하는 용어로 사용하면서 이에 대해 논의하기 시작한 것은 전국시대에 이르러서였다. 전국시대부터 중국인들은 인간 일반의 '본성'〔性〕에 대해서 논의하기 시작했는데, 왜 인간의 본성을 탐구의 대상으로 삼았는지는 추측만 할 수 있을 뿐이다. 주(周)를 중심으로 하던 종법사회가 무너지면서 기존의 신분질서 역시 와해되고, 새롭게 신분이 재편되었다는 것이 하나의 이유가 될 것이다. 고정된 신분에 의한 인간 사이의 차별이 없어지면서 인간을 일반화하는 것이 가능해졌을 것이라 추측한다. 다른 하나는 통상적인 전쟁상태를 종식시키기 위한 방법으로 대부분의 중국인들이 해결책으로 생각한 것은 통일이었는데, 그 통일의 밑천이 될 인민에 대한 연구가 인간 본성에 대한 탐구로 이어졌으리라는 것이다. 맹자 역시 이 시기의 추세 안에서 인간을 탐구했다. 그는 유(類)라는 개념을 사용하여 인간, 날짐승, 들짐승을 각각의 무리로 규정한다.

무릇 같은 유(類)의 것은 모두 서로 비슷하니, 어찌 홀로 인간에 이르러서만 이것을 의심하겠는가. 성인도 나와 동류인 것이다.
(「고자 상」 7)
유약이 말하였다. "어찌 사람뿐이겠는가. 기린은 여전히 다른 금수들과 동류이며 봉황도 다른 새들과 동류이다."(「공손추 상」 2)

유(類)는 비슷한 것들이 모인다는 의미이다. 맹자의 분류에 따르면 인류, 들짐승류, 날짐승류 등이 된다. 유는 오늘날 생물 분류의 종(種) 개념보다 더 넓은 범위를 감싸는 개념이지만, 맹자가 말하려는 바가 인간이라는 집단이 고유한 특성으로 규정되는 존재라는 점에서 종 개념으로 이해해도 무방할 것이다.

맹자의 제자 공도자(公都子)는 당시 유행하던 몇 가지 본성이론을 언급하며 그것들은 맹자의 본성이론과 다른데 어떤 것이 옳은지 맹자에게 묻는다. 공도자가 전해 주는 당시 유행하던 본성이론은 세 가지이다. 하나는 고자(告子)라는 사람의 것인데, 그에게 본성은 인간이 생명체로서 갖는 성질이며 그 자체로는 선악을 말할 수 없다고 한다. 두번째는 본성은 선하게도 될 수 있고 악하게도 될 수 있다는, 이름이 밝혀지지 않은 누군가의 주장이다. 세번째는 선한 본성을 타고난 사람도 있고 악한 본성을 타고난 사람도 있다는 주장이다(「고자 상」 6). 역시 누구의 주장이라고 밝혀지지 않았다.

이 세 가지 본성이론은 현실적인 인간을 관찰했을 때 얻을 수 있는 결론이다. 현실에서는 선한 인간과 선하지 않은 인간이 섞여 있으며 외부의 조건에 따라 사람이 변하기도 한다. 또한 태어날 때부터 온순한 사람이 있고 태어날 때부터 거친 인간이 있다는 것도 일상에서 경험한다. 이들 모두 상식적으로 납득할 수 있는 주장인데, 고자의 주장과 두번째의 주장은 인간 일반의 본성에 대해 얘기하고 있는 데 반해, 세상 사람들의 본성이 각각 다르다는 세번째 주장은 본성을 주제로 삼고 있기는 하지만 인간 전체를 일반화하지는 않는다. 이 세번째 주장은 인간 본성에 종적인 보편성이 있다는 전제 하에서 논의를 전개하던 당시의 주류적인 분위기에서는 벗어난 주장이다. 맹자 역시 인간의 본성에 종적인 일반성이 있다는 입장이었으므로 이 주장에 특별히 의미를 두고 있지는 않다.

본성은 선하게도 될 수 있고 악하게도 될 수 있다는 두번째 주장은 본성 차원에서는 선악을 말할 수 없고, 다만 경험적 혹은 사회적 조건에 의해 어느 쪽으로도 될 수 있다는 주장으로 이해된다. 그렇다면 이 주장 역시 고자와 다르지 않은 주장으로, 이들의 주장을 정리하면 다음과 같다. 즉 본성적으로 사람들은 자기 보호 본능을 비롯한 여러 가지 생물학적 특징을 갖고 태어나고, 그 자체에 대해서는 선하다 악하다 평가할 만하지 않다. 선악이 나뉘는 것은 사회적인 가치관을 적용했을 때이고, 환경이나 교육 등 후천적 조건에 의해 선하고 악한 인간이 만들어질 것이다.

송대의 성리학자들은 고자의 주장을 순자(荀子)의 주장과 같은 것이라고 정리했다. 법가를 집대성한 한비자(韓非子)는 순자의 제자로, 한비자의 인성론은 순자의 인성론을 답습한 것이다. 맹자 이전 시대부터 활약했던 여러 법가 사상가들은 직접 본성에 대해 천착하지는 않았다. 그러나 그들이 암묵적으로 갖고 있었던 것은 한비자가 정리한 그 본성이론이었고 그것은 고자나 순자의 본성이론과 상통한다. 즉 이들은 모두 인간 본성 안에 도덕의 기초는 없다고 주장했다. 그렇다면 인간 사이에 질서를 만들고 인간의 행위를 지도할 것은, 초월적인 신이거나 아니면 사회의 공동선을 추구하는 유용성의 원리일 것이다. 묵가는 중국사상사에서 드물게 인간의 이기심을 제어하는 초월적 신을 상정했다. 그러나 법가나 고자, 순자 등은 유용성의 원리를 채택했다.

본성이 악이라고 명시적으로 얘기하기 시작한 것은 순자였는데, 그것은 꼭 악이라고 할 필요까지는 없었던 것으로, 본성이 선이라고 주장했던 맹자와 대결하려는 마음에서 나온 과장된 표현이었다. 고자는 구체적으로 본성을 '식욕과 성욕'〔食色〕이라고 표현한다. 자기보존 욕구와 종족보존 욕구를 의미하는 중국적 표현이다. 순자가 의미하는 본성도 자기보존의 욕구일 뿐이다. 사람은 위장을 채워야 죽지 않고 생존할 수 있는데, 위장은 외부의 것으로 채울 수밖에 없다. 그러므로 위장을 채워야 할 수많은 사람들의 욕구가 부딪힌다. 자기 위장을 채우려는 욕구가 어떻게 악일 수 있으랴. 순자가 본성은 악이라고 했던 것은 인간은 운명적으로 외부의 재화를 필요로 하고 한정된 재화 때문에 충돌할 가능성이 있으므로, 인위적으로 아무 조치도 취하지 않으면 그러한 본성이 사회적으로 악의 원인이 될 것이라는 의미였다.

맹자보다 조금 앞선 시대에 진나라에서 제도개혁을 단행했던 상앙이 보여 주는 인간에 대한 이해는 왜 당시 사람들이 보편적 인간 본성에 대해 관심을 가졌는지, 그리고 맹자가 왜 고자에게 과도해 보이는 대결의식을 갖게 되었는지 짐작하는 데 도움이 된다. 상앙은 부국강병을 추구하는 이론가였다. 산업과 군사를 강화시켜 통일의 주체가 되는 것이 부국강병을 추구하는 나라의 최종 목표였다. 산업과 군사를 실질적으로 담당할 부국강병의 원천은 백성이다. 상앙은 백성들이 부국강병에 성실하게 종사하도록 만들기 위해 사람들의 생리를 파악했다. 그가 판단하기에, 사람들은 자신에게 이익이 되는 일은 어떤 어려움을 겪으면서도 감행하지만 해가 되는 일은 온갖 수단을 동원해서 피하려고 한다. 즉 상앙은 사람들의 호오(好惡)를 사람들 일반의 특성으로 파악했고, 그럼으로써 사람 일반을 움직일 수 있다는 자신감을 얻었다. 그에게 가치는 부국강병이라는 사회적인 것이었다. 선악은 사회적으로 평가될 수 있을 뿐이다. 사회적 가치를 창출하면 선이고 그렇지 않으면 악이다.

고자가 어떤 학파였는지는 명확하게 밝혀지지 않았다. 법가 계열이 아닐 수도 있지만 적어도 법가와 같은 인성론을 주장한다. 그리하여 가치는 사회적인 것임을 주장한다. 그가 보기에 인간은 자연적 존재일 뿐이며, 자연에 선악은 없다. 인간의 본성 차원에서 가치는 없다. 맹자는 고자를 향해 힐난조로 묻는다. "인간의 본성이 소의 본성, 개의 본성과 같단 소리냐?"(「고자 상」 3)라고. 이에 대한 고자의 답변을 『맹자』는 실어 주지 않았기 때문에 실제로 고자가 어떻게 대답했는지는 모른다. 그렇다고 했을 수도 있고 아니라고 했을 수도 있다. 인간이 욕구의 존재라는 점에서는 동물과 다를 바 없다. 그러나 인간은 다른 동물들과 달리 사회생활을 할 능력이 있다. 즉 사회의 가치에 적응할 능력이 있다. 순자가 인간에게 예(禮)를 학습할 능력으로 지적한 지성 역시 인간의 본성이 아니고 무엇이랴.

그러나 맹자는 상황을 판단하고 이로움을 계산하는 지성이 아니라, 인간 마음 자체에 가치를 심어 놓고자 했다. 인간이 외적 가치에 의한 유용성만으로 평가받도록 전락하게 할 수는 없었다. 자신을 비롯해 그가 알고 있는 인간은 그런 존재가 아니었다.

> 삶(生)도 내가 원하는 것이고 도의(義)도 내가 원하는 것이지만, 두 가지를 다 가질 수 없다면 나는 삶을 버리고 도의를 택할 것이다. …… 만일 사람들이 삶보다 더 간절히 원하는 것이 없다면 삶을 얻기 위해 어떤 방법인들 쓰지 않겠는가? 만일 사람들이 죽음보다 더 싫어하는 것이 없다면 환란을 피하기 위해 어떤 방법인들 쓰지 않겠는가? 그러나 나에게는 삶보다 더 간절히 원하는 것이 있기 때문에, 살 수 있는데도 그 방법을 쓰지 않는 경우가 있다. 또 나에게는 죽음보다 더 싫어하는 것이 있기 때문에, 환란을 피할 수 있는데도 그 방법을 쓰지 않는 경우가 있다. 그러므로 사람에게는 삶보다 간절히 원하는 것이 있으며 죽음보다 더 싫어하는 것이 있다. 오직 어진 사람만이 이런 마음을 가지고 있는 것이 아니라 사람이라면 누구나 다 이런 마음을 가지고 있는데, 어진 사람은 다만 그것을 잃지 않을 뿐이다.(「고자 상」 10)

인간은 쾌락을 원하고 고통을 피하려는 존재이며, 인간이 원하는 것 중에 가장 큰 쾌락은 삶이고, 피하고자 하는 것 중에 가장 큰 고통은 죽음이라고 하는 것은 법가의 이해이다. 이는 당시에 가장 큰 힘을 얻고 있는 인간 이해였고, 맹자 역시 이를 부정하지는 않았다. 그러나 맹자는 인간은 그 이상의 존재라고 믿었다. 자기의 경험에서 인간 일반으로 주어를 바꾸며 비약을 하기는 하지만, 어쨌든 맹자가 말하고 싶어 하는 것은 분명하다. 인간은 자신의 이익과 불이익에 대한 호오를 넘어서는 존재라는 것이다. 생명보다 더 소중하게 여기는 것이 있다는데 여기서 그것은 도의(義)로 표현되었다. 인간이 욕구를 가졌다는 사실은 인정하지만, 그 욕구보다 더 강한, 가치를 지향하는 마음을 가졌다는 것이 맹자가 인간 일반에 대해 갖고 있는 생각이었다. 그것이 유명한 맹자의 성선설(性善說)이다.

> 타고난 바탕을 따른다면 선하게 될 수 있으니, 이것이 내가 말하는 본성이 선하다는 의미이다. 선하지 않게 되는 것은 타고난 재질의 잘못이 아니다. 측은하게 여기는 마음(惻隱之心)은 사람이라면 누구나 가지고 있고, 부끄러워하는 마음(羞惡之心)은 사람이라면 누구나 가지고 있고, 공경하는 마음(恭敬之心)은 사람이라면 누구나 가지고 있고, 옳고 그름을 판단하는 마음(是非之心)은 사람이라면 누구나 가지고 있다. 측은하게 여기는 마음은 인(仁)이고, 부끄럽게 여기는 마음은 의(義)이고, 공경하는 마음은 예(禮)이고, 옳고 그름을 판단하는 마음은 지(智)이다.(「고자 상」 6)

성선설이라는 말은, 지금 여기의 모든 사람이 선하다고 주장하는 것이라는 오해를 불러일으키기 쉽다. 모든 사람이 선하지 않다는 것은 경험적으로 알 수 있는 사안이다. 현실의 많은 사람들은 선하게 행동하지 않는다. 현실의 모든 사람들이 맹자가 말하듯이 인·의·

예·지를 선천적으로 갖추고 있다면 맹자가 직면했던 통상적 전쟁상태의 참화는 설명할 수 없다. 맹자가 성(본성)이 선하다고 한 말은 위에서의 말 그대로 "타고난 바탕"이 선하다는 의미이다. 그 바탕에 따르지 않는 사람도 있다. 그러나 인간이 선할 수 있는 근거는 인간 안에 있다는 것, 그것이 맹자가 '성선'이라는 말로 표현하려고 했던 핵심이다. 인간은 외적인 권위나 이익에 의해 움직이기도 하지만, 더 나다운 나는 그것을 넘어서는 가치를 내 안에 품고 있는 존재라는 것이다. 사람이 도덕적인 행위를 하는 것은 본래부터 갖고 있는 선한 마음 때문이라는 것이다.

사람 가운데 나

사람은 식욕이나 성욕과 같은 본능뿐만 아니라 그 욕구를 능가할 수 있는 선한 마음도 갖고 태어난다는 것이 맹자가 파악한 인간 일반의 성격이었다. 그렇다면 나는 어떻게 너와 구별되어 내가 되는가? 맹자가 인간 일반의 성격을 도덕성으로 규정했기 때문에 개체의 성격 역시 도덕성과 관련되어 설명된다.

앞에서 인용한 맹자의 글에서도 시사되고 있듯이 착한 본성은 현실의 인간을 형성하는 일부분이다. 타고난 것에도 선한 마음 외에 여러 가지 있지만, 그것 말고도 사람의 인격을 만드는 데에는 후천적으로 여러 가지 변수가 작용한다. 맹자는 좁은 산길이 사람들의 발길이 끊기면 풀에 덮이듯이 사람의 마음 역시 사용하지 않으면 풀에 덮일 수 있다고 하거나, 흉년과 같은 나쁜 상황이 젊은이들의 마음을 거기에 빠지게 해서 난폭해지는 일이 많다는 이야기를 한다. 발길이 끊어진 산길이라든지 흉년 등은 객관적 환경을 의미할 것이다. 그런데 맹자는 그것이 직접 사람에게 영향을 미친다고 말하지 않고 마음에 영향을 미친다고 말한다.

『맹자』 안에서 아(我), 신(身), 혹은 기(己)와 같은 단어들이 '나'를 지칭하는 단어로 등장한다. 신이나 기는 아보다는 신체의 뉘앙스를 많이 가지고 있지만, 맹자는 신체를 테마로 삼아 얘기한 적은 없다. 나를 구성하는 것으로서 신체를 직접 언급하는 대신에 육체적 욕구에 대해 말한다. 즉 몸 전체가 아니라 나의 감각을 문제 삼는다.

우리는 수시로 '나는……' 하면서 '나'를 입에 올리지만 매번의 '나'가 다 같은 것은 아니다. 보통은 사고와 행동의 주체로서 '나'를 사용하지만 그것도 항상 그런 것은 아니다. 제나라 선왕은 우연히 제사의 희생물로 쓰이기 위해 끌려가는 소를 보게 되었다. 동물의 본능으로 죽음을 직감한 소는 절망적으로 저항하며 끌려갔는데 그 모습이 안쓰러웠던 선왕은 양으로 바꾸라고 명령하고는 그 자리를 떴다. 그런데 그 이야기가 나라 안에 퍼지자 백성들은 왕이 소가 아까워서 양으로 바꾸게 했다고 수군거렸다. 선왕 자신은 그럴 생각이 아니었는데, '소가 불쌍했다면 양은?' 이라는 자문에 이르니 변명할 길이 없었다. 맹자가 그 답답한 마음을 풀어 주었다. 즉 소는 보고 양은 보지 않았기 때문이라고 대답해 준 것이다. 맹자 덕에 가슴에 막혔던 뭔가가 풀린 제선왕은 말한다. "내가 행동하고도 내 마음을 알지 못했는데, 선생이 지금 말씀하시니 내 마음에 느끼는 바가 있습니다"라고.

이 말에 대해 맹자는 짐승에게까지 미치는 왕의 은혜가 백성에게는 미치지 않는 이유는 무엇인가 물으면서 "저울에 달아 보아야 무게를 알 수 있고 자로 재어 보아야 길이를 알 수 있습니다. 어떤 사물이든 그렇지만 마음은 더욱 그렇습니다. 왕은 제발 헤아려 보십시오"(이상 「양혜왕 상」7)라고 말한다.

선왕이 말한 마음이나 맹자가 말한 마음이나 정체가 썩 명료하지 않은 마음이다. 나도 모르는 내 마음, 헤아릴 필요가 있는 내 마음이다. 현대의 우리들은 복잡한 마음을 연구한 여러 사람들의 도움으로 이러한 불명료한 마음이 낯설지 않다. 실제로 우리는 내 마음끼리 부딪히는 갈등 상황도 많이 경험하고, 또 무의식이라는 것까지 있다는 것을 안다. 마음은 두 갈래 세 갈래에서 그치는 것이 아니라 천 갈래 만 갈래로 갈라지는 것인지도 모른다. 이때의 마음은 감정과 사고와 무의식 모든 것을 포함하는 마음으로 우리의 주관을 총체적으로 일컫는 것이다(이 마음을 마음①이라고 하자).

이 총체적 마음 안에 똑같이 마음이라는 이름으로 불리는 여러 갈래의 마음이 존재한다. 그러므로 내 마음이 내 마음을 모르는 일도 일어난다. 여러 갈래의 마음 가운데 맹자에게 중요한 것으로 두 가지 마음을 꼽을 수 있다. 하나는 조선의 성리학자들이 열렬하게 토론했던 사단(四端)의 마음이다(마음②라고 하자). 이 마음이 '성선설'의 주인공인 착한 본성이다. 사단이란 '네 가지 단(端)'이라는 의미인데, 그 중 하나가 측은의 마음이다. "측은의 마음은 인(仁)의 단이다." 단이라는 글자는 끝이라는 의미를 갖는다. 실타래의 끝이거나 땅을 뚫고 나오는 새싹 같은 것이다. 맹자가 도덕성의 성장을 자주 식물의 생장 과정에 비유한 것을 보면 식물의 싹을 연상하면서 '단'이라는 단어를 사용했을 가능성이 크다. 측은의 마음이란 가령 아장아장 걷는 어린아이가 차가 쌩쌩 달리고 있는 차도에 뛰어들려고 할 때 누구나 느끼는 반사적인 감정이다. 놀라움과 함께 구해야 한다는 생각까지 포함될 것이다. 그 반사적인 감정이 단이고 새싹이다. 그러나 그 마음을 모든 사람이 겉으로 드러내거나 실행에 옮기지는 않는다. 어떤 사람은 순간 드는 그 마음을 귀찮은 생각에 외면할 것이고, 어떤 사람은 몸으로 그 마음을 옮길 것이다. 그 새싹 같은 마음을 키우는 일이 개개인에게 남아 있다. 이 사단의 마음이 바로 맹자가 착하다고 하는 본성이다. 순간적으로 움터 나오는 이 마음이 자라면 '인'이라는 덕이 된다.

이 사단의 마음 말고 맹자는 또 다른 중요한 마음의 작용에 대해 말한다. 그는 "마음이 하는 일은 생각하는 일이다. 생각하면 얻고 생각하지 않으면 얻지 못한다"(「고자 상」 15)고 말한다. 무엇을 얻는가? 선천적으로 갖고 태어나는 착한 마음의 싹 즉 본성을 잃지 않고 지키는 것이 이 '생각' 하는 마음(마음③이라 하자)에 달려 있다고 한다. 그 '생각'이란 본성에 대해 생각하는 것일 텐데, 본성을 생각한다는 것이 구체적으로 어떤 것인지에 대해서 맹자가 분명하게 설명하지는 않았다. 우리가 일상생활에서 "이건 인간이 할 짓이 아니지", "사람이 이러면 안 되지"라고, 순간 엇나갈 수 있는 자신에 대해 제동을 걸고 반성하는 마음이 이 마음에 해당하리라 추측한다.

마음(마음③)이 그 기능을 제대로 수행한다면 사람들은 타고난 착한 마음(마음②), 즉 본성을 죽이지 않고 무사히 키울 수 있을 것이다. 타고난 그 착한 마음의 싹은 모두 같을 텐데 현실의 마음(마음①)은 모두 달라진다. 이 생각하는 마음(마음③)의 발휘 정도가 달라지기 때문일 것이다.『맹자』안에서는 넓은 외연의 마음(마음①)과 이 생각하는 마음(마음③)이 특별한 주의 없이 섞여서 사용된다. 맹자 자신도 자신이 여러 의미의 마음을 쓰고 있다는 사실을 의식하지 못했다. 그가 특히 의식해서 사용하는 마음은 생각하는 마음(마음③)이다.

그런데 무엇이 마음③의 일, 즉 생각하는 일을 방해하는 것일까? 총체적 마음(마음①) 안에는 본성(마음②)과 생각하는 능력(마음③) 외에 또 감각 기능이라는 것이 있다.

눈과 귀와 같은 감각기관은 생각하지 않기 때문에 사물에 덮여 버린다. 생각이 없는 감각기관이 외부의 사물에 부딪히면 외부의 사물에 끌려갈 뿐이다. 마음의 기능은 생각하는 것이다. 생각하면 얻고 생각하지 않으면 얻을 수 없다. 이 기능은 하늘이 내게 준 것이다. 먼저 그 중요한 마음을 확고하게 세우면 감각기관이 그것을 무너뜨릴 수 없다.(「고자 상」 15)

보고 듣고 냄새를 맡고 맛을 아는, 시각·청각·후각·미각 외에 맹자는 편안한 것을 원하는 몸의 감각까지 더해 다섯 가지를 대표적인 감각으로 꼽았다. 예쁜 것을 보고 싶어 하고, 좋은 소리를 듣고 싶어 하고, 맛있는 음식을 원하고, 좋은 냄새를 원하고, 사지의 안일을 원하는 육체적 욕구이다. 이 감각기관의 주된 기능은 외부의 사물들과 관련을 맺는 것이다. 감각기관은 외부의 사물에 반응할 뿐, 생각하는 능력이 없기 때문에 본성과 관련을 맺을 방법이 없다. 생각하는 기능이 없어서 외부 사물들에 의해 좌지우지되는 사태가 발생한다고 설명하는 것을 보면, 생각하는 마음의 기능은 어떤 기준을 갖고 그 기준을 지키려는 능력이다. 그것은 스스로 자신을 통제하고 절제하는 성질인 자율성과도 같은 능력이다. 감각기관은 그러한 통제력이 결여된 기능이다. 감각기관은 그 마음과 긴장 관계에 있다. 마음이 감각기관보다 더 우월한 힘을 가지면 감각기관을 자기 통제 하에 둘 수 있지만, 그렇지 않은 상황도 발생한다. 즉 감각기관이 보다 우월한 힘을 갖게 될 수도 있다. 그렇게 되면 그 사람을 움직이는 가장 큰 요소는 감각기관이 되고, 실제로는 외부의 사물이 된다.

앞에서 보았듯이, 총체적인 마음을 구성하는 것은 선한 본성, 생각하는 마음, 그리고 감각기관이다. 본성은 새싹과 같은 가능성의 형태로 인간 누구에게나 똑같이 부여된다. 감각기관에 대해 맹자가 자세하게 설명해 주지는 않지만, 우리의 경험상 감각기관의 민감도는 사람마다 다르다. 또한 그 자체로 통제가 안 되는 기능이다. 즉 수동적인 기능이다. 수동적이지만 성장한다. 가령 미각은 맛있는 것을 경험할수록 더욱 발달한다. 음악에 대한 감각 역시 그렇고, 편안함에 대한 욕구 역시 그렇다. 맛있는 음식을 먹고 쾌감을 느낀 미각은 다음 번에는 같은 음식에 같은 정도의 쾌감을 경험하기 힘들다. '더' 맛

있는 요소가 첨가되어야 '맛있다'는 쾌감을 얻을 수 있다.

　수동적이면서도 자라나는 감각기능을 통제할 수 있는 것은 생각하는 마음이다. 이 마음은 인·의·예·지라는 가치의 척도를 갖는 것이므로 욕구를 조절할 수 있다. 그런데 어떤 경우에는 이 마음보다 감각기관이 더 우월하게 커져 버릴 수도 있다. 그런 경우 그 사람은 감각적 욕구에 의해 움직이는 사람이 된다.

　결국 마음과 감각기관이 만들어 내는 다양한 관계가 다양한 개성들을 만들어 낸다. 즉 개성을 빚어내는 것은 감각기관과 마음의 관계이다.

　인의예지는 밖으로부터 내게 녹아 들어온 것이 아니라, 나에게 고유한 것이지만, 사람들이 생각하지 못할 뿐이다. 그러므로 공자께서 말하기를 '구하면 얻고 버리면 잃는다'고 하는 것이니, 서로 간의 차이가 혹은 배가 되고 혹은 다섯 배가 되기도 하며, 더 나아가서는 헤아릴 수 없을 정도로 크게 벌어지기도 하는데, 이러한 차이는 그 재질을 다 발휘하지 못했기 때문이다.(「고자 상」6)

　감각기관은 외적인 사물과 생각하는 마음 사이에서 그 크기가 정해지며, 마음 역시 감각기관을 비롯한 방해물들 사이에서 <u>스스로의 능력을 지켜야 한다</u>. 위의 인용문에서 내게 고유한 인의예지를 '구하라'고 하는데, 이 구하는 일이 바로 마음이 하는 일이다. 이 마음의 능력 발휘 정도에 따라 도덕적 인간의 질이 정해진다. 즉 인간의 개성이 빚어진다. 타고난 본성은 같지만, 이 마음 정도에 따라 그 차이를 헤아릴 수 없을 정도로 다른 인간이 태어난다. 너와 나의 차이는 이 생각하는 마음의 차이이다. 혹은 감각기관에 대한 통제 능력의 차이라고 말할 수도 있겠다.

2. 가치의 근원인 내 마음

진정한 나

나를 선하게 하는 근원은 물론 천성적으로 타고난 본성이다. 그러나 새싹에 불과한 그것은 나약하기 그지없다. 새싹은 적당한 물과 햇빛뿐 아니라, 김을 매 주고 비료를 주는 노력을 필요로 한다. 그런 과정을 통해 자라야만 한다. 적절한 환경 속에서 튼튼한 나무로 자라지 못한다면, 싹인 채로 머물러 있는 것이 아니다. 성장을 멈춘 순간에 말라 죽는다. 그러므로 본성에 물을 주고 해를 비추고 김을 매 주고 비료를 주는 일을 하는 마음의 역할은 본성만큼, 아니 그 이상 중요할지도 모른다. 새싹은 수동적으로 주어진 것이지만, 능동적으로 모든 어려움에서 그 새싹을 보호하고 그 새싹의 생장에 필요한 것들을 제공해 실제로 그 새싹을 살리고 키워 내는 것은 그 마음이다.

새싹이 자라는 것을 방해하는 위험요소는 무엇인가? 직접적으로는 감각기관이다. 간접적으로는 그 감각기관의 대상이 되는 모든 외부이다. 흉년이라든지 폭정이라든지 하는 사회 전체적인 환경을 비롯하여, 개인적인 불우한 환경도 마음을 위협하는 존재이다. 또한 넘치는 물질적 유혹 때문에 감각기관이 점점 더 강도 높은 자극을 원하며 왕성해지고, 그리하여 마음의 기능을 압도하고 오로지 외적인 사물에 이끌려 다니는 일도 있다.

본성은 마음에 의해서만 생명력을 지속시킬 수 있다. 본성은 누구에게나 똑같이 주어진 것이지만 마음은 누구든지 다르다. 개인이 어떤 모습으로 세상에서 살지 좌우하는 것은 그 마음이다. 감각기관의 도전을 이겨 내고 그것을 자신의 휘하에서만 놀게 하는 한편 타고난 착한 마음의 싹을 훌륭하게 키워 인·의·예·지의 덕을 갖춘 도덕인으로 살지, 아니면 스스로 지키는 것이라고는 없이 온갖 자극을 좇는 욕망의 노예로 살지 결정하는 것은 마음이다. 그러므로 개인의 도덕 주체는 마음이다. 나의 진정한 주인은 나의 마음이다.

그러므로 마음이야말로 그 사람을 진정 그 사람이게 한다. 마음이 움직여야 그 사람이 움직이는 것이다. 맹자는 사람을 얻는 것이나 잃는 것이나 모두 그 사람의 마음을 얻거나 잃거나 하는 것이라고 표현한다. 상대가 자신보다 힘이 우월해서 복종하는 것은 진정으로 복종하는 것이 아니며, 스스로 기뻐하며 마음으로 복종하는 것만이 진정으로 복종하는 것이라고 말한다(「공손추 상」 3). 걸이나 주와 같은 폭군이 천자 자리에서 쫓겨난 것은 백성들의 "마음을 잃었"기 때문이다(「이루 상」 9).

어떤 사람의 마음을 잃는다는 것은 그 사람을 잃는 것과 마찬가지이고 그 사람의 마음을 얻는 것은 그 사람 전체를 얻는 것과 같다. 마음을 그 사람의 핵심으로 여기는 경향은 여전히 우리에게 있어서,

우리는 자신이 대면한 현실에 집중하지 않고 다른 생각을 하는 사람을, 마음은 다른 데 가 있고 껍데기만 여기에 있다고 묘사한다. 즉 마음이 알맹이인 것이다.

마음이 자신의 진정한 주인으로 자리 잡은 사람은 어떤 사람일까? 이때의 마음이란, 타고난 본성의 마음을 생각하는 마음의 기능을 다해 울창하게 키워 내, 감각까지도 그 휘하에 두고 있는 전일한 주체로서의 마음이다. 맹자가 구상하듯이 자신의 본성을 잘 키워 덕을 갖춘 사람이라면, 새싹처럼 불쑥불쑥 튀어나오는 순간적인 본성과 이목구비의 욕구가 모두 통일되어, 단일한 창구 안에서 판단과 행동이 이루어지는 사람일 것이다. 즉 마음①, 마음②, 마음③이라고 표시할 필요도 없이, 갈라지지 않은 오로지 하나의 마음을 갖는 사람이다. 공자가 70세에 도달했다는 "하고 싶은 대로 해도 법도를 넘지 않았다"(從心所欲不踰矩, 『논어』 「위정」 4)라는 경지가 바로 그것을 묘사하는 것이리라. 전일한 마음을 핵으로 하여 인간을 구성하는 모든 요소, 감각·기운·신체 등이 한 덩이가 된 그 인간이리라.

나의 감정이 가치의 원천

마음이 윤리의 주체라고 했지만, 가치의 원천은 맹자가 선한 본성이라고 지칭한 그 바탕, 앞에서 분류한 마음 가운데 마음②에 해당하는 그 싹이다. 맹자는 그것을 사단(四端)이라고 불렀는데, 사단은 사람의 감정을 넷으로 분류한 것이다. 물론 사람의 감정 전체가 아니라 그 가운데 어떤 감정들이다. 그 넷의 이름은 측은(惻隱)의 마음, 수오

(羞惡)의 마음, 사양(辭讓) 혹은 공경(恭敬)의 마음, 그리고 시비(是非)의 마음이다. 이 마음들은 자라서 인·의·예·지라는 덕이 된다.

측은의 마음이란 남의 불행을 마치 나의 불행처럼 느끼는 마음이다. 그래서 맹자는 불인(不忍)의 마음이라고도 불렀다. 불인이란 참을 수 없다는 뜻이다. 남의 불행을 아무렇지도 않은 듯 그냥 보고 있을 수 없다는 뜻이다. 수오는 남의 비리뿐만 아니라 나의 비리 혹은 부도덕을 부끄러워하는 마음이다. 사양의 마음은 행여 남의 마음에 상처 입힐까 조심하며 상대를 존중하는 마음이다. 시비의 마음은 사태사태마다 어떤 것이 옳은지, 즉 어떤 것이 인·의의 길인지 판단하는 마음이다.

간단하게 말하면 타고난 착한 마음이란 우리가 타인을 마주했을 때 친밀감을 느끼고, 또 그 친밀감의 적당한 정도, 그 친밀감을 표현하는 적절한 방식 등에 대해 직감적으로 알 수 있는 능력이다. 이러한 감정들이 적절하게 발휘된다면 우리는 누구와도 갈등 없이 친밀한 관계를 유지할 수 있다. 어떤 경우에는 내 마음이 냉정해서 그 관계가 만들어지지 않을 경우도 있고, 어떤 경우에는 더 진한 친밀감이 오기를 기대했는데 너무 약해서 실망할 수도 있고, 또 그 반대로 너무 진한 친밀감이 와서 부담스러울 수도 있다. 또한 무뚝뚝해서 표현이 서투르다든지 아니면 마음에도 없는 표현이 나오는 경우도 있다. 우리가 인간관계에서 이러한 어려움을 겪었다면 그것은 우리의 천성적인 감정이 제대로 발휘되지 않았기 때문이다.

중요한 것은, 이런 바탕이 모두 감정이라는 점이다. 이 감정이 싹에 불과하기 때문에 현실에서 우리는 원만하지 못한 인간관계를 수시로 경험한다. 그래서 이 감정을 키워야 한다. 적절하고 원만한 인간관계, 그리하여 평화로운 세상을 만들 원천이 나의 감정이라는 것은 의미심장하다. 감정이므로 그 발휘에 어떤 다른 동인을 필요로 하지 않는다. 먹음직스런 음식을 앞에 두고 입에 고이는 침처럼 자동적인 활동이다. 본성상 착하다는 말은 이런 의미이다. 내가 생긴 것이 그렇기 때문에 남에게 관심을 갖고 그의 안위를 염려한다는 것이다.

또한 감정이므로 똑같은 감정은 두 번 일어나지 않는다. 대상에 대해서도 다르지만 같은 대상을 두고서도 때에 따라 다르다. 똑같은 불행한 일을 당했더라도 내 자식에게 느끼는 안타까움과 옆집 아들에게 느끼는 안타까움은 분명 다르다. 또 똑같은 내 자식이라도 그 자식이 별 문제없이 학교 생활을 잘 하고 있을 때와 건강에도 문제가 있고 학교 생활에도 문제가 있을 때에 쏟는 마음은 다르다. 이 감정이 모든 인간관계를 만들어 가는 원천이므로 이 감정으로 엮이는 인간관계는 정말로 다채롭다.

이 감정들은 평화로운 세상을 만들 열쇠이기 때문에 키워야 한다. 이 마음이 자란다는 것은 여러 가지 의미가 있다. 예민해지는 것이기도 하고 변덕스럽지 않고 안정된 마음이 되는 것이기도 하고 또 그 영향력을 멀리까지 미치는 것이기도 하다. 이 감정을 키우는 일이 바로 인간이 종사할 윤리적 노력이 될 것이다.

그 감정이 예민해지고 안정되고 발휘 영역이 확대된다면 온 세상을 감싸 안을 수 있다고 맹자는 말한다.

내게 있는 사단을 넓히고 가득 채워 나가면 마치 불이 처음 붙고 샘이 처음 솟아나듯이 일어난다. 정말로 넓히고 가득 채워 나가면 사해(四海)를 보존할 수 있지만 그렇게 하지 못하면 부모조차 섬길 수 없다.(「공손추 상」 6)

사단이라는 감정이 자라면 사방 바다 안의 천하에까지 미치게 된다. 그 의미는 그 먼 곳에 있는 사람까지 배려하고 그의 안락을 위해 할 수 있는 일을 하게 된다는 것이다. 그러나 그 감정은 사람에 따라 다 다른 정도로 발휘된다. 나의 측은지심을 파란색이라고 하고 그 측은지심이 가득 찬 세상을 그린다면, 나를 중심으로 가장 가까운 동심원인 내 가족은 진한 파란색이 될 것이고, 반경이 커지면서 점차 엷은 색이 되는 파란색의 그러데이션(gradation)이 될 것이다. 그 마음이 온 세상에 가득 찰 정도로 자랐다면 엷기는 해도 가장 확대된 동심원 역시 파란색이다.

이 세상에 어떤 것이 소중하다면 그것은 내 감정이 그 대상을 바라보고 그 대상에 적절한 관심과 사랑을 베풀었기 때문이다. 즉 내 감정이 그것에 의미를 부여하고 그것을 가치 있는 것으로 만든다. 그러므로 나의 감정은 세상을 창조해 가는 힘이다. 내 한 줌 마음속에 자리 잡은 내 감정이 바로 그런 존재이다.

르네 마그리트(René Magritte), 「연인들 2」(*Les Amant 2*), 1928.
사랑이란 무엇일까? 맹자라면 자신을 여는 것이라 할 것이다. 오감을 열고 마음을 열어 그 사람과 함께 느끼는 것이다.

2_본성 키우기

송대 성리학은 우주적 진리[理]가 인간의 마음속에 깃들어 있다고 주장했는데, 이는 맹자가 말한 착한 본성을 새로운 틀에서 해석한 것이다. 본성이 우주적 진리와 다른 점은 인간이라는 형체를 가진 개체, 즉 기(氣) 속에 들어 있다는 점이다. 본성 자체는 우주적 진리와 같은 등급의 가치인데 기(氣) 때문에 현실에서 드러나는 인간의 본성은 착한 본성 그대로이기 어렵다. 기(氣)는 현실에서 리(理)를 담는 그릇으로 비유되는데, 그릇은 맑거나 탁하거나 하기 때문에 이 그릇의 상태에 따라 리는 현실에서 다른 모습으로 드러난다. 성리학은 이처럼 인간 개체들 사이의 도덕적 능력 차이를 기의 차이로 설명하고 본성[性], 즉 리(理)를 완전한 것으로 설정했다. 그러므로 성리학에서 본성을 키운다는 말은 성립하지 않는다. 리는 완전한 것이고, 완전한 것은 변하지 않는다. 완전한 것을 키운다는 것은 어불성설이다.

그러나 맹자의 본성은 작은 싹과 같다. 그래서 맹자의 본성은 키워야 한다("養其性",「진심 상」1). 성리학자에게 본성은 완전한 것이므로 그것은 그대로 인의예지의 덕과 등치된다. 그러나 그 덕은 그릇에 담겨 있기 때문에 그릇의 상태 여하에 따라 현실의 인간은 각각 차등적인 성품, 차등적인 덕을 갖는다. 그러나 맹자가 말하는 본성은 싹이고 그것이 울창한 나무로 자랐을 때, 그것을 인의예지의 덕이라 부른다. 그리고 그 성장 정도에 따라 사람들의 인격이 달라진다.

> 오동나무와 가래나무의 묘목을 기르려고 한다면 누구나 그것을 어떻게 기르는지 안다. 그런데 자기 자신에 대해서는 자신을 기르는 방법을 알지 못한다. 어떻게 자신을 사랑하는 것이 오동나무나 가래나무만도 못한가? 너무나 생각을 안 하는구나!(「고자 상」 13)

맹자는 자신의 본성 키우기를 이처럼 나무 키우기에 비유했다. 사단의 마음은 감정 차원의 것으로, 웬만한 비바람에 흔들리지 않을 정도로 자라기까지 보호와 양육이 필요하다. 원초적 감정 즉 사단은 한결같더라도 주변의 환경에 따라 다른 식으로 진행될 수 있다. 누군가를 도와야 한다는 측은지심이 발동해도, 때로는 자신의 피로감 때문에, 때로는 자신에게 다가오는 위협 때문에, 또는 다른 이유 때문에 그 마음은 그때마다 다른 방향으로 뻗어 갈 수 있다. 그러나 우리가 '덕'이라고 부르는 것은 튼실한 나무와 같아서 그런 주변 환경에 쉽게 영향받지 않는다. 덕이 있는 사람은 우리에게 안정되고 일관된 행동을 보여 주기 때문에 우리에게 그는 믿을 만한 인격자이다. 싹과 같은 마음이 그처럼 어떤 상황에서도 안정되고 일관된 행동을 만들어 낼 수 있도록 그 마음을 키우는 일, 그것이 인간이 자신이 타고난 착한 마음을 완성해 가는 길이다.

1. 감정 예민하게 하기

공감의 능력

우리가 누군가를 완전한 타인이라 느끼지 않고 내게 어떤 의미를 갖는 존재로 받아들인다는 것은 어떤 의미인가? 물론 우리는 우리와 혈연관계를 맺은 사람들을 남이라 여기지 않는다. 그러나 남이라고 느끼지 않는 대상이 혈연에 한정되는 것은 아니다. 내 배우자, 내 애인, 내 친구, 우리는 이들을 남이라 생각하지 않는다. 남이 아니라는 것은 어떤 식으로든지 나와 연결되어 있다는 것이다. 그 사람과 나를 연결해 주는 것은 무엇인가?

　나는 그 사람이 행복하기를 바라고, 그 사람의 불행에 가슴 아파한다. 나는 행복한 그 사람의 마음을 느끼고 같이 기뻐하며, 불행한 그 사람의 마음 때문에 가슴이 아린다. 나는 상대에게도 그러한 사람이 되고 싶어 한다. 내 기쁨을 그 사람이 함께 느껴 주길 바라며 내 슬픔을 같이 느끼고 위로해 주기를 바란다.

　우리는 그것을 사랑이라고 부른다. 사랑은 너와 나의 경계를 넘어 마음을 함께하는 것이다. 즉 같이 느끼는 것이다. 나의 행복과 불행, 너의 행복과 불행을 각각의 것이 아니라 우리의 것으로 느낄 때, 우리는 남이 아니다.

맹자는 우물에 빠지려는 어린아이를 보았을 때의 예를 들어 그 사랑을 설명한다. 아직 걷지 못하고 겨우 기어 다니는 어린아이가 우물 주위에서 꼬물거리며 놀고 있다. 그런데 그 아이의 어머니가 한눈판 사이에 한 발짝만 떼면 우물에 빠질 순간을 목격한다. 맹자는 그런 순간에는 누구라도 공통된 감정을 경험하리라고 말한다. 그렇다. 우리가 그런 순간을 목격했다면 가슴이 철렁하는 경험을 할 것이다. '큰일났구나!' 라는 생각과 동시에 몸이 움직이는 한에서 몸을 날려 그 아이를 구하려 할 것이다.

연인 사이에서 오고 가는 마음과 모르는 아이에게 느낀 마음은 얼핏 다른 종류의 것 같아 보이지만, 이 마음이 개별적인 사람을 이어 주는 공감의 마음이라는 점에서는 한가지이다. 맹자가 인간이 타고난 착한 본성이라고 한 것은 바로 이 공감의 마음이다. 맹자는 측은지심(惻隱之心)이라고 불렀는데, 이는 남의 불행을 무심하게 보아 넘기지 못하는 마음이란 뜻이다.

이 마음은 어떤 사려나 이해타산이 개입하기 이전의 마음이다. 위험에 처한 처음 보는 어린아이에게 느끼는 안타까움은 물론 그렇다. 우리가 통상 사랑이라고 부르는 이성 간의 사랑도 그렇다.

이성 간의 사랑이 여러 이해타산이 개입하는 것으로 변질되기 십상이라는 것은 흔히 경험한다. 위기에 빠진 어린아이를 구하는 일도 그렇다. 맹자는 이 일이 "아이의 부모와 친분을 맺기 위해서도 아니고, 마을 사람들과 친구로부터 어린아이를 구했다는 칭찬을 듣기 위해서도 아니"(「공손추 상」 6)라며 그 마음이 즉각적으로 발현한다는 것을 역설하지만, 그 즉각적 마음 뒤에는 이러한 이해타산이 개입할 수 있다는 것은 엄연한 사실이다.

그러나 그렇다고 해도, 그 사려가 개입하기 이전에 뭉클했던 마음이 있다는 것이 중요하다. 이것이 바로 우리의 본성인 공감의 마음이다. 이 공감의 마음은 장차 인(仁)이라는 덕으로 자라 내 인격이 되면서, 동시에 세상의 연대를 가능하게 할 힘이다. 우리가 일상 도처에서 경험하는 이 마음이 바로 나를 성인의 경지에까지 끌어올릴 수 있는 바탕이며, 나를 내 몸에 고립시키지 않게 하는 능력이며, 평화로운 세상을 만들 동력이다.

사랑은 배워야 하는 것

측은지심은 어떤 사태 앞에서 순간적으로 움튼다. 그런데 순간적으로 드는 그 마음을 어떤 사람은 그대로 밖으로 드러내서 행동으로까지 옮기지만, 어떤 사람은 외면해 버릴 수도 있다. 맹자가 예로 든 우물에 빠지는 아이를 목격했을 때는 그런 경우가 드물겠지만 조금 더 노력을 요구하는 상황에서는 더 쉽게 외면당할 것이다.

여기 맞벌이 부부가 있다. 가사는 아직도 여자의 책임이라는 생각이 지배적이다. 둘 다 밖에서 늦게까지 일하고 지친 몸으로 귀가한다. 어느 날 아내가 더욱 지쳐 보인다. 아내 눈 밑의 검은 그늘을 본 순간 남편은 오늘은 아내가 쉴 수 있도록 자신이 저녁 준비도 하고 아이도 씻겨서 재워야겠다고 생각한다. 그러나 일하기 위해 무거운 몸을 일으켜야 하는 단계에서, 익숙하지 않은 일이 귀찮고 어차피 아내의 일이어서 도와주지 않는다고 비난받는 것도 아닌데 하는 생각에 도로 주저앉아 버린다. 순간 싹텄던 아내에 대한 측은지심은 죽어 버린다. 만약 남편이 자신의 싹을 무시하지 않고 행동으로 옮겼다면 그의 싹은 한 뼘 자라 그 다음에는 훨씬 쉽게 자신의 측은지심에 적극적으로 반응할 것이다.

  사지의 안락이라는 유혹에 져 아내를 향한 측은지심을 키우는 데 실패한 사람이라도 사랑하는 딸을 키우면서 다시 한번 그 마음을 키울 기회를 가질 수도 있다. 대학을 졸업하고 회사에 취직한 딸이 회사 안에서 정당한 대우를 받고 있는지 염려스러워진다. 여자들을 무시하고 함부로 대하는 사회의 일반적 분위기를 잘 알고 있기 때문이다. 또한 결혼을 하고 또 맞벌이를 한다고 하는데, 조그만 체구로 저 건장한 몸을 가진 사위 놈보다 몇 배의 일을 하고 사는 게 아닌가 걱정스럽다. 딸을 향한 그러한 측은지심이 싹트고 그 애틋한 마음이 계속 커지면, 이제는 자신의 무심함 속에서 고단하게 살았던 아내에 대한 측은함과 죄책감을 느끼는 데까지 발전할 수도 있고, 또 밖에 나가 만나는 여자들을 대하는 태도를 바꿀 수도 있다.

  자신의 아이를 낳고 나면 남의 아이도 달라 보인다고 한다. 아이가 열이 올라 며칠 밤을 새면서 가슴 졸인 경험을 하게 되면, 전쟁터에서 학대받고 굶주리는 저 이국땅의 아이들을 티브이 영상으로 보고 내 아이의 불행을 보듯 가슴 저미는 느낌을 경험하게 된다. 부모가 병약해지면 밖에서 마주치는 노인네들이 무심하게 지나쳐지지 않는다. 강아지를 길러 보게 되면, 집을 잃고 헤매는 강아지에게도 연민을 느끼게 된다.

 이러한 일들은 '느낌'의 경험이 중요함을 얘기해 준다. 앞에서 얘기한 적이 있는, 제사에 끌려가는 소를 보고 연민의 마음을 느껴 양으로 바꾸라고 했다는 제나라 선왕의 일화는 맹자의 측은지심을 설명하는 데 여러 가지로 중요한 의미를 갖는다. 스스로도 자신의 마음을 해명할 수 없어 의기소침해 있던 제선왕에게 맹자는 다음과 같은 말을 해줬다.

 왕께서 소와 양을 차별하신 것은, 소는 직접 보았지만 양은 보지 못했기 때문입니다. 군자가 금수를 대할 때, 살아 있는 모습을 보고서는 차마 그것이 죽어 가는 것을 보지 못하며, 애처롭게 우는 소리를 듣고서는 차마 그 고기를 먹지 못합니다. 그래서 군자는 주방을 멀리 하는 것입니다.(「양혜왕 상」7)

 그렇다. 보지 않은 것에 대해 측은지심을 느끼기는 어렵다. 그 마음이 커졌을 때는 이야기를 듣는 것만으로도, 미루어 짐작하는 것만으로도 측은지심이 발동할 테지만, 그렇게 성장하기 전에는 눈앞에서 보아야 마음이 움직인다. 군자뿐 아니라 보통 사람인 우리들도 무심하게 도살의 현장을 보지 못한다. 그래서 그 근처에 가지 않는다. 고기는 먹어야 하겠기에 도살의 현장은 피하지만, 사랑의 마음을 키우기 위해서는 내 주위의 사람들에게 눈을 돌리고 그들을 보아야 한다고 이 일화는 얘기해 준다. 세상 사람들의 곤경, 슬픔, 나약함 등을 보아야만 측은의 감정이 촉발된다.

　도살하는 일을 하면서도 그 고기를 태연히 먹는다면, 이미 그것을 생명체가 아닌 물건처럼 여겨 그 사체에 무감해져 있기 때문일 것이다. 눈으로 보더라도 마음으로 외면하면 보지 않은 것과 같다. 그 마음은 죽어 갈 것이다. 송대의 성리학자들은 이 측은지심이 발휘되지 않는 상태를 마비(痲痺)라고 표현했다는데, 절호의 비유라고 생각한다. 느낌 즉 감각을 상실한 것이므로 마비가 아니고 무엇이겠는가.

　자신에게 주어진 감정을 마비상태로 만들지 말고 예민하게 하고, 또 그러면서도 튼튼하게 키우는 데는 그 마음이 수시로 자극되는 환경에서 자라는 것이 가장 일반적이고 가장 좋은 방법이다. 그것은 감정이기 때문에 자극에 의해 촉발되고, 자극에 의해 성장한다.

　가장 좋은 자극은 무엇보다도 자신에게 오는 그 사랑이다. 자신에게 오는 사랑을 느낄 수 있어야 그 사랑을 보내는 존재를 감지한다. 자신을 사랑해 주는 사람은 내게 소중하다. 내게 소중한 사람이 슬픈 일을 겪었을 때, 그것을 지켜보는 나는 그 슬픔을 나의 슬픔으로 경험한다. 깊은 사랑을 받은 사람은 그 사랑에 의해 자신 안에서도 꿈틀거리는 그 싹을 느끼고 자신에게 베풀어진 그 사랑에 반응한다. 그리고 반응하면서 내 마음을 키운다.

　어렸을 때부터 음악을 듣고 자란 아이는 음에 민감한 어른으로 성장한다. 그렇지 않은 아이에게 음악은 무시되어 안 들리거나 혹은 소음일 뿐이다. 사랑도 그렇게 훈련되는 것이다. 없던 능력을 만드는 것이 아니라, 있는 소질을 예민하게 하는 것이다. 내 부모에게 일어나는 일, 내 형제에게 일어나는 일, 내 이웃에게 일어나는 일에 관심을 갖고 배려하는 부모 밑에서 자란 아이들은 부모와 비슷한 어른이 되기 쉽다. 자신의 측은지심을 자극할 상황들을 많이 만날 것이며, 그러한 측은지심이 순수하게 발휘되는 모습 역시 옆에서 보기 때문이다.

우리에게 주어진 측은의 본성은 모두에게 한가지지만, 각 개인이 키워 가는 측은지심은 천양지차가 된다. 그 마음을 외면하지 않은 사람들은 그 마음을 점점 깊게 하고 점점 넓혀 더욱 많은 사람들에게 발휘하지만, 가까운 사람을 향해 싹트는 그 마음을 외면한 사람이라면 이 마음이 더 먼 사람에게 발휘될 가능성은 없다. 이미 싹이 죽었을 것이기 때문이다. 새싹이 자랄수록 그것이 무성한 나무로 클 확률이 커지듯이 이 측은지심의 감정, 즉 사랑은 발휘할수록 점점 더 강해진다. 사랑의 마음은 많이 쓸수록 깊고 넓어지지만 그 마음을 쓰지 않으면 말라 버린다.

가장 진한 사랑
자신의 감정이 움직이고 또 그것을 표현하는 일은 대인관계가 시작되면서 같이 시작된다. 태어나자마자 타인을 만나지 않을 수 없으므로 우리의 감정은 태어나자마자 움직인다.

우리가 태어나서 처음으로 만나는 타인은 부모이다. 우리는 부모와의 관계를 통해 처음으로 인간관계에서 발생하는 감정을 경험한다. 부모와 갓난아이의 관계를 생각하면 아이가 처음 접하는 타인의 감정은 부모의 측은지심이다.

숨 쉬는 것 외에는 스스로 할 수 있는 게 없는 어린아이를 부모는 스스로의 생명을 돌보듯 돌본다. 갓난아이가 자기 목숨을 이어가는 것은 특히 어머니의 공이다. 어머니의 측은지심이다. 아이는 어머니의 배에서 나왔지만 한동안 여전히 어머니의 줄에 매달려 산다. 측은지심이라는 마음의 줄이다. 탯줄을 끊은 어머니는 그것을 대신하기 위해 밤잠을 토막 내며 아이를 먹이고 기저귀를 갈아 준다. 어머니의 여차한 방심도 아이에게는 치명적이다. 자면서 뒤척거리다 옆에서 자는 아이를 행여 누를까 어머니는 잠결에도 아이를 염려하며 몸을 조심스럽게 놀린다. 어머니는 스스로에게 쏟는 정성보다 더한 정성으로 아이를 보살핀다.

부모로부터 자타의 경계를 넘어서는 사랑을 받은 아이 역시 자타의 경계 없는 사랑으로 반응한다. 어렸을 때는 부모를 향한 사랑이 자신에게 오는 부모의 사랑을 넘어설 수 없겠지만, 점점 자란 사랑의 마음은 부모의 자식 사랑 못지않은 부모 사랑을 발휘한다. 부모가 자신의 생명을 깎아 나를 낳고 키웠듯이 나도 나의 생명을 다해 부모를 사랑할 정도로 나의 사랑은 자란다.

그렇게 사랑받고 자란 아이는 스스로를 소중한 존재로 느낀다. 처음에는 사랑받는 자신이 대단해서 소중하다. 그러나 실제로 자신을 소중하게 하는 것은 사랑할 수 있는 능력이다. 아이는 사랑을 받음으로써 자신 안에 있는 그 능력에 눈을 뜬다. 아이는 부모를 사랑하는 것을 시작으로 자신의 측은지심을 키운다. 자신의 몸을 벗어나

자라기 시작한 마음은 그 활동 범위를 넓혀 간다. 더 많은 사람들을 만나고 그들의 어려움을 함께 느끼며 그럼으로써 스스로도 그들에게 중요한 사람이 된다. 측은지심을 넓혀 가는 것은 자신에게 의미 있는 세상이 넓어지는 것이며 또한 자신의 의미를 인정해 주는 세상이 넓어지는 것이다. 즉 서로 측은지심의 영역을 넓혀 감으로써 서로에게 의미 있는 존재로 되어 가는 것이다. 그렇게 우호적인 인간관계가 넓어진다.

측은지심의 마음, 즉 사랑은 자극에 의해 자라는 감정이다. 그러므로 태어나서부터 긴밀한 관계를 맺으며 함께 살면서 형성한 부모와의 유대감보다 강한 것은 없다. 그러므로 아이가 자신의 측은지심의 범위를 점점 확대해 나가 점점 많은 사람을 사랑하게 되어도 부모에 대한 사랑을 능가할 수는 없다. 부모 자식 사이의 사랑은 모든 사랑의 원천이다. 그 사랑은 그 어느 사랑보다 강력하며, 그 사랑을 핵으로 하여 이 세상에 대한 사랑이 퍼져 나간다.

부모 자식 사이의 사랑은, 그 두 사람을 넘어서 세상의 가장 중요한 가치가 된다. 부모 자식 사이의 사랑이 아니라면 사랑은 시작되지 않을 것이다. 맹자는 이 세상에서 가장 불쌍한 사람들로 홀아비, 과부, 자식 없는 사람, 부모 없는 아이를 꼽고, 이들을 어진 정치를 할 때 가장 우선적으로 배려해야 할 사람들이라고 생각했다(「양혜왕 하」 5). 부모 자식 간의 사랑이 이 세상을 연대하는 원천이고, 그 사랑이 이 세상에서 가장 가치 있는 것이라면, 이러한 '결손'은 무엇에 비할 데 없는 불행이다. 가정이 측은지심을 키우는 온실이라고 할 때, 이러한 온실을 갖지 못한 사람들은 처음부터 불리한 환경에 놓인 것이다. 인간의 본성상 부모와 자식을 대신할 다른 대상을 찾겠지만, 그마저도 여의치 않다면 그보다 더 큰 불행은 없을 것이다.

만약 측은지심을 기를 기회를 전혀 갖지 못해 측은지심의 싹이 말라 버린다면, 그 사람은 이 세상과 단절될 것이다. 그에게는 사회도, 문화도 존재하지 않을 것이다. 사랑이 시작되지 않아 사람들이 공동체를 이루지 못한다면, 의를 비롯한 다른 덕은 그 능력을 발휘할 기회도 얻지 못한 채 폐기될 것이다. 그래서 맹자는 "선을 행하라고 책망하는 것은 친구 사이의 도이고, 부자 사이에 선을 행하라고 책망한다면 부자 사이의 은혜를 크게 해치게 된다"(「이루 하」 30)고 말한다. "부자 사이에 선을 행하라고 책망하면 서로 멀어지는데, 부자 사이가 멀어지는 것보다 더 나쁜 일은 없다"(「이루 상」 18)고 생각하기 때문이다. 공자 역시 자신의 자식을 직접 가르치지 않고 친구의 자식과 바꿔 가르쳤다고 한다. 올바름은 인간이 연대한 뒤에 필요한 것이기 때문이다.

그렇다면 1부에서 언급했던 법률에 대한 공자의 우려는, 정말로 공자에게는 절박한 문제였음을 알 수 있다. 부자 사이의 관계가 와해되면 이 세상은 그 존립조차 불가능해진다. 이익을 추구하는 마음이 한동안은 사회를 유지할 수도 있을 것이다. 그러나 모든 사람이 이익이라는 관심으로만 타인과 대면한다면 결국은 약육강식이 지배하는 동물의 세계만이 남을 것이라 염려한 것이다.

부자 사이의 사랑이 없다면 인간은 연대하지 못하고 각자 고립된 생물체로만 존재할 것이다. 고립된 생물체는 인간이라고 할 수 없다. 그들은 인간의 특징인 인·의·예·지의 덕을 갖지 못한, 그저 동물일 뿐이다. 그래서 다음의 『맹자』에서 얘기하듯, 어버이에 대한 사랑은 천하보다 귀중하다고 할 수 있다.

> 도응 : "순임금이 천자였을 때 고요(皐陶)가 사법을 담당하는 관리로 있었는데, 만약 순의 아버지인 고수(瞽瞍)가 살인을 했다면 어떻게 했을까요?"
> 맹자 : "체포했을 것이다."
> 도응 : "그렇다면 순임금이 저지하지 않았을까요?"
> 맹자 : "순임금이 어떻게 저지했겠는가? 고요에게는 맡은 직책이 있었다."
> 도응 : "그렇다면 순임금은 어떻게 했을까요?"
> 맹자 : "순임금은 천하를 헌신짝처럼 버리고, 몰래 아버지를 업고 도망쳐 바닷가에 살면서 죽을 때까지 즐거워하면서 천하를 잊었을 것이다."(「진심 상」 35)

만약에 순임금이 천하를 버렸다면, 그것은 천하가 중요하지 않아서가 아니라, 천하보다 어버이가 더 중요하기 때문이다. 천하 때문에 어버이를 버린다면 천하는 물론이고 결국에는 어떤 것도 건재할 수 없다. 천하를 보전하기 위해 정말로 필요한 것은 어버이에 대한 사랑이다.

물론 이것은 맹자가 그린 이상적 세계에서의 이야기이다. 자기 존엄성의 원천이 되는 인간성을 잃지 않은 인간이라면 그렇다는 말이다. 당시의 인간도 오늘날의 인간과 다를 바 없었을 것이므로, 나이가 들면서 부모보다 더 사랑하는 대상을 만난다. 그렇지만 바람직한 일은 아니라는 것이다.

사람은 어려서는 부모를 사모하다가 아름다운 여자를 알게 되면 젊고 아름다운 여자를 사모하고, 처자식이 생기면 처자식을 그리워하고, 벼슬을 하면 군주를 사모하고 군주의 신임을 얻지 못하면 마음을 태운다. 그러나 큰 효자는 죽을 때까지 부모를 사모한다.
(「만장 상」1)

큰 효자는 단순히 집안의 자랑스러운 기둥이 아니라, 나라의 기둥이 될 사람이다. 부부 사이의 정이라든지, 자식에 대한 정, 그리고 군주에 대한 그리움 역시 없을 수 없을 뿐 아니라, 없어서도 안 된다. 그러나 그 모든 것의 원천은 부모에 대한 사랑이다.

형제에 대한 사랑, 부부 사이의 정, 자식 사랑 역시 부모에 대한 사랑이라는 그 원천에서 나오는 것이다. 형제에 대한 사랑 역시, 부모에 대한 사랑보다는 조금 옅겠지만, 옳고 그름을 넘어서는 성격의 애정이다. 지칠 줄 모르고 자기 형을 해코지하려는 상(象)에게 순은 모질게 하지 못했다. 모질게 하지 못한 정도가 아니라 그에게 영토를 주어 제후로 만들었다고 한다.

어진 사람은 동생을 대함에 있어서 노여움을 오래 간직하지 않고 원망을 묵혀 두지 않으며 친하게 대하고 사랑할 뿐이다. 그를 친하게 여기면 그를 귀하게 해주려 하고, 그를 사랑하면 그를 부유하게 해주려고 한다.(「만장 상」 3)

옳고 그름의 기준으로 사람을 대하는 것은 물론 중요하지만, 그보다 더 중요한 것은 사람과 사람의 연대이고, 그 연대를 가능하게 하는 것은 측은지심이다. 그 측은지심을 키우는 첫번째 장은 가족이다. 부모이고 형제이다. 부모 자식뿐 아니라 형제 사이의 애정은 헤아릴 수 없을 정도로 강렬한 것이어서, 옳고 그름의 기준이라든지, 원망이나 노여움의 감정이 그것을 이길 수 없다.

실제로 인의예지의 덕이 우리의 현실이 아니라 현실에서 지향해야 할 가치인 것처럼, 부모 자식 사이의 사랑 역시 그러하다. 옛날처럼 대가족 제도 아래라면, 부모와 자식의 관계는 생사만이 갈라놓을 수 있는 관계이다. 가장 좁은 공간과 가장 긴 시간을, 가장 진한 감정으로 함께하는 사이인 것이다. 그러므로 그들 사이의 사랑을 능가할 것은 이론적으로는 없다.

부모 자식 사이의 사랑은 맹자의 성선설을 증명해 주는 강력한 증거이다. 웬만해선 부정하기 어렵기 때문에 강력하다. 또한 누구나 경험하는 것이기 때문에 강력하다. 인간이 태어나서 숨 쉬듯이 하는 자연스러운 일이, 바로 성인이 될 수 있는 바탕이라니, 그의 주장은 얼마나 쉬우면서 또한 얼마나 원대한가!

2. 덕으로 정착시키기

감성에서 덕으로

맹자가 선하다고 한 본성은 감정 차원의 것이다. 자신의 죽음을 본능적으로 직감하고 공포에 질려 있는 소를 보고 느끼는 연민의 감정이다. 맹자는 이러한 감정은 누구나 갖는 것이라고 말한다. 맹자가 제시하는 예를 들으면 맹자의 주장을 부정하기 어렵다. 그 아이가 누구이든 지하철 선로로 떨어지려고 하는 어떤 어린아이를 보는 순간 느끼는 그 철렁함은 누구나 경험하는 것이기 때문이다. 그 측은지심은 인(仁)의 덕으로 되는 바탕이다. 그런데 이 세상에 인(仁)의 덕이 있다고 평가할 만한 사람은 많지 않다. 오히려 드물다고 해야 할 것이다. 공자도 이러저러한 사람이 인(仁)한 사람이냐고 묻는 제자들의 말에 그렇다고 대답한 적이 거의 없다. 인의 바탕이 될 그 측은지심은 도대체 어디로 갔기에 인은 이리도 멀리 있는가?

　인한 사람 또는 의로운 사람이라는 평가는 그 사람의 단발적인 행위가 아니라 그 사람의 인격을 평가하는 것이다. 순간순간 발동하는 측은지심이 아니라, 그 측은지심을 키워 울창한 나무가 되었을 때 그때서야 인격을 좌우하는 '덕'이 된다. 덕은 지속적인 행위를 가능하게 하는 안정된 성향이다. 어떻게 그 싹을 죽이지 않고 울창한 나무로 키울 것인가?

　앞에서 들었던 맞벌이 부부의 예를 다시 들어 보자. 아내의 피곤한 얼굴을 보고 오늘은 자신이 저녁 준비를 해야겠다고 마음먹은 남편이, 몸을 움직여야 하는 순간 다시 주저앉았다면, 그 다음날, 또 그 다음에는 그런 망설임도 필요 없이 순간의 측은지심은 외면당할 것이다. 그러나 그 마음을 외면하지 않고 무거운 몸을 일으켜 아내를 쉬게 하고 저녁 준비를 하고 아이를 돌봤다면 그는 스스로 뿌듯함을 느낄 것이다. 그리고 그 뒤의 다른 날에는 순간의 갈등도 없이 그 일을 할 것이다. 뿌듯함에서 그치지 않고 그때까지의 자신의 이기적 행동을 반성까지 할 수도 있을 것이다. 지금까지 아내는 피곤한 몸을 다시 움직이면서 묵묵하게 이 일을 해왔구나 하는 반성에서 시작해, 그 일이 아내의 일이 아니라 우리 가족의 일이라는 생각에까지 미칠 것이다. 그런 반성이 가능해지면 사회 도처에서 사회의 관습 때문에 스스로 무감하게 누려 왔던 특권에 대해서도 되돌아볼 수 있을 것이다. 내가 편하면 나의 편안함을 위해 두 배 이상 애쓰는 누군가가 있다는 데 생각이 미치면, 더 이상 자기 몸 편안한 것을 원하지 않을 것이다. 그리고 사회 도처에서 최소한의 권리를 주장할 방법조차 갖지 못한 채 희생을 강요당하고 있는 사람들에게까지 눈을 돌릴 수도 있을 것이다. 나아가 의도적으로 끈질기게 약자들을 억압하는 자들에게 분노를 느끼고 그 억압관계를 개선하기 위해 적극적인 사회적 노력을 할 수도 있다.

 이 사람은 아내뿐 아니라 주위의 약자들에 대한 측은지심을 느끼고 자신이 할 수 있는 한에서 그들을 돌보려는 인한 사람이며, 불의를 보고 참지 않고 바로잡으려고 노력하는 의로운 사람이며, 어떻게 하는 것이 자기가 이웃을 돕고 불의를 바로잡는지 판단할 수 있는 지혜로운 사람이다. 아마도 그러한 인한 사람이라면 설사 자신과 다른 생각을 가진 사람이라 할지라도 그에게 무례하게 굴지 않는 예의 바른 사람일 것이다.

이처럼 덕은, 싹튼 사단의 마음을 외면하지 않고 그 마음을 실현시키려는 스스로의 노력에 의해 습관처럼 정착된 안정된 마음가짐이며 동시에 행동 방식이다. 이것은 오랜 시간 동안 반복되면서 만들어진 것이므로 쉽게 성립되지도 않지만 쉽게 사라지지도 않는다. 본성을 키우는 일을 식물 키우기에 자주 비유한 맹자는 그 덕의 결실에 대해 다음과 같이 묘사했다.

오곡은 곡식 중에서 좋은 것이기는 하지만 여물지 않으면 비름이나 피만도 못하다. 인의 가치 역시 여물게 하는 데 달려 있다.

(「고자 상」 19)

사단이라는 착한 마음은 여물기 전의 이삭에 불과하다. 그것이 가치 있는 것이 되려면 여물어야 한다. 그래야 비로소 곡식이라는 이름을 얻고 사람들의 양식이 될 수 있다. 덕도 그와 같다. 물론 씨앗 혹은 싹은 중요하다. 그것이 없다면 그 뒤의 성장은 생각조차 할 수 없다. 그러나 싹만으로는 의미가 없다. 싹과 같은 천성의 착한 마음을 키워서 튼튼하게 해야 한다. 싹이 나무로 자라는 데 적당한 영양과 물과 햇빛과 바람막이가 필요하듯이, 착한 본성을 덕으로 키우는 데에는 여러 가지 사람의 노력이 필요하다.

하늘과 사람의 협동

인간의 덕이든 행위이든 그에 대해 선이나 악이라고 평가하고 책임을 물을 수 있다는 것은 그 결과를 낳은 선택의 자유를 전제해야 가능하다. 맹자는 우리가 타고난 본성이 선하다고 했지만, 현실에서 우리가 선과 악을 말할 때는 그 본성에 대해서 말하는 것이 아니다. 성선설을 액면대로 받아들여 본성이 선하다고 한다면, 사실은 선하다 악하다는 말은 이미 필요 없다. 모두 선할 것이기 때문이다. 우리가 현실에서 사람에 대해 선하다 악하다 평가할 때는 본성에 대해 말하는 것이 아니라, 덕의 상태에 대해 말하는 것이다. 덕이란 싹과 같은 그 본성에 물을 주고 김을 매 주는 노력을 통해 사람이 키워 낸 결과물이다. 착한 본성은 모든 사람이 가졌지만 덕은 그렇지 않다.

물론 착한 본성이 없다면 덕도 기를 수 없다. 인간 내면에 착한 본성이 없는데도 그들이 이기적인 행동을 넘어서 사회의 질서에 참여한다면, 그것은 고자나 법가 혹은 묵가가 주장하듯이 유용성의 원리나 신의 명령에 의해서일 것이다. 부국강병과 같은 사회적 가치나 세계 평화를 원하는 신의 명령에 의해 선한 행동을 하는 인간과 달리, 맹자가 생각하는 인간은 자율적인 인간이다. 그들은 외부의 힘에 의해서가 아니라 스스로의 원리에 의해 행동하는 존재이다. 맹자가 주장하는 본성이란 자율성, 나아가 존엄성의 원천이므로 중요하다.

세상에 선한 사람과 그렇지 않은 사람이 있다는 사실은, 타고난 본성 즉 자연만으로는 선함이 성립하지 않는다는 것을 말해 준다. 즉 선은 자연과 인간의 노력이 결합한 것이다.

타고난 바탕을 따른다면 누구나 선하게 될 수 있으니, 이것이 내가 말하는 본성이 선하다는 의미이다. 사람이 선하지 않게 되는 것은 타고난 바탕의 잘못이 아니다. 측은하게 여기는 마음은 누구나 가지고 있고, 부끄러워하는 마음은 누구나 가지고 있으며, 공경하는 마음은 누구나 가지고 있고, 옳고 그름을 판단하는 마음은 누구나 가지고 있다. 측은하게 여기는 마음은 인이고, 부끄럽게 여기는 마음은 의이며, 공경하는 마음은 예이고, 옳고 그름을 판단하는 마음은 지이다. 이러한 인의예지는 밖으로부터 내게 주어지는 것이 아니라 내가 본래부터 가지고 있는 것인데, 다만 사람들은 생각하지 않을 뿐이다. 그래서 공자께서는 "찾으면 얻게 될 것이고, 놓아 버리면 잃게 된다"고 했다. 때로는 사람들 사이에 차이가 두 배 또는 다섯 배가 되어 계산할 수도 없게 되는 것은 타고난 재질을 남김없이 실현하지 못했기 때문이다.(「고자 상」 6)

타고난 바탕인 네 가지 마음은 누구나 가지고 있지만, 현실에서 인의예지의 덕을 소유한 정도는 몇 배의 차이가 난다. 맹자는 본성에 대해 '생각해야 한다'고 표현하기도 하고 '찾는다'거나 '놓아 버린다'고 표현하기도 한다. 생각하거나 찾는 일들은 모두 순간순간 싹처럼 솟아나는 마음들을 놓치지 않고 그것을 자신의 주된 마음으로 삼는 의지와 노력을 필요로 한다.

    그 길로 가는 데 요구되는 의지와 노력을 얼마나 발휘할 수 있는지는 사람마다 다르다. 능력이 다르다. 그 능력의 차는 근원적으로는 마음의 차이겠지만, 그 마음의 능력은 선천적으로도 차이가 있고, 또 그 선천적 능력의 차이 때문에 후천적으로도 그 차가 점점 벌어질 것이다. 가령 순임금처럼 뛰어난 사람의 남다른 점은 다음과 같이 묘사된다.

> 순임금은 깊은 산 속에서 살 때 나무나 돌과 함께 살며 사슴과 멧돼지와 함께 놀았는데, 산 속에서 사는 일반 사람들과 다른 점이 거의 없었다. 그러나 한마디의 선한 말을 듣거나 하나의 선한 행위를 보면 곧 그것을 실천했는데, 마치 강물이 막혔다가 터지는 것처럼 기세가 대단해서 그 무엇도 막을 수가 없었다.(「진심 상」 16)

위 인용문에서 말하는 타인의 선한 말이나 선한 행위는 우리가 일상생활에서 마주할 수 있는 종합적인 환경으로 확대 해석될 수 있다. 뛰어난 잠재 능력을 가진 사람이 자신의 능력을 일깨워 줄 좋은 선생, 좋은 친구, 좋은 환경을 만나는 것은 행운이다. 인간의 잠재 능력을 믿고 그것이 후천적인 요소에 의해 계발된다는 믿음을 공유하는 사회라면, 그 좋은 환경이 우연한 행운에 좌우되지 않도록 좋은 교육제도와 교육환경을 만드는 데 힘쓸 것이다. 그러한 후천적 도움에 의해 잠재적 군자는 "막혔다가 터지는" "강물"처럼 대단한 기세로 선(善)을 향해 성장한다.

이렇게 학습이나 환경과 같은 요소에 의해 봇물 터지듯 성장하는 뛰어난 사람도 있지만, 선생님과 부모의 지도편달에도 불구하고 불량한 주위 사람의 유혹에 더 쉽게 빠지는 사람도 적지 않다. 맹자는 자신의 성심 어린 충고에도 불구하고 개선되지 않는 어떤 제후에 대해 다음과 같이 평했다.

왕이 지혜롭지 못한 것은 이상할 것이 없다. 비록 천하에서 가장 쉽게 자라는 어떤 식물이라도 하루 동안만 햇볕을 쪼이고 열흘 동안 추운 데 두면 살아날 수 없다. 내가 왕을 뵙는 것은 매우 드물고, 내가 물러 나오면 왕을 차게 하는(선한 마음의 성장을 방해하는) 사람들이 다가가니, 왕에게 비록 선한 마음의 싹이 있다 한들 내가 어떻게 할 수 있겠는가!(「고자 상」 9)

이처럼 맹자는 착한 싹의 존재를 무색하게 하는 후천적 조건들의 영향력을 인정한다. 후천적 조건이란 위의 인용문에 등장하는 '사람들' 뿐만이 아니다. 왕이 바보가 아니라면 스스로의 판단력이 있을 것이다. 왕에게 그 사람들이 영향을 미칠 수 있었던 것은 왕의 내부에서 움트고 있는 욕망이 그 사람들에게 응답했기 때문이다. 보통 정도의 지력을 가졌다면 맹자의 왕도정치보다는 당시의 주류인 법가적 부국강병책을 선호했을 것이다. 즉 단순히 옆 사람의 영향력이 아니라 감각적 욕구를 자극하는 객관적인 환경 전체가 착한 마음의 싹에 위협적이다.

그러므로 착한 마음의 싹을 도덕성의 반열에 올려놓으려면 힘들고 기나긴 노력이 필요하다. 자신의 싹을 밟을 수 있는 온갖 종류의 않는 존재는 하나도 없게 된다.

그 관심과 사랑을 통해 나의 존재가 확대되는 것이라면 나의 존재는 이 세상 전체로 확대될 수 있다. 절실함의 차이는 있지만 이 세상 모든 존재의 아픔과 기쁨을 함께 느낀다. 그 과정을 맹자는 "동정심을 느끼는 마음을 느끼지 않는 부분까지 이르도록 하는"(「진심 하」 31) 과정이라고 표현했다.

세상의 불의와 스스로의 비겁함을 부끄러워하던 마음(수오지심)은 자라 의(義)가 덕이 된다. 의의 덕을 가진 사람은 불의로부터 스스로를 지켜 낸다. 약자를 괴롭힌다든지, 자기 것이 아닌 것을 넘본다든지, 본분을 망각하고 자신의 지위를 남용한다거나 하는 일은 하지 않는다. 나아가 적극적으로 타인과 사회의 불의를 개선하려고 노력할 것이다.

올바름에서 벗어나지 않으려는 의(義)의 덕이 잘 발휘된다면 그 사람의 정의로움, 그리고 그런 사람들이 모여 사는 사회의 정의는 보장될 것이다. 맹자는 부끄럽게 여겨서 하지 않는 일을 미루어 모든 일에 대해 반성하는 것이, 의의 덕을 실천하는 방법이라고 말한다(「진심 하」 31).

올바름을 지향하는 덕인 의는, 또한 형을 따르거나(「이루 상」 27) 윗사람을 존경하는 일(「진심 상」 15), 나아가 군주를 존경하는 일에서 발휘되는 덕이다. 올바름을 지향하는 덕을, 윗사람을 존경하고 군주를 존경하는 덕으로 여긴 이유는 무엇일까?

맹자는 공자와 마찬가지로, 당시 제후들이 주(周) 왕실 중심의 봉건제를 무시하고 패자가 되어 중원을 제패하겠다는 야심을 드러낸 것이 모든 불행의 시작이었다고 진단했다. 주 왕실 중심의 봉건체제에서 형에게 복종하고 윗사람에게 복종하고 군주에게 복종하는 일은 사회의 질서를 존중하는 일이었다. 사회의 질서를 무시하는 일이 있다면 그것은 넘보지 말아야 할 것을 넘보기 때문이었다. 즉 사회의 정의를 무시하고 자신이 패자가 되겠다는 야욕을 드러낸 결과였다. 그런 욕망을 품는다면, 윗사람이 가지고 있는 것, 군주가 가지고 있는 것을 빼앗아야 한다. 맹자는 이 상황에 대해 "의를 뒷전으로 밀어 놓고 이익을 앞세운다면 빼앗지 않고서는 만족하지 않을 것입니다. …… 의의 덕을 가진 사람은 자기 임금을 뒷전으로 밀어 놓지 않습니다"(「양혜왕 상」 1)라고 말한다. 불의는 분수를 넘는 욕망을 품는 데서 생긴다. 집안에서도 그렇고, 조정에서도 그렇다. 그러므로 가족 안에서 형제 사이의 덕과 군신 사이의 덕, 사회의 정의는 의(義)라는 한가지 이름으로 불리게 되었다.

    상대방을 함부로 대하지 않는 공경의 마음 혹은 사양의 마음이 튼튼하게 성장하면, 자신의 인한 마음과 의로운 마음을 어떻게 상대의 마음을 상하지 않고 적절하게 표현하는지 아는 예(禮)의 덕이 된다. 그러한 덕을 지닌 사람은 자신의 인하고 의로운 마음을 표현하는 데 인색하지도 않겠지만 넘치지도 않을 것이다. 인색한 마음이 상대를 상처 입힐 수도 있지만 정도를 넘는 표현이 상대를 상처 입힐 수도 있다. 일방적인 관심의 표현이 상대를 부담스럽게 할 수도 있고, 분수를 넘어선 고가의 선물이 상대를 당혹스럽게 할 수도 있다.

맹자 이전에 예(禮)는 일반적으로 행위 방식을 의미했다. 『맹자』에도 그러한 의미는 그대로 남아 있다. 맹자가 예의 실질을 설명하면서 인과 의를 "절도 있게 수식하는 것"(「이루 상」 27)이라고 했을 때, 예는 인과 의의 마음이 문화적인 표현 방식을 갖춘 것을 의미한다. "제후의 예"(「등문공 상」 2)라든지, 결혼을 성사시키기까지의 예(「등문공 하」 2), "모든 몸가짐이 예에 맞는다"(「진심 하」 33)라고 얘기할 때의 예는 바로 문화적으로 통용되는 행위 방식을 의미한다. 그런데 맹자는 이 예 역시 인이나 의와 마찬가지로 천성적으로 주어진 내부의 것이라고 주장했다. 그런 마음이 본래부터 있기 때문에 그러한 행위가 가능하다고 생각하기 때문이다.

옳고 그름을 판단한다는 시비의 마음은 지혜〔智〕라는 덕으로 자란다. 오늘날 지식이라고 하면 더욱 그렇고 지혜라고 해도 감정의 영역이라고 생각하지는 않는다. 그러나 맹자의 시비지심은 측은지심, 수오지심, 사양지심과 마찬가지로 감정 차원의 것이다. 사려에 의해서가 아니라 즉각적으로 옳고 그름을 느끼는 능력이다. 어떤 것이 옳은 것이고 어떤 것이 그른 것인가? 인과 의에 맞는 것이 옳은 것이고 인과 의에 어긋나는 것이 그른 것이다. 인과 의 이외에 다른 옳고 그름의 기준이 있는 것이 아니다. 맹자는 지의 실질에 대해 인과 의 "이 두 가지를 알아서 여기에서 벗어나지 않는 것"(「이루 상」 27)이라고 설명한다. 그러므로 시비지심을 키워 지혜의 덕을 갖춘 사람은 마주하는 상황에서 어떤 것이 인한 것인지, 어떤 것이 의로운 것인지 즉각적으로 판단할 수 있다.

인의예지의 덕은 서로 기대어 있고 보통 동시적으로 발동한다. 가령 부모에게 반항하는 사춘기 자식을 대하는 부모의 경우를 생각해 볼 수 있다. 아이의 성장통을 함께 느끼고 안타까운 마음을 갖지만, 그렇다고 제멋대로 튀는 아이를 마냥 그대로 둘 수 없다. 때에 따라서는 아이를 달래기도 하고 혼자 생각하도록 내버려 두기도 하지만, 때로는 따끔하게 야단을 쳐야 할 때도 있다. 또한 자식이라고 하더라도 아이의 인격을 무시하고 막무가내로 윽박질러서도 안 된다. 아이에게 갖는 안타까움이 측은지심이라면, 때로는 호된 꾸지람을 할 정도로 엄하게 하는 것은 수오지심의 발로이다. 그때그때의 적절한 방식을 선택하는 것이 시비지심이며 자신의 마음을 아이가 상처 입지 않도록 전달하는 마음이 공경지심이다.

성인이 아닌 보통 사람에게는 이 중 한 덕이 치우쳐 발달해 있는 경우가 대부분이다. 인의 덕이 강한 사람은 상대적으로 의의 덕이 약하기 쉽다. 인의 덕이 한없는 애정이라면 의의 덕은 절도로 나타나기 때문이다. 때로는 인의 덕보다 예의 덕이 발달할 수도 있다. 이런 경우에는 그 사람이 보여 주는 예의 있는 행동에 비해 마음이 안 느껴진다고 느낄 것이다. 인의 덕에 비해 예의 덕이 약한 경우도 있을 것이다. 이 경우는 사랑의 마음이 오고 갈 길이 험해지는 것이므로, 역시 심각한 상황이다. 적절한 표현 방법을 찾지 못해 그 사랑의 마음이 갇혀 버리는 것이기 때문이다.

우리가 성장한다는 것은 어려움 없이 인간관계를 맺고 확대해 가는 능력을 향상시키는 것이다. 그 말은 네 가지 덕이 탄탄하게 안정되어 간다는 것이며, 또한 균형 있게 커 간다는 의미이다. 그러한 덕은, 행위지침처럼 정해진 법규와 달리 이미 우리의 인격이 되어 있는 것이기 때문에, 다양한 사태에 대해 다양하게, 설사 이전에는 생각도 해보지 않았던 전혀 새로운 상황이라 할지라도, 문제없이 대처할 수 있다. 물론 자신의 덕의 정도만큼이다.

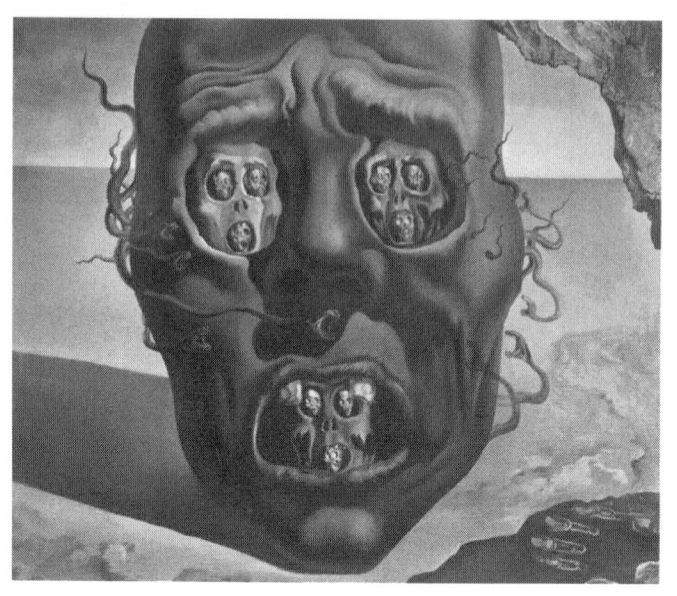

살바도르 달리(Salvador Dali), 「내란의 전조」(*The Visage of War*), 1940.

내 마음에 온갖 종류의 의식이 똬리를 틀고 있다는 것은 일상에서 늘 생생하게 경험한다. 사랑하는 사람의 죽음을 슬퍼할 때조차도 여러 종류의 잡념들이 스멀스멀 기어 나오는 경험을 하고 나면, 선사(禪師)들이 말하는 '순간에 투철한' '전일한 의식'이 얼마나 어려운 것인지 절감한다. '전일한 의식'은 너무 먼 꿈이고, 그저 온갖 상념의 전쟁터인 이 마음을 제대로 들여다보는 일만으로도 우리의 마음 지키기는 성공적인 출발을 하는 것이리라. 물론 '마음 지키기'라는 말을 할 수 있으려면 그 여러 마음 가운데 어떤 것을 나를 대표할 간판으로 삼을지 결정하는 일이 먼저이다.

3_마음 지키기

선한 본성은 누구에게나 주어져 있는 것이고, 실제로 선한 사람이 되느냐 여부는 마음에 달려 있으므로, 윤리의 주체는 마음이다. 마음은 '생각하는' 자신의 기능을 발휘함으로써 자신을 선한 사람으로 이끈다. 맹자는 마음이 "생각하면 얻고 생각하지 않으면 얻지 못한다"(「고자 상」 15)라고 표현한다. 맹자는 마음의 기능이 제대로 발휘되거나 어떤 장애 때문에 발휘되지 못하는 경우가 있을 뿐, 마음이 잘못 작용하는 일은 없다고 생각했던 것 같다. 즉 그는 마음을 나쁘게 쓰는 가능성에 대해서는 생각하지 않았다. 그도 그럴 것이 여기에서 마음이란, 현재 우리가 양심이라고 표현하는 그것에 가까운 것이기 때문이다. 뭔가 정도에서 이탈하려고 할 때 스스로를 경각시키고 멈추어 다시 생각하게 하는 그 마음이다. 그래서 맹자는 "마음을 보존한다"("存其心",「진심 상」 1)는 표현을 한다. 그러므로 사람들의 윤리적 노력은 그 마음의 기능을 방해하는 여러 요소들을 제거하는 일이 될 것이다.

1. 마음과 욕심의 대결

선한 사람이 되는 것은 마음이 제 기능을 제대로 발휘하느냐 못 하느냐에 달려 있다. 마음이 제대로 기능을 발휘하기만 하면 본성이 현실화한다고 맹자는 생각했다. 그런데 눈이나 귀와 같은 감각기관이 마음을 압도할 경우, 마음이 제 기능을 발휘하지 못하게 된다. 감각기관 역시 우리가 타고난 천성이라고 하지 않을 수 없다. 동물적인 기능이므로 인간적인 것이라고는 할 수 없지만 그래도 부정할 수 없는 인간의 본능이다.

맹자의 이해에 의하면 이 감각기관은 오로지 외물(外物)에 반응하는 기능만 한다. 맛있는 음식은 미각을 자극하고 기쁘게 한다. 그러나 그 다음에 그 미각을 충족시키기 위해서는 더욱 맛있는 것이어야 한다는 것을 우리는 경험을 통해 안다. 우리 몸에 감각기관만 있다면 우리의 행위는 점점 더 큰 자극을 좇는 데로 집중될 것이다. 전자오락이 점점 폭력적이 된다든지, 티브이 오락프로그램이 점점 선정적이 되는 것은 모두 같은 이유에서이다. 내 감각을 만족시켜 줄 더 강한 자극을 찾아 외적인 대상에 휘둘리게 된 극단적 결과가 온갖 종류의 중독일 것이다. 중독이란 그 외물이 우리 감각에 제공되지 않으면 생명이 위협받는 데까지 이를 정도로 우리가 외물에 구속되는 상태이다. 그런 상태라면 우리는 더 이상 스스로가 자신의 주인이라고 할 수 없다. 그 외물의 노예일 뿐이다.

그런데 우리의 오감이 점점 강도 높은 자극을 추구해 온 것이 사실인 것 같지만 일방으로 그렇게 내달리지는 않는다. 우리 모두가 쾌락에 빠져 사는 것은 아니다. 외물의 노예가 되어 사는 사람도 있지만 보통은 쾌락을 어느 선에서 통제하고 산다. 그 통제하는 기능이 바로 마음이다. 어떻게 통제의 기능을 발휘하는가? 맹자에 의하면, 우리의 다른 본능인 사단의 마음을 이 생각하는 마음이 상기함으로써이다. 아무리 내 입에 녹듯이 맛있는 음식이 있더라도 동생 몫으로 남겨진 것까지 먹도록 스스로를 몰아가지는 않는다. 아무리 미인이고 내 마음을 뛰게 하더라도 형수를 넘보지는 않는다. 아무리 아늑한 집이 탐난다고 해도 사기를 치거나 도둑질까지 하지는 않는다. 이렇게 넘어서는 안 될 선을 그어 주는 것이 마음이다.

그러나 세상에는 실제로 그 선을 넘는 일들이 아주 없지 않다. 맹자의 설명에 의하면 그것은 감각기관이 마음을 압도할 때 일어난다. 이 세상의 모든 부도덕은 감각기관이 마음을 압도해서 일어난 일이다. 즉 마음이 감각기관을 통제할 수 없을 때이다.

이 둘의 관계가 관건인데, 결국은 누가 주도권을 잡느냐의 문제이다. 마음이 감각기관을 압도해야 한다면 그 방법상 경우의 수는 둘이다. 마음을 월등히 키우든가, 아니면 욕심을 줄이든가이다. 즉 마음의 통제능력을 키우든가 감각기관을 소박하게 하든가이다. 외물에 몸을 바친 감각은 불가사리처럼 점점 커진다. 마음을 굳건히 하는 데는 상당한 훈련이 필요하고, 어느 정도 커져 버린 감각의 욕망은 속수무책으로 내달리기 십상이다. 마음이 아직 스스로를 추스를 만큼 자리 잡기 전에 감각기관이 커져 버리면 구제불능이다.

맹자는 마음을 키우는 데 욕심을 줄이는 방법보다 더 좋은 것은 없다고 말한다. 마음을 강하게 하는 일도 해야겠지만 욕심은 그 성격상 일단 커지도록 내버려 두면 한정 없이 커지는 거라서 속수무책으로 통제되지 않을 가능성이 크다. 그는 경험적으로 욕심이 많은 사람 가운데는 마음을 보존한 사람이 드물고, 욕심이 적은 사람 가운데는 마음을 보존 못 한 사람이 드물다는 것을 알고 있었다.

마음을 키우는 데는 욕심을 줄이는 것보다 더 좋은 방법이 없다. 사람됨이 욕심이 적은 사람이라면 마음을 보존하지 못한 사람이 없지는 않겠지만 드물고, 사람됨이 욕심이 많은 사람이라면 마음을 보존한 사람이 없지는 않겠지만 역시 드물다.(「진심 하」 35)

욕심이 큰 사람이 마음을 보존한 경우란, 욕심도 커졌지만 그 이상으로 통제능력이 큰 경우이다. 그런 사람이 없지는 않겠지만 드물다고 맹자는 말한다. 통제능력은 감각적 욕구가 막히는 일 없이 혹은 충돌하는 일 없이 충족되도록 교통정리를 하는 단순한 기능이 아니다. 마음의 통제능력이란 욕구를 인의예지라는 가치에 따르게 하는 능력이다. 욕구란 자기 일신에 관련된 것이므로, 그 욕구를 인의예지라는 가치를 지키면서 충족시킨다면, 부모를 배려하고 형제를 배려하고 이웃을 배려하는 것이어야 하므로 최소한이 될 수밖에 없다.

인의예지라는 용어를 잠시 접어놓더라도, 우리는 욕심이 적은 사람은 어떤 의미에서든 욕심 많은 사람보다 평온하다는 것을 안다.

욕심이 크면 그것을 만족시키기 어려우므로 통상적으로 불만 상태일 것이고, 그것은 자신을 들볶는 데서 그치지 않는다. 자신의 욕구에 얽매여 있으므로 주위 사람을 배려할 여유가 없을 것이고, 나아가 주위 사람도 자신의 욕구를 충족시키는 수단으로만 보기 쉽다.

그렇다면 스스로의 행복을 위해서도 욕심이 너무 커서는 곤란하다. 그런데 지금 욕심이라고 하는 것은 감각기관의 기능이다. 몸이 원하는 것을 느끼는 능력이다. 그것이 적절해야 한다는 것이지 없어야 한다는 것은 아니다. 앞에서 사단은 감정이라고 했는데, 감정에는 사단만 있는 것이 아니다. 이목구비의 욕구는 사실은 사단보다 더 일반적인 감정이다. 사단은 이 세상 평화의 원천이지만, 이목구비의 감정 역시 중요하지 않다고 할 수 없다. 우리가 마음에 의해 이목구비의 감정을 통제하고자 하는 것은, 나의 욕구뿐 아니라 내가 사랑하는 사람의 욕구도 충족시켜 주고 싶어서이다. 나 혼자만이 아니라 세상 사람들의 욕구를 적절히 충족시키는 방법을 찾으려는 마음이 결국 인의예지이다.

조선시대의 유명한 '사단칠정논쟁'(四端七情論爭)은 이 두 가지 다른 부류의 감정을 둘러싼 논쟁이었다. 『맹자』는 '사단'의 감정에 대해서는 자세히 논하고 다른 감정은 감각적 욕구라고 처리했는데, 후대의 유학자들은 각각 다른 시대에 성립한 여러 유가 경전들을 통일적으로 이해해야 했다. 그 과정에서 『예기』에서 언급된 '희로애락애오욕'(喜怒哀樂愛惡欲)이라는 일곱 가지 감정과 『맹자』의 '사단'을 질적으로 같은 감정으로 봐야 하는지 아니면 차원이 다른 감정으로 봐야 하는지를 둘러싸고 논쟁이 벌어졌다. 그도 그럴 것이 사단은 그 자체로 선하지만, 희로애락은 그렇다고 할 수 없기 때문이다. 사단과 칠정이 질적으로 다르다고 주장한 사람들과 한가지 뿌리라고 주장한 사람들이 갈라졌지만, 어쨌든 모두 감정이라는 것은 분명하며, 모두 인의예지의 바탕이 되어야 한다는 것 역시 분명하다. 인의예지가 '타인과 함께 느낌'을 동력으로 해서 자라는 덕이라면, 나의 생생한 감각이 있어야 타인의 감각을 미루어 짐작할 수 있지 않겠는가!

똑같이 감정이지만, 사단이 발동하면 호혜적인 인간관계가 증진되지만 이목구비의 욕구가 발동하고 충족되어도 개인의 일에 그친다. 그래서 이목구비의 욕구는 호혜적인 인간관계를 추구하는 '마음'에 의해 통제되어야 한다. 그 자체로는 통제능력이 없기 때문이다. 그러므로 욕구를 작게 하기 위해서는 일찌감치 마음을 굳건히 하는 수밖에 없다. "마음의 기능을 먼저 확고하게 세우면 감각기관이 그 자리를 빼앗지 못한다"(「고자 상」 15)라고 맹자는 말한다. 감각기관이야 어차피 자율적인 것이 아니니, 그것이 자라기 전에 마음을 단단하게 하면 감각기관은 자연히 그 통제 아래로 들어갈 것이다.

2. 자신이 되기 위한 공부

집나간 마음, 마음을 찾기 위한 공부

마음이 자기 기능을 제대로 발휘하지 못하는 상황을 맹자는 비유적으로 "마음을 놓아 버린" 상황이라고 표현했다. 맹자가 쓴 한자어 그대로는 '방심'(放心)인데, 이 말은 우리의 현대어에도 있다. 조금 의미가 다르기는 하지만 제정신 차리지 않는다는 의미에서는 상통한다고 할 수 있다. 개나 닭을 풀어 놓듯이 마음을 풀어 놓는다고 표현하니, 그 존재가 없어진 것은 아니지만 눈앞에서 보이지 않고 어느 들판에서 떠돌아다니는지 알 수 없는 상황이다. 보통 개나 닭은 풀어 놓다가도 저녁이 되면 집 안으로 거둬들인다. 그럼으로써 여전히 자기 소유라는 것을 확인한다. 그런데 사람들의 마음이 제대로 기능하지 못하는 것은 그 마음을 풀어내 놓고 어디에 있는지도 모르는 채 그대로 두기 때문이라고 맹자는 말한다. 즉 마음이 없는 것이나 마찬가지의 상황을 만들어 버린 것이다. 그러므로 마음이 제 기능을 발휘하지 못하는 것은 당연하다.

> 인(仁)은 사람의 마음이며 의(義)는 사람이 다니는 길이다. 그 길을 버리고 그 길로 가지 않으며 마음을 놓아 버리고서도 찾을 줄 모르니, 슬픈 일이다. 사람이 개나 닭을 잃어버리면 찾을 줄 알면서 마음을 잃어버리고는 찾을 줄 모르는구나. 학문의 길이란 다른 것이 아니라 놓아 버린 마음을 찾는 것일 뿐이다.(「고자 상」 11)

마음의 기능이란 맹자가 말하듯이 자신 안에 있는 인과 의를 따르는 것이다. 그것이 제 일을 못 하게 되는 것은 앞에서 살펴보았듯이 감각기관에 압도되는 때이다.

그런데 맹자는 또 잃어버린 마음을 찾을 길이 있다고 말한다. 문제는 찾으려는 의지가 있는가이다. 찾을 의지가 있다면 학문을 하라고 말한다. 학문이란 무엇일까?

잃어버린 마음을 찾기 위한 것이라면 통상 우리들이 생각하는 학문과 달라야 할 것 같은 생각이 든다. 잃어버린 마음을 찾는 것이므로 어떤 새로운 것을 배우는 것은 아닐 것이다.

반면에 우리가 보통 학문이라고 할 때는 몰랐던 것을 배울 때이다. 글자를 처음 깨칠 때도 그렇고 셈을 배울 때도 그렇고 사회의 질서에 대해 배울 때도 그렇고 자연과학의 법칙에 대해 배울 때도 그렇다. 우리가 태어나기 전부터 사람들이 경험적으로 알아내고 축적해 놓은 것이, 우리가 배우는 것들이다. 그것들은 우리 마음 안에 없던 것들이다. 그러므로 잃어버린 내 마음이라고 하기 어려운 것들이다.

우리가 보통 학문의 대상으로 삼는 것이 경험적인 것이라고 한다면, 맹자가 말하는 원래 내 것이었던 것을 찾는 공부는 그것과는 분명 달라야 한다. 실제로 정주성리학자들은 경험적인 공부와 별도로 마음 찾는 공부의 과목을 설정했고, 어떤 면에서는 경험적인 공부보다 거기에 더 힘을 쏟았다. 그러나 맹자는 학문에 대해 더 이상 설명하지 않았다. 일반적인 학문과 달랐다면 분명 설명이 있었을 텐데 별다른 설명이 없는 것을 보면, 그가 말하는 학문이 현실적으로 일반적인 학문과 다른 학문이 아니기 때문이리라.

겉으로 볼 때, 맹자의 학문은 우리가 하는 경험적인 공부와 다른 것이 아니었다. 그 학문은 성인의 말씀인 유가의 경전을 읽거나 성왕의 행적인 역사책을 읽거나 정해진 예법을 배우는 것이었다. 그 학문의 결과 궁극적으로는 인의예지의 덕을 지닌 인간의 행동양식을 배우게 된다. 그러나 맹자라면, 그것은 단지 행동양식을 배우는 것이 아니라 근본적으로는 마음을 찾고 본성을 키우는 것이라고 말할 것이다.

사랑의 마음은 자극에 대한 반응이므로 더 많은 것들을 봄으로써 그 감정은 점점 예민하게 된다. 내 주위를 둘러싼 가족관계뿐 아니라 더 넓은 사회에서 사람들을 만나고, 나아가 들에 나가 동식물과 교감하는 것도 내 감정을 예민하고 풍부하게 하는 일이 될 것이다. 그러한 직접적인 경험이 내 감정을 깊게 하고 넓게 한다면, 옛날 성인들이 자신들을 성장시켜 온 역사, 그리고 성숙한 사람들이 타인을 대한 태도 등을 배우는 것은 간접적인 경험일 것이다. 간접적인 경험이어서 직접적인 경험보다 생생함은 떨어지겠지만 질적인 면에서는 훨씬 좋은 교육 효과가 있을 것이다. 우리의 감정이 예민해지고 풍부해져야 할 뿐만 아니라 그것을 분출하는 올바른 길을 터 줘야 하는 일 역시 필요하므로, 훌륭하게 자신의 인격을 키워서 역사적으로 모범이 될 정도가 된 사람의 성장기는, 어떤 식으로 스스로를 성장시켜야 하는지에 대한 더없이 좋은 역할 모델이다. 그러한 모델들을 통해 측은지심의 바람직한 확장과 발휘의 방법에 대해 감동하는 경험은, 그대로 나를 키우는 자양분이 된다.

이러한 공부는 새로운 것을 배우는 것처럼 보일 수 있지만, 맹자의 설명에 의하면 그렇지 않다. 올바르게 자기 마음을 키웠던 사람, 자기 마음이 천하 사람에게까지 미치도록 자기 마음을 크게 키웠던 사람에 관한 이야기는, 나의 마음을 자극하고 나의 마음을 키우도록 하는 동력이 되며, 또한 올바르게 성장한 마음의 모델까지 제공해 준다. 그러한 외부의 자극을 자양분으로 해서 나의 본성을 키우는 것이다. 즉 원래부터 그런 싹이 없었으면 그런 사람들의 이야기가 나를 자극하지도 않을 것이고 내 본성을 자라게 하지도 않을 것이다.

스스로를 위한 공부

구체적인 상황상황에서 솟아나는 욕구들을 적절하게 마음의 통제 하에 두면서, 마음과 육체 모두가 자연스럽게 인의예지를 창출하도록 하기 위해서는 얼마간의 시행착오는 피할 수 없다.

사단의 마음이 전반적으로 약한 것도 문제이지만, 어느 하나가 두드러지게 강하거나 두드러지게 약한 것도 문제이다. 성숙한 인격이란 그 마음이 균형 있으면서도 강건하게 안정되는 것이다.

또한 인의예지의 마음이 어느 정도 확립되었다고 해도 몸과의 협동 과정에서 삐걱거릴 수 있다. 마음은 측은지심으로 넘치는데 표정은 무뚝뚝하기 그지없거나, 마음은 벌떡 일어나 자리를 양보하고 싶은데 몸이 천근만근 움직이지 않을 수도 있다. 마음은 정의감으로 가득 차 있지만 상대방의 위협적인 언행에 오금이 저려 입바른 소리 한마디 못 할 수도 있다.

마음과 몸의 거리를 없애고 자연스럽게 인의예지를 실천하기 위한 단련을 총체적으로 '수신'(修身)이라고 한다. 즉 수신이란 내 마음 안의 선한 본성을 내 몸 위에서 실현하기 위해 노력하는 일이다. 이런 노력을 통해야 선천적으로 가지고 있다는 그 선한 본성이 정말로 현실의 나의 것이 된다.

    이렇게 중요한 수신은, 아침에 일어나서 잠자리에 들 때까지, 부모에게 아침인사하고 아침식사하고 학교에 가서 선생과 대면하고 학우들과 대면하는 것과 같은 일상생활에서 이루어진다. 일상생활의 작은 일에서 마음 씀 하나하나, 행동 하나하나에 본성에서 나오는 자연스러움과 유덕함이 드러나도록 하는 것이다.

    수신의 과정은 이처럼 일상적인 것이라서 쉬운 것처럼 보이지만, 그렇게 간단하지는 않다. 군자는 인의를 가치 있는 것이라고 여겨서 실천의 대상으로 삼는 것이 아니라, 인의에 근거하여 행동하는 사람(「이루 하」 19)이라고 맹자는 말한다. 만약 인의를 좋은 것이라고 여겨서 실천한다면, 이는 인의가 내면의 원리가 아니라 객관적 가치라는 소리이다. 이는 올바른 인의의 실천이 아니다. 인의는 내 밖의 가치가 아니라 내 안의 덕이기 때문이다. 수신을 위해 해야 할 일은 인의에 맞는 행위를 연습하는 것이 아니라 내 내면의 덕을 키우는 것이다. 수신이란 내 안에 있는 샘물에서 물을 길어 내듯이 나의 마음에 있는 것이 행동으로 자연스럽게 나오도록 하는 것이다.

    그러므로 수신은 철저하게 자신에게 몰두하는 일이다. 자신의 내면을 성장시키는 일이다. 거기에 입신양명과 같은 성공의 힘이나 타인의 평가와 같은 외부의 시선이 끼어들면 안 된다. 참된 수신이라면 그것들이 끼어들 여지는 없다. 이 세상의 모든 가치는 이미 내 내면에 주어져 있고, 샘에서 물을 길어 올리듯 그것을 그저 밖으로 꺼

내 놓을 뿐이다.

자신을 성장시킨다는 것은 자신의 몸과 마음을 다하여 내면에 따르도록 하는 것이다. 그 결과가 사회적으로 천차만별 갈라지더라도 그것이 수신의 정도, 나아가 그 사람의 가치를 좌우하지 않는다.

넓은 영토와 많은 백성은 군자가 바라는 것이지만 그가 즐겁게 여기는 것은 그것들이 아니다. 천하의 중심에 서서 사해의 백성을 안정시키는 것은 군자가 즐겁게 여기는 일이지만 그가 본성으로 여기는 것은 그것이 아니다. 군자가 본성으로 여기는 것은, 그의 이상이 실제로 구현되었다고 하더라도 그 때문에 늘어나지 않고 실행하지 못하고 곤궁하더라도 그 때문에 줄어드는 것이 아니다. 타고난 것이 이미 정해져 있기 때문이다.
군자가 본성으로 여기는 것은 인의예지로서 마음에 뿌리내리고 있다. 그로 인한 빛은 환하게 얼굴에 나타나고 등에 가득 차며 사지로 퍼져 나가, 말 없는 사지의 움직임 속에서 드러난다.

(「진심 상」 21)

설사 그 영화로운 결과가 천하의 평화라 할지라도, 그것이 이 사람들의 가치를 좌우하지는 않는다. 가치는 이미 내면에서 완결되기 때문이다. 이 세상에 가치 있는 것은 무엇이든 모두 이 내면에서 뻗어 나온 것이다. 얼굴을 빛나게 하고 사지를 빛나게 하고 행동을 빛나게 하는 것은, 밖의 태양이 아니라 내면의 본성이다.

다른 곳에서 자신의 정당함을 구하거나 인정받을 필요가 없는 그들의 언어와 행위에는 어떤 다른 방법으로는 얻을 수 없는 당당함이 있다. 그들은 스스로 선이고 빛이기 때문이다.

공자는 『논어』에서 "옛날 공부하는 자들은 스스로를 위해 했는데〔爲己〕 요즘 공부하는 자들은 사람들을 위해 하는구나〔爲人〕"(『논어』 「헌문」 25)라고 한탄했다. 자신의 본성을 실현하기 위해 하는 공부가 위기지학(爲己之學)이라면, 타인의 시선과 평가를 의식하고 그들에게 미칠, 혹은 그들로부터 얻을 무엇인가를 염두에 두고 하는 학문은 위인지학(爲人之學)이다. 그 무엇인가는 통상 '명예와 공적'이다.

『맹자』에는 순우곤(淳于髡)이라는 제나라 변론가가 맹자가 위나라에서 벼슬을 했으면서도 이렇다 할 성과를 내지 못한 데 대해 맹자를 비난하는 내용이 실려 있다. 그는 "명예와 공적을 앞세우는 것은 남을 위한 것이고 명예와 공적을 뒤로 하는 것은 자신을 위한 것이라더니…… 어진 사람은 원래 이런 것입니까?"라고 비아냥거렸다. 순우곤의 의도는 "안에 있는 것은 밖으로 드러나게 마련입니다. 어떤 일을 했는데 그 공적이 없는 경우를 나는 본 적이 없습니다. 그러므로 오늘날에는 현명하고 유능한 사람이 없는 것입니다"(「고자 하」 6)라는 뒤에 이어지는 말에 담겨 있다. 정치의 영역은 특히 그렇지만 당시와 같은 전쟁 상황에서, 어떤 사람의 정치 활동의 질은 일반적으로 그가 성취한 결과로 평가받는다. 결과를 가지고 평가했을 때 맹자의 벼슬살이는 분명 평균점 이하였을 것이다. 순우곤은 이를 맹자의 무능이라고 비판하는 데서 그치지 않고, 명예와 공적을 앞세우지 않는다는 유학 전체의 무능으로 몰고 간 것이다.

　분명, 군자가 자신의 본성을 회복해서 덕 있는 사람이 되려는 데는 자신이 떳떳한 사람이 되려는 데서 그치지 않는다. 그 영향력이 자신보다 늦게 깨치는 사람들에게까지, 가능한 한 멀리까지 미치기를 바란다. 세상에 쓸모 있어야 한다는 것은 분명하다. 공자 이래로 유학자들은 자신들의 인생 모토를 "스스로의 도덕성을 키워 사람들을 편안하게 하는(修己以安人) 것"으로 정했다. 자신들의 본성을 제대로 키운다면 세상 사람들을 향해 그 측은지심을 발휘하는 것은 당연한 결과이다. 그러나 군자는 그것을 목적으로 하지는 않는다. 그것을 목적으로 하게 되면 권력을 가진 사람의 눈치를 봐야 하고, 그렇게 되면 자신의 본성에 의해 행동하는 군자의 당당함은 없어진다. 자신을 팔아야 하는 자의 가벼움을 면하지 못하게 되고, 그렇다면 그는 더 이상 군자가 아니게 된다. 그들의 존재의의라 할 수 있는 왕도정치는 불가능해진다. 위인지학의 의도가 설사 도탄에 빠진 백성들을 구원하기 위해서라는 흠 없는 것일지라도, 밖의 가치를 좇아 움직이게 되면 그 귀결점은 노골적으로 이익을 좇는 법가들과 달라지지 않는다.

　세상에 쓸모가 되는 것은 위기지학 뒤에 따라오는 자연스러운 것이어야 한다. 세상에 쓸모 있음은, 이 세상 모든 가치의 원천인 마음을 제대로 키워 냄으로써만 성취되는 일이다. 아무리 목표가 아름답더라도 그 목표를 향해 움직인다면 이는 근본과 말단을 전도시키는 것이다. 아무리 보기 좋은 결과를 이루어 냈더라도 사상누각일 뿐이다. 나를 움직이는 것이 외부의 것이어서는 안 된다.

3. 호연지기를 길러야 하는 이유

혼자 길을 가다가, 한 중학생이 다른 몇 명의 학생들에게 둘러싸여 괴롭힘을 당하고 있는 것을 목격했다. 그 괴롭힘을 당하는 학생이 누구든 반사적으로 안타까움을 느낀다. 또한 그 학생을 괴롭히는 무리에게는 불끈하는 분노를 느낀다. 안타까움은 측은지심이며 불끈하는 마음은 수오지심이다. 안타까운 마음, 불끈하는 마음을 느꼈더라도 불량해 보이는 학생들을 상대하는 것이 두렵고 번거로워 모르는 척가 버릴까 하는 생각이 스칠 때 스스로에게 느끼는 부끄러움 역시 수오지심이다.

아무리 어린아이들이라고 해도 사춘기를 보내고 있는 그 아이들은 거칠 것 없어서 무섭다. 어떤 지도도 먹히지 않을 통제 불능의 아이들일 가능성이 크다. 건장한 어른이라 하더라도 두려운 마음을 누를 수 없다. 이 두려움 때문에 자신 안에서 싹트는 측은지심을 모르는 척했다면 그 마음의 싹은 잘릴 것이다. 그 다음에 똑같은 일을 당했을 때는 갈등하는 시간조차도 없이 모르는 척하기 쉽다.

측은지심이나 수오지심을 키우는 상황이 항상 이러한 긴장감이나 위협감을 동반하는 것은 아니다. 그러나 마음을 키우는 데 장애가 되는 것이 감각기관을 물욕에 빠지게 하는 유혹만이 아님을 우리는 알고 있다. 맹자는 '마음 흔들리지 않기'〔不動心〕에 자신이 일가견이 있다고 제자에게 얘기하는데, 그때 그가 염두에 두었던 마음 흔들리는 상황이란 이러한 위협적인 상황이었다.

그렇다면, 자신의 착한 마음의 싹을 키우는 데는 자신에게 다가올 위협에 굴하지 않는 어떤 힘이 필요할 것이다. 그 힘은 육체적인 자신감과 무관하지 않을 것이다. 위협에 맞설 수 있으려면 어느 수준의 육체적 힘이 필요하지 않겠는가. 그러나 보통 용기라고 부르는 것이 반드시 육체적인 것만은 아니다. 우리는 왜소한 육체를 가진 사람도 남에게 뒤지지 않는 카리스마를 가질 수 있다는 것을 안다.

맹자가 '호연지기'(浩然之氣)라고 부른 것은 요즘 우리말로 용기에 가까운 것이다. 그것은 '기'(氣)이므로 정신과 육체 중에 선택한다면 육체적인 것에 가깝다. 그러나 순수하게 육체적인 것은 아니다. 현대어에는 '기' 개념이 많이 남아 있는데 그 중 몇 가지만 상기해 봐도 '기'가 육체적인 것 같으면서도 육체라고는 할 수 없는 어떤 것임을 짐작할 수 있다. 가령 '기가 세다'는 것은 무엇이 세다는 뜻일까? '백두산의 정기를 받는다'는 것은 무엇을 받는다는 것일까? '사기충천'이란 무엇인가? 물리적인 체력이 약한 사람도 기가 셀 수 있고, 객관적으로는 열세이더라도 사기는 충천할 수 있다. 덩치로 보나 전력으로 보나 상대가 되지 않는 우월한 상대에게 '기싸움'에서 이길 수도 있다. 기는 체력은 아니지만 체력과 아주 관계가 없는 것도 아닌, 어떤 정신적인 것과 관계된 힘이다.

용기의 내면화

맹자는 '마음 흔들리지 않기', 즉 부동심(不動心) 자체는 그다지 어려운 일이 아니라고 말한다. 예를 들어 북궁유(北宮黝)라는 자는 칼에

찔려도 움찔하지 않았고 눈을 찌르려고 해도 감지 않았으며, 상대를 불문하고 자신의 험담을 하는 사람은 누구에게나 보복을 했다고 한다. 맹시사(孟施舍)라는 사람은 객관적인 상황을 돌아보지 않고 결과도 신경 쓰지 않고 다만 두려워하지 않는 마음을 가짐으로써 부동심을 성취했다고 한다. 북궁유가 상대가 누구든지 반드시 이긴다는 자세로 부동심을 얻었다면 맹시사는 승패와 관계없이 두려워하지 않는 마음을 키움으로써 부동심을 얻었다.

맹자는 이들에 대해 "맹시사는 증자(曾子)와 비슷하고 북궁유는 자하(子夏)와 비슷하다. 두 사람의 용기 중 어느 것이 나은지 모르겠지만 맹시사는 요령을 지켰다"고 논평했다. 자하는 내면에 대한 반성보다는 외적인 규범인 예를 학습하는 데에 주력했던 공자의 제자이다. 반면 증자는 자신의 내면에 대한 성찰에 주력했던 제자이다. 맹자의 논평으로부터, 맹시사가 지켰다는 그 요령이란 내면에 있는 것이라고 짐작할 수 있다. 맹시사는 키워야 할 요점이 무엇인지 알았으나 북궁유는 아무 원칙도 없이 자신의 용기를 과시한 사람이었다.

맹자는 나아가 증자와 맹시사의 차이점에 대해서 말한다. 맹시사는 북궁유와 비교할 때 요령을 지켰다고 할 수 있지만, 증자와 비교한다면 증자가 요령을 지킨 반면 그는 '기'를 지킨〔守氣〕사람이다. 즉 맹시사가 기른 것은 육체에 가까운 것이었다.

맹자의 부동심은 옛날 증자가 공자에게 들었다는 용기와 비슷하다. 즉 "스스로를 돌이켜 보아 옳지 않다면 누더기를 걸친 비천한 사람에 대해서도 두려움을 느끼게 되고, 스스로 돌이켜 보아 옳다면 천

군만마가 쳐들어와도 나아가 용감하게 대적할 수 있는" 그런 종류의 것이다. 그것은 마음의 떳떳함에서 오는 강함이다. 즉 맹자의 '마음 흔들리지 않기'는 육체적인 강함이 아니라 강한 '마음'이 핵심이다. 맹자식의 부동심을 얻기 위해서는 무엇보다도 부끄러움 한 점 없는 떳떳한 마음을 확립하는 것이 선결과제이다. 맹자의 생각에, 마음이 주인이고 육체적인 기(氣)는 그에 종속되는 것이기 때문이다. 마음이 단단하다면 기는 그 뒤에 따라온다.

맹자가 부동심에 대해 얘기하면서 차례로 든 북궁유와 맹시사의 이야기는 외부에서 나의 몸으로, 그리고 다시 마음으로 용기가 점점 내면화되어 가는 모습을 보여 준다. 북궁유의 무원칙적인 용기와 달리 맹시사는 자신으로 눈을 돌렸다. 그러나 그가 핵심으로 잡은 것은 '기'였다. 즉 육체적인 것이었다. 맹자는 '기'가 아니라 '마음'이 핵심이라고 말한다. 기는 마음의 통솔을 받는 존재일 뿐이다. 맹자에게 마음은 가치의 근원이며 동시에 판단의 준거이고, 또한 용기의 근원이기도 하다.

맹자는, 마음이 가는 방향, 즉 의지(志)는 기를 통솔하는 장수이고 기는 몸을 가득 채우고 있는 것이라고 마음과 기의 관계를 규정한다. 의지와 육체적 기운 정도로 이해하면 될 것이다. 일반적으로는 의지가 앞서고 기가 그 뒤를 따른다. 의지가 전일하면 자연스럽게 기를 움직일 것이다. 그러므로 맹자에게 용기는 의지, 즉 마음의 문제이다.

호연지기는 도덕적 체력

마음은 유혹 때문에 흔들리기도 하지만 두려움과 공포 때문에 흔들리기도 한다. 두려움과 공포를 야기하는 상황도 여러 가지이지만, 앞에서 등장했던 북궁유나 맹시사와 같은 사람들의 예처럼 코앞에 닥친 육체적 위협 같은 것이 일반적인 상황 중에 하나이다. 맹자는 북궁유와 맹시사의 용기에 대해 얘기하면서 자신의 용기는 마음의 올곧음에서 나오는 것임을 밝힌다. 마음에 부끄러움이 없고 꺼릴 것이 없다면 어떤 상황에서도 두렵지 않을 자신이 있다는 것이다. 그러면서 맹시사의 기의 단련에서 더 내면으로 들어가 자신은 마음을 단련한다고 말한다. 마음(의지)과 기(氣)는 장수와 병졸의 관계라고 생각하기 때문이다.

그런데 맹자는 때론 그 방향이 역전되는 경우가 있다는 것을 인정한다. 즉 인간의 모든 행동이 의지적으로 일어나는 것은 아니라는 것이다. 예를 들어 달리다가 뜻하지 않게 넘어지는 것은 의지와 관계없는 기의 작용인데, 이런 기의 작용이 반대로 당황함이라든지 노여움, 조급함 등의 마음을 일으킬 수 있다. 마찬가지로 엄청나게 크고 단단한 주먹이 내 눈앞에서 나를 위협한다면 내 전신이 위축되어 우리가 오금이 저린다는 표현을 쓰는 사태가 일어난다. 이처럼 무의지적인 행동이 도리어 마음에 영향을 줄 수 있다. 정말로 인간의 모든 육체적 행동이 의지의 수하에 있는 것이라면 특별히 기 자체를 수련한다거나 키운다거나 할 필요도 없을 것이다. 의지만 바르고 강하다면 기는 저절로 거기에 따를 것이기 때문이다.

그런데 그렇지 않은 상황도 있으므로 기 자체를 바르게 할 필요도 생겼을 것이다. 맹자는 마음과 함께 기 역시 수련하여 기 자체로도 도덕적인 방향성을 잃지 않도록 해야 한다고 생각했다. 수련해서 성취해야 할 그 기상이 '호연지기'(浩然之氣)이다.

'호연'(浩然)은 넓고 큰 모습을 형용하는 의태어이다. '호연지기'는 크고 넓게, 즉 왕성하게 뻗친 기운이라는 뜻이다. 맹자는 흔들리지 않는 굳센 마음을 얻는 데 이 호연지기를 기르는 것이 필요했다고 한다. 호연지기는 의(義)와 도(道)라는 방향성을 가진 기운이다. 의와 도와 합치되지 못할 땐 그것이 위축되고 만다고 하니, 호연지기는 증자가 공자로부터 들었다는 용기와 닮은 것이다. 즉 '올바름'을 지키고 있다는 떳떳함에서 나오는 육체적 용기라고 할 수 있을 것이다. 물론 그 올바름은 내면에서 나오는 것이다. 맹자는 이 호연지기는 "의가 쌓여서"(集義) 생기는 것이라고 표현한다. 올바름에 대한 내면의 지향성이 지속적으로 발현됨으로써, 그 자체로 세력을 형성하여 몸 밖으로 뻗어 나가는 이미지이다. 그 세력은 몸을 통해 발산되므로 정신적인 것이면서도 육체적인 힘을 갖는 것이리라.

공손추가 물었다. "호연지기란 무엇입니까?" 맹자가 대답했다. "말하기 어렵다. 그 기는 지극히 크고 지극히 강한데, 올곧게 기르고 상하게 하지 않는다면 천지 사이를 채울 것이다. 그 기는 의(義)와 도(道)에 합치되는 것으로, 만약 그렇지 않으면 위축되고 만다. 이는 의가 쌓여 생겨나는 것이지 의가 어쩌다 들러붙어 생기는 것

이 아니다. 행동하면서 마음에 흡족하지 않은 점이 있다면 이 기운은 위축된다."(「공손추 상」 2)

그런데 호연지기를 기르는 일은 간단해 보이지 않는다. 맹자는 나의 내부에 있는 의(義)가 쌓여서 생기는 것이라고 말한다. 그렇다면 도덕심만 기르면 저절로 될 듯도 하지만, 도덕심만 가지고 될 일이 아니었기 때문에 호연지기를 기른다는 말이 나온 것이다. 맹자는 호연지기에 대해 스스로도 설명하기 어렵다고 단서를 붙이지만, 정말로 그 설명만으로는 호연지기를 키우기 쉽지 않을 것 같다.

반드시 일로 삼되, 결과에 집착하지 말아야 하며, 마음에서 잊어서도 안 되지만 억지로 자라게 도와서도 안 된다. 다음의 송나라 사람처럼 해서는 안 된다. 송나라 사람 중에 곡식의 싹이 자라지 않는 것을 안타깝게 여겨 싹을 뽑아 땅 위로 올려 준 자가 있었다. 그가 피로한 기색으로 집에 돌아와서는 가족들에게 '오늘은 참 힘들었다. 내가 싹이 자라도록 도와주었다'고 했다. 아들이 달려가 보니 싹은 이미 시들어 버렸다. …… 세상에 싹이 자라도록 뽑아 주지 않는 사람이 드물다. 그러한 조장은 무익할 뿐 아니라 해롭기까지 하다.(「공손추 상」 2)

맹자는 곡식을 키우는 일에 비유해서 호연지기를 기르는 그 미묘함에 대해 말한다. 먼저 곡식 키우는 일에 종사해야 한다. 즉 밭을

갈고 씨를 뿌리고 김도 매야 한다. 그러나 해야 하고 할 수 있는 일을 할 뿐, 반드시 이러저러하게 되어야 한다고 결과에 집착해서는 안 된다. 그렇다고 되는 대로 맡기고 잊어서도 안 된다. 곡식이 스스로 가지는 생리를 무시하고 무리하게 빨리 자라게 조장해서도 안 된다. 이것이 호연지기를 키우는 방법에 대해 맹자가 설명하는 전부이다.

호연지기는 떳떳함에서 오는 용기이다. 떳떳함은 내 마음이 속삭이는 '올바름' [義]에 귀를 기울임으로써 얻을 수 있다. 올바름에 대한 믿음이 강해지면, 그 믿음은 자연스럽게 행동을 동반할 것이다. 사실 이 말에는 어폐가 있다. 올바름은 믿음의 대상이 아니라 내 마음 자체이기 때문이다. 올바름에 대한 믿음이 강해지는 것이 아니라 내 내면의 올바름이 굳건해지는 것이다. 올바름을 몸으로 실천한 경험은 내 마음의 올바름을 더욱 단단하게 할 것이고, 그렇게 더 크고 단단해진 내 마음은 더욱 분명한 실천을 동반할 것이다. 마음은 더욱 굳건해지고 그것을 실행으로 옮기는 내 육체적 힘 또한 점점 강해질 것이다. 이런 과정이 쌓이다 보면 내 의지와 육체적 힘이 전일하게 되는 경지에 이를 것이다.

그런데 이런 일들은 저절로 되는 것이 아니다. 내면의 소리를 외면하지 않고 적극적으로 들으려고 해야 하며, 어떤 장애에도 불구하고 그 내면의 소리를 실천하려는 의지가 있어야 가능하다. 진실에 대해 항상 깨어 있으려는 의지, 옳은 것을 실천해야 한다는 의지를 갖는 일이, 맹자가 말하는 '일 삼음'일 것이다. 또한, 그것이 내 몸과 마음을 선일하게 하나로 움직이게 하는 기운이 되도록 하기 위해서는,

항상 깨어 있어야 하는 일이 필요하기는 하지만, 조급하게 강행해서도 안 된다. 억지로 노력한다고 되는 일이 아니다. 마음은 있더라도 몸은 그렇게 안 되기 때문이다. 몸과 마음이 스스로 하나가 되는 지점에 이르도록 서로를 키우는 과정을 쌓아 나가야 한다. 그리하여 드디어는 내 마음의 올바름에 비추어 옳지 않은 일이라면 그것이 어떤 위협을 동반하는 것일지라도 나는 흔들림 없이 그것에 대응할 수 있게 될 것이다.

수신이 내면의 도덕성을 몸 위에서 드러나도록 하는 것이라면, 호연지기의 수련은 사실은 수신과 동의어이다. 특히 잊어서도 안 되며 조장해서도 안 된다는 호연지기를 키우는 방법은 그대로 '위기지학'의 미묘함을 표현한 것이다. 자신의 도덕적 성장에 대해 무심하게 방치해서도 안 되지만, 또한 자신의 내면을 성장시키는 것이므로 외부의 대상을 키우듯이 키운다고 표현할 수 있는 상황이 아니다. 내가 나를 키워야 할 대상으로 삼게 되면, 이는 인의를 대상으로 여기게 되는 것이며, 조장하는 폐단에 빠지게 되는 것이다.

도덕적 성장을 맹자는 나무가 아래로 자신의 뿌리를 단단하게 내리면서 동시에 위로 가지와 잎을 울창하게 드리우며 성장해 가는 이미지라고 생각했다. 성장의 가능성은 분명 자신 안에 있지만, 나무가 뿌리로 물과 양분을 섭취하고 위로 햇빛을 얻듯이, 자신 안의 가능성을 감지하고 캐낼 수 있는 동력을 외부에서 받아야 한다. 그런데 그 외부의 것들이, 순조로운 인간관계나 책을 통해 얻는 교훈처럼, 반드시 바람직한 것만으로 일관되는 것은 아니다. 때로는 명예욕이 나를 자극하고 때로는 입신양명의 의욕이 나를 자극할 것이다. 노력하는 보통 사람들은 세상이 옳게 여기는 인과 의를 기준으로 삼아 자신을 바로잡으려는 과정을 벗어나기 힘들다.

그러나 그것이 사실이라 할지라도 외부의 자극 자체가 나를 이루는 일부분이 될 수는 없다. 내가 큰다면 그것은 내 안에 있는 어떤 것을 키우는 것이고 그렇기 때문에 내 것이라고 할 수 있다. 맹자가 얘기하는 위기지학이나 호연지기 키우기는, 자신에게 몰두하는 것만으로 스스로를 성장시킬 수 있다는 얘기를 하려는 것이다. 그리고 그것만이 참된 자신이 되어, 생각이 되고 말이 되고 행동이 되어 자연스럽게 흘러나온다는 것이다.

3부

세상의 주인 되기

르네 마그리트(René Magritte), 「위대한 가족」(La grande famille), 1963.
마음의 날개를 펴고 날아올라라. 당신의 마음은 그 작은 몸 안에 갇혀 있기에는
너무나 뜨겁고 너무나 빛나하나.

1_관심 넓혀 가기

1. 타인과 관계 맺기

타인과의 관계 맺기는 나를 완성해 가는 과정

앞에서 나를 나답게 하는 것은 나의 마음이라는 이야기를 했다. 더 정확하게 말하면 내게 주어진 착한 본성을 키워 낸 결과 우리의 행위 원리가 된 덕이다. 그 덕이 나를 나답게 하고 나를 가치 있는 사람으로 만든다.

　덕의 형성 과정을 들여다보면 알 수 있듯이, 덕은 사람들과 대면하여 바람직한 관계를 맺으면서 자라난다. 인·의·예·지의 덕은 내가 측은히 여길 대상을 만나면서 커지며, 나의 의로움을 발휘할 장에서 깊어지며, 사람들과의 갈등을 겪으면서 어떻게 이 선의의 마음을 적절하게 표현할까를 고민하면서 다져진다.

　즉 내가 세상에서 만나는 타인이 없으면 나는 나의 본성을 키울 기회를 갖지 못한다. 나의 존엄성의 근거가 덕이라면, 타인이 없다면 나는 아무것도 아니게 된다. 나는 성장하지 못한 채 짐승과 다를 바

없이 욕망의 노예로 살 것이다. 나를 존엄하게 하고 어떤 것도 덧보탤 것이 없을 만큼 가치 있게 만드는 것은 인·의·예·지라는 내 안의 덕이지만, 그 덕은 내 주위를 둘러싸고 있는 타인들이 없으면 태어나지 못한다.

앞에서 마음 지키기의 적극적 방법으로 학문에 대한 이야기를 했다. 학문이란 구체적으로 성인의 말씀인 경(經)을 읽고 성인의 행적과 도(道)가 전개된 역사를 읽는 일이다. 그런 일들이 내 본성을 자극하여 덕을 가진 사람으로 성장하도록 하는데, 그렇게 학문한 효과를 구체적으로 확인하는 것 역시 현실의 인간관계에서 내가 마음을 직접 발휘했을 때이다. 어려서는 부모와, 조금 커서는 스승과 친구, 성장해서는 사회에 나가 직접 배우는 인간관계야말로 학문의 종착지이다. 결국은 현실에서의 인간관계를 올바르고 원만하게 하기 위해 경을 읽고 역사책을 읽는 것이다.

그러므로 인간관계가 확장되는 것은 그대로 내 인격이 성장하는 궤적이 된다. 내 인격이 성장한다는 것은 내가 더 많은 사람의 삶에 관여한다는 것이다. 더 많은 사람들의 고통을 함께 느끼며 더 많은 사람들이 얽힌 사회의 부조리에 분노하며 그것들을 바른 길로 돌리기 위해 고심하는 것이다.

내 인격의 성장은 내 몸이 성장하듯이 점차적으로 이루어진다. 일정한 시기 이후 노쇠하는 육체와는 달리, 인격은 죽을 때까지 성장한다. 물론 그 사람이 성장하려는 의지를 갖고 계속 노력하는 한에서이나. 계속 성장한다는 말은, 한편에서 죽을 때까지 완성된 인격을 갖는 것은 거의 불가능하다는 의미이기도 하다. 우리는 계속 성장 중이므로, 우리가 타인을 대하는 데는 늘 부족한 부분이 있을 것이다.

내가 상대와 어떤 질의 관계를 맺는가는 전적으로 내 덕의 정도에 달려 있다. 상대와의 상호작용 이전에 내 책임이라는 소리이다. 모든 관계 맺음은 자신이 이룩해 놓은 덕의 정도를 반영한다. 시쳇말로 자기 생긴 대로 타인과 관계를 맺는다. 그래서 맹자는 내가 누군가와 우호적인 관계를 도모하는데, 저쪽의 응답이 부정적이라면 자신을 반성하라고 말한다.

> 사람을 사랑하는데 그가 나를 친하게 여기지 않으면 자신의 인(仁)을 반성하고, 사람을 다스리는데 다스려지지 않으면 자신의 지(智)를 반성해야 한다. 예로 다른 사람을 대하는데 상응하는 답례가 없으면 공경의 마음을 반성해야 한다. 어떤 일을 했는데 바라는 결과를 얻지 못했을 때는 자기 자신을 돌아보고 그 원인을 찾아야 한다. 자신의 몸이 바르면 천하 사람이 다 내게로 돌아온다.
> (「이루 상」 4)

자신의 노력에도 불구하고 인간관계가 원만하게 이루어지지 않는다면 일단은 자신의 노력이 부족했기 때문이다. 자신의 인과 의가 부족했을 수도 있고 공경의 마음이 부족했을 수도 있다. 혹은 시비의 판단이 잘못되었을 수도 있다. 다시 자신을 돌아보고 자신의 덕을 보강하는 이 과정 자체가 성장의 과정이다.

관계의 매개는 덕

사람이 성장한다는 것은 덕을 가진 사람이 되는 것이고, 그것은 이 세상에서 만나는 사람들 각각과 바람직한 관계를 맺을 수 있는 사람이 되는 것이다. 그러므로 덕이란 인간관계를 적절하게 맺을 수 있는 능력이라고 할 수 있다.

맹자는 모든 인간관계를 다섯으로 범주화시키고 그 관계에서 요구되는 덕목을 제시했다. 그것이 오륜이다.

백성들이란 배불리 먹고 따스하게 입으며 편안하게 지내기만 하고 가르치지 않는다면 금수에 가까워진다. 성인은 이것을 근심하여 설(契)을 교육을 관장하는 사도(司徒)로 삼아 인륜을 가르치게 했으니, 부자 사이에는 친애함이 있고[父子有親], 군신 사이에는 의리가 있고[君臣有義], 부부 사이에는 구별이 있고[夫婦有別], 어른과 아이 사이에는 순서가 있고[長幼有序], 친구 사이에는 믿음이 있어야 한다[朋友有信]는 것이 그것이다.(「등문공 상」4)

부자 사이의 친애함[親], 부부 사이의 구별[別], 어른과 아이 사이의 순서[序]는 사회에 나오기 전부터 가정 안에서 배우고 실천하는 덕목이다. 학교에 다니고 동네 아이들과 놀기 시작하면서는 친구 사이의 믿음[信]에 대해 배울 것이고, 성인이 되어 사회의 한 구성원으로 역할을 하게 되면 군주 혹은 국가와 관계[義]를 맺게 될 것이다.

이 모든 관계를 가능하게 하는 것은 역시 측은지심이다. 그러나 앞에서도 얘기했듯이 측은지심이 단독으로 발동하는 경우는 거의 없다. 어떤 인간관계에서도 측은지심을 비롯한 네 가지 마음이 거의 동시에 발동하며 실제로 원만하게 그 인간관계를 맺기 위해서는 네 가지 마음 씀이 다 요구된다. 그런데 부자 사이는 측은지심이 가장 강력하게 작용하는 관계이다. 부자관계의 측은지심은 모든 인간관계의 원천이기 때문에 서로 허물을 얘기하다 그 관계가 멀어진다면, 빈대 잡으려다 초가삼간 태우는 격이다. 형제 사이의 관계는 순서를 지켜야 한다는 면에서 수오지심도 측은지심만큼 필요한 관계이다. 부부 사이의 관계는 서로의 영역을 인정하고 존중해 주는 관계이므로 원만한 부부관계를 위해서는 공경지심이 필요할 것이다.

가정을 벗어난 첫번째 인간관계는 친구이다. 위의 관계들이 선택의 여지없이 내게 주어진 가정에서 발생하는 관계라면, 친구는 처음으로 사회에 나와 맺는 관계이다. 맹자에 의하면 누군가와 친구가 된다는 것은 그 사람의 덕(德)을 친구 삼는 것이다. 오로지 '덕'일 뿐이다. 친구는 나이나 신분, 또는 가족을 비롯한 여러 배경이 개입해서는 성립할 수 없는 관계이다.

만장이 벗을 사귀는 일에 대해 물었다. 맹자가 대답했다. "나이 많은 것을 내세우지 말고 신분이 높은 것을 내세우지 말고 부귀한 형제가 있다고 내세우지 않고 사귀는 것이다. 벗이란 그 덕(德)을 벗하는 것이므로 내세우는 것이 있어서는 안 된다."(「만장 하」 3)

덕이 자신보다 더 뛰어나다면 친구가 아니라 스승으로 섬겨야 한다. 또 덕이 자신보다 낮은 상대라면 그는 나와 친구가 될 것이 아니라 나를 스승으로 섬겨야 한다(「만장 하」 3). 친구란 나와 덕이 필적하는 사람이다. 그래서 "한 고을의 선한 선비는 그 고을의 선한 선비를 벗으로 삼고, 한 나라의 선한 선비는 그 나라의 선한 선비를 친구로 삼으며 천하의 선한 선비는 천하의 선한 선비를 벗으로 삼는다." (「만장 하」 8) 천하의 선한 선비라면 최상의 선비일 것이다. 즉 자신의 마음을 가능한 한 진실하게 한 사람일 것이다. 그러므로 그는 옛날 천하의 선비와도 친구가 된다. 옛날 천하의 선비가 남긴 시를 노래하고 그 책을 읽음으로써 그 인간됨을 알고 친구가 되는 것이다.

서로에 대한 관심이 있어야 친구로 성립할 것이지만, 친구와의 관계에서는 측은지심보다는 수오지심이 더 크게 작용할 것이다. 친구는 서로 허물을 얘기해 주면서 서로 발전해 가야 하는 관계이며, 그 가운데에서 서로의 인격에 대한 신뢰가 생겨날 것이다. 그러므로 설사 제3자를 통해 친구에 관한 나쁜 얘기를 들었다 해도 그것이 둘의 관계를 허물지 못할 것이다. 자신의 마음을 미루어 친구의 마음을 이해할 수 있을 정도로 친구는 자기의 거울과 같은 존재이다. 그러므로 들리는 나쁜 소문에는 뭔가 오해가 있을 것이라고 생각하거나, 혹 그 친구가 정말 그런 짓을 했더라도 거기에는 뭔가 피치 못할 사정이 있었으리라 짐작할 것이다.

친구 사이처럼 각자가 가진 덕이 그 관계의 성격을 결정하기도 하시만, 상대가 나와 어떤 관계인가에 따라 그 관계에서 말위될 수요한 덕도 달라진다. 부자관계는 인간의 의지로 맺고 끊을 수 없는 관계이기 때문에 천륜(天倫)이라고 하지만, 나와 세상 다스리는 일을 함께할 군주와의 관계는 나의 의지로 맺거나 끊을 수 있다. 뒤의 권력 다루기 장에서 살펴보겠지만, 이때에 상대를 나의 군주로 받아들일 것인가 여부를 결정하는 데도 군주가 갖춰야 할 조건이 있다. 그 조건이란 군주가 갖춰야 할 기본적인 덕이라고 할 수 있지만, 이 경우에는 직무상의 관계가 개입하므로 덕만으로 그 관계가 결정되지는 않는다. 기본적인 조건이 내가 동업을 수락할 만큼 충족되면 나는 군주와 군신 간의 관계를 맺는데, 이제 그 사이를 맺어 주는 것은 '의'라는 덕이다. 즉 직책상의 관계에서도 그 관계를 유지하고 윤택하게 하는 것은 덕이다. 군주와 군자는 구세제민(救世濟民) 사업의 동업자이다. 이 공통의 지향이 일치할 때 동업을 하며, 이를 지향하는 마음을 의라 할 수 있다.

이처럼 다섯 가지 인간관계에서 강조되는 덕은 각각 다르다. 그런데 이 인간관계는 한 사람을 둘러싸고 동시에 발생하는 것이며, 그러다 보면 그 우선 순위를 정해야 하는 일도 발생한다. 맹자는 만약 순임금의 아버지가 살인을 저질렀다면, 순임금은 아버지가 처벌받는 것을 피해 천자의 자리를 헌신짝 버리듯 버리고 아버지를 업고 바닷가로 도망쳤을 것이라고 말한다(「진심 상」 35). 이는 사회와의 관계, 즉 의보다는 친이 더 우선적으로 선택되었음을 보여 주는 예이다.

부자관계와 군신관계 말고도 인륜 사이에는 중요성의 차이가 있다. 본질적인 면에서 보더라도 그렇고 수련의 단계상으로도 그렇다.

다음 맹자의 말은 그 관계 사이의 우선 순위를 얘기해 주는 좋은 일례이다.

> 낮은 지위에 있으면서 윗사람에게 신임을 얻지 못하면 백성을 다스릴 기회를 얻지 못한다. 윗사람에게 신임을 얻는 데 방법이 있으니, 친구에게 믿음을 얻지 못하면 윗사람에게 신임을 얻을 수 없다. 친구에게 믿음을 얻는 데 방법이 있으니, 어버이를 섬겨 기쁘게 하지 못하면 친구에게 믿음을 얻지 못한다. 어버이를 기쁘게 하는 데 방법이 있으니, 자신을 반성하여 진실하지 않다면 어버이를 기쁘게 할 수 없다. 자신을 반성하여 진실하게 하는 데 방법이 있으니 선에 대해 밝게 알지 못하면 자신을 진실하게 할 수 없다.
> (「이루 상」 12)

선을 지키고자 하는 스스로의 의지와 노력이 무엇보다 먼저 서 있어야 한다는 것은 말할 것도 없다. 스스로가 자신의 본성을 실현하려는 마음으로, 즉 그 마음만으로 부모를 대하여 부모가 만족할 만한 자식이 되어야만, 밖에 나가서도 그 진실한 마음과 인간의 도리를 다하고 있는 당당함으로 친구를 만나 신의 있는 관계를 쌓을 수 있다. 부모에 대한 인한 마음과, 친구와의 신의를 구축해 주는 올바름을 지향하는 마음이 성숙해진다면, 사회에 나가서 어떤 인간관계도 무리 없이 맺을 수 있을 것이며 어떤 중요한 일도 순리대로 처리할 수 있을 것이나.

덕은 타인을 움직이는 능력

본성대로 산다는 것은 세상 모두를 염려하고 스스로를 돌보듯이 타인을 돌보는 것이다. 그러므로 맹자적 인격자가 자신의 본성을 최대한으로 실현할 수 있는 현실적 조건은 군주가 되거나 군주에 필적하는 정치지도자가 되는 것이다. 그렇게 되면 저 곳곳 벽촌의 외로운 노인네들에게까지 현실적으로 자신의 측은지심을 실현할 길을 찾을 수 있게 된다.

그렇다면 내가 측은지심을 베푸는 그 대상들은 수동적인 존재들인가? 그럴 리가 없다. 이 세상 사람 모두는 각자 스스로의 주인이며 세계의 중심이다. 물론 맹자 당시에 맹자가 모든 사람이 자신처럼 타고난 도덕성을 완성하고 살기를 바라지는 않았다. "군자의 덕은 바람이고 소인의 덕은 풀"(「등문공 상」 2)이라는 공자가 했던 소리를 맹자도 반복한다. 그러나 정치의 객체로 여겼던 소인들에게도 완성까지는 아니더라도 도덕적인 변화를 기대했다.

> 백성을 얻는 데는 좋은 정치보다 좋은 교화가 더 좋다. 좋은 정치는 백성들이 두려워하고 좋은 교화는 백성들이 사랑한다. 좋은 정치로써는 백성들의 재산을 얻을 수 있고 좋은 교화로써는 백성들의 마음을 얻을 수 있다.(「진심 상」 14)

백성들이 능동적으로 다른 사람에게 감화를 줄 정도의 덕을 갖기는 어렵지만, 적어도 감화를 받을 수 있는 마음을 갖추고 있다. 이

쪽에서 측은지심으로 대하면 백성들의 마음 또한 움직여 마치 아이가 부모를 따르는 것과 같은 마음으로 신뢰와 사랑을 보여 주리라 기대할 수 있다. 그들 안에도 착한 마음의 싹은 갖춰져 있기 때문이다.

패자(覇者)가 다스리는 나라의 백성은 환호작약하지만 왕자(王者)가 다스리는 나라의 백성은 느긋하게 자족한다. 왕자의 백성들은 죽여도 원망하지 않고 이롭게 해주어도 군주의 공으로 여기지 않는다. 백성들이 날마다 선(善)으로 옮아가지만 누가 그렇게 만드는지 알지 못한다. 군자가 지나가는 곳의 사람들은 감화되며 그가 거처하는 곳은 다스려진다. 이처럼 군자의 역할은 위아래로 마치 하늘과 땅의 작용처럼 자연스럽게 이루어진다. 그러니 그것이 어찌 작은 일이겠는가!(「진심 상」13)

왕자(王者)란 왕도정치, 즉 덕에 의한 정치를 실행하는 성왕을 말한다. 그가 다스리는 나라의 백성은 평화 속에서 나날이 선해지지만 누가 그렇게 해준다고 생각하지 않는단다. 사람들이 일상생활에서 하늘과 땅의 은혜 때문에 산다고 생각하지 않는 것과 마찬가지로 그것들을 자연으로 느끼기 때문이다. 식물을 자라게 하는 땅속의 양분과 비처럼, 덕이란 그처럼 자연스럽게 사람들을 바꾼다. 덕에 의한 정치는 백성의 본성과 관계없는 것을 가르치는 것이 아니라 그들의 자연을 실현시키는 것이기 때문이다.

학문할 기회를 상대적으로 갖지 못해 노녁성을 기우기 어려운 백성들에게조차도 그러한 마음의 변화를 기대하므로, 군자 사이에서는 말할 것도 없다. 덕이란 확실히 상대를 움직이는 힘이다. 이쪽의 선한 마음은 상대의 마음을 움직인다. 상대의 마음 안에 있는 그 천부적 싹을 움직여 반응하도록 하는 것이다. 그런 식으로 세상 사람들은 서로에게 영향을 준다. 스스로 성장하면서 상대방에도 성장할 자양분을 준다. 그리하여 맹자는 그러한 인간을 "자신을 바르게 함으로써 세상의 모든 존재를 바르게 하는 자"(「진심 상」 19)라고 표현한다.

이처럼 서로를 변화시킬 수 있는 근거는 모두의 마음속에 있는 인의예지의 싹이다. 내게 와 닿는 타인의 인의예지는 나의 싹을 자극하여 깨어나게 하고 움직이게 한다. 본성을 어느 정도 키웠느냐에 따라 개인차는 있겠지만, 본질적으로 너와 나의 마음이 움직이는 기제는 같다. 누구의 마음도 내 마음과 같을 것이라는 믿음이 있다. 맹자의 생각처럼 이 세상 사람들의 마음이 움직이는 기제가 같다면 문제는 자신의 인의예지가 부족한 경우에만 일어난다.

그러므로 맹자는 자신의 마음이 바르면 세상의 모든 존재가 그에 대해 같은 마음으로 응답할 것이라고 믿었다.

선을 좋아하면 천하의 사람들이 모두 천리 길도 가벼운 걸음으로 다가와서 선을 일러 주게 된다. 만약 선을 좋아하지 않으면 사람들이 '혼자 잘난 척할 것임을 내 다 안다'고 할 것이다. 혼자 잘난 척하는 말소리와 얼굴빛은 사람들을 천리 밖에서 막아 버리게 한다. 훌륭한 선비들이 천리 밖에서 머무르고 가까이 오지 않으면 헐뜯고 아첨하며 면전에서 알랑대는 사람들만 다가오게 된다.
(「고자 하」 13)

옳은 길로 들어선 사람의 앞길은 탄탄대로이다. 세상 사람들 모두가 나의 성장을 돕기 때문이다. 그러므로 자신을 돌아보아 부끄러움 없이 진심을 다하고 있다면 설사 시행착오를 거듭하더라도 내 주변에는 어떤 문제도 없을 것이다.

확고하게 선(善)을 지향하는 마음이 나아갈 최상의 길은, 순임금이 보여 주듯이, 겸허한 마음으로 모든 사람과 함께 도덕적으로 성장하는 것이다.

자로(子路)는 남들이 그에게 잘못이 있다고 일러 주면 기뻐했다. 우임금은 선한 말을 들으면 절을 했다. 위대한 순임금은 그들보다 뛰어나서 선한 일을 남들과 함께하여, 자신의 사사로움을 버리고 사람을 따르며 즐거운 마음으로 다른 사람에게서 좋은 점을 받아들여 선행을 실천했다. 농사짓고 질그릇 굽고 물고기를 잡을 때부터 황제의 자리에 오를 때까지 다른 사람에게서 좋은 점을 받아들이지 않은 적이 없었다. 다른 사람의 좋은 점을 받아들여 선행을 실천하는 것은 그 사람과 함께 선행을 실천하는 것이다. 그러므로 군자에게 다른 사람과 함께 선행을 실천하는 것보다 더 위대한 일은 없다.(「공손추 상」 8)

나의 덕은 타인과 만남으로써 성장하는 것이므로, 나의 성장은 그 본성상 항상 타인의 성장과 동시에 일어난다. 나의 세계를 넓혀 주는 존재인 타인 앞에서 나는 겸허하지 않을 수 없다. 하물며 적극적으로 내 마음을 일깨워 주는 사람이라면 어떻겠는가. 이들은 내 마음에 날개를 달아 주는 사람이다. 또한 이는 동시에 그 사람의 마음에도 날개를 달아 주는 것이다. 함께 선으로 향상하는 것이야말로 무엇에도 비할 수 없는 위대한 일이다.

2. 나를 중심으로 펼쳐지는 세계

맹자가 그린 좋은 사회

공자는 주대의 종법사회를 이상적인 사회로 생각했다. 그 사회는 기본적으로 혈연에 의해 구성된 사회로 구성원들 사이의 질서는 사랑에 의해 성립했다. 왕을 중심으로 왕에게서 촌수가 멀어질수록 왕의 사랑도 옅어지며 왕으로부터 그들이 받는 권력과 물질도 옅어진다. 그런 식으로 서열이 매겨지는 사회였다. 맹자가 살았던 시대는 공자가 살았던 시대와는 비교되지 않을 정도로 늘어난 인구에 사회관계 역시 복잡한 시대였다. 그러므로 공자처럼 효와 제, 즉 가족윤리만을 가지고 사회의 질서를 담보하기 어려운 시대였다. 맹자 역시 주대의 종법사회질서라는 이상을 공자와 공유했지만, 맹자는 복잡해진 사회관계에 대응해서 효와 제 대신에 인과 의라는 보편적 가치를 내세웠다. 그러나 그 내용은 효·제와 다르지 않았다. 즉 맹자 역시 사회 구성원들 사이의 관계를 가족관계의 확대로 생각한 것이다. 인과 의는 내 가족 안에서 느끼는 사랑과 질서의 정서를 천하 사람들에게 확장시켜 나가는 덕이다. 사회 구성원들 모두가 인과 의의 덕을 가지고 있다면, 이 세상은 맹자가 생각하는 대로의 평화로운 세상이 될 것이었다. 세상의 모든 사람들은 한가족처럼 사랑으로 연결될 것이며, 가족 안에서 강제가 아니라 자연적인 위계와 자발적인 복종에 기초해서 질서가 이루어지듯이, 그 사회 역시 강제적인 법령보다는 배려와 교육, 그리고 도덕성에 기초해서 질서가 이루어질 것이었다.

한 집안의 질서는 어떻게 이루어질까? 가장은 몇 명의 아들과 딸이 있을 것이다. 부모는 자식이 이 사회에서 인간 노릇 하고 살 수 있도록 키우는 것이 자식에게 베풀 가장 큰 사랑임을 안다. 그러한 부모에게 자식은 자신의 장래를 맡기고 존경하며 복종한다. 그 가운데 후계자가 될 장남에 대한 대우는 다른 자식들에 대한 것과는 다를 것이다. 차기의 가부장으로서 져야 할 책임이 막중하기 때문이다. 더 엄하게 대할 수도 있고 더 관대하게 대할 수도 있다. 그러나 어느 쪽이든 다른 자식들에 대한 사랑보다는 진하다. 자식들 사이에서는 나이에 따라 자연스럽게 서열이 정해질 것이며 그들의 배우자에 대해서도 남편의 서열에 준해서 서열이 매겨질 것이다. 그러므로 집안 안에서 음식을 먹고 옷을 입는 모든 일들에 자연히 순서가 정해질 것이다. 각자의 성원은 자신의 자리와 자신의 순서를 당연한 것으로 받아들이고 거기에 이의를 느끼지 않는다. 딸들에 대해서는 아들에 대한 것과는 다른 방식의 사랑이 베풀어질 것이다. 그들은 성인이 되면 다른 집안사람이 될 것이므로 그것을 준비하기 위한 교육이 행해질 것이며 출가한 뒤에는 자신의 집안사람으로 대우하지 않는다. 그래야만 집안 사이의 질서가 유지될 것이기 때문이다.

한 나라의 질서는 어떻게 이루어질까? 임금은 여러 명의 왕자와 여러 명의 공주를 둘 것이다. 큰 아들은 차기 왕으로서 특별한 대우를 받을 것이다. 다른 형제들은 모두 거기에 이의를 달지 않고 아버지와 형에게 복종한다. 그럼으로써 왕실 내의 평화가 이루어진다. 만약 왕자들에게 가장 능력 있는 아들을 후계자로 정하겠노라고 선언한다면, 그 순간 아들 사이에 남는 것은 피비린내 나는 반목일 뿐이다. 이보다 더 불인(不仁)한 일이 어디에 있겠는가. 다수의 아들 사이에 단 한 명만 후계자가 되어야 하는 상황은 피할 수 없다. 전설시대의 요임금과 순임금은 자신의 핏줄이 아니라 적임자를 찾아 왕위를 물려줬다지만, 역사에 남아 있는 시대부터는 장자 상속제를 견지했다. 그들의 판단에 장자 상속제는 가장 평화롭게 왕위를 전승하는 방법이었다.

신하들은 신분에 따라 또는 특별한 능력에 따라 공·경·대부의 작위를 부여받고 거기에 상응하는 직위를 부여받는다. 그들은 직위에 알맞은 능력을 발휘하여 국정에 임할 것이며, 그럼으로써 나라 살림의 근간을 이룬다. 이들이 해야 할 사무나 지켜야 할 예의는 법이나 규범으로 정해져 있지만 근본은 모두 인과 의, 예와 지라는 도덕감에 있다. 그들이 내적인 도덕감에 의해 움직일 때, 그들 사이의 질서는 저절로 형성된다. 공유하는 세계관 속에서, 적절한 애정과 정의

감, 그리고 명석함과 예의 바름을 갖춘 인간들이 이루는 사회는, 그들의 자율성 때문에 더욱 가치 있는 것이 된다. 왕실과 조정의 인간관계가 도덕성에 기초해서 맺어지면, 그것은 그대로 나라 안 전체의 모범이 된다. 왕과 관리들은 그들의 도덕성에 의거해 당연히 백성들에 대한 자신들의 의무와 책임을 다할 것이며, 백성들은 존경할 만한 그들을 부모처럼 따르고 의지할 것이다.

맹자는 '본성은 선하다'는 자신의 주장을 납득시키기 위해 여러 각도에서 증명을 시도했지만, 사실 그 주장은 증명될 수 없는 맹자의 형이상학적 주장이다. 실제로 맹자가 했던 시도는 논증이라기보다는 사람들이 자신의 주장을 받아들이기 쉽도록 한 설득이라고 할 수 있다. 맹자의 주장대로 현실의 사람들이 인의예지의 본성을 가지고 있다면, 맹자가 설득할 필요도 없이 사람들은 자기 본성대로 살 것이고, 그 결과 세상은 자연히 맹자가 그리듯 인의예지가 넘치는 자율적이고 평화로운 사회가 될 것이다. 그러나 그렇지 않았기 때문에 맹자의 시대와 같은 패륜의 시대가 되었을 것이고, 그렇기 때문에 맹자는 인의예지를 되찾지 않는다면 인간이 아니라고 사람들을 설득할 필요가 있었던 것이다.

맹자는 요순의 평화시대를 비롯한 성인의 정치가 존재했다는 것을 근거로 인의예지가 인간의 본성이라고 생각했을 것이다. 자신의 마음을 돌아보아 그렇다고 확신했을 수도 있다. 그러나 어느 쪽이든 맹자의 성선설은 현실의 일반적 인간과는 거리가 있는 본성이론이었다. 사실은 맹자가 징말로 인간의 본성이 그렇다고 믿었는지, 아니면 자신이 그리는 이상적인 사회를 위해 필요한 인간의 본성은 그런 것이어야 한다고 생각해서 만들어 낸 것인지 단정해서 말할 수 없다. 어쨌든 분명한 것은, 맹자가 말하는 인간의 선한 본성은, 맹자가 그리는 이상적인 사회의 질서를 담고 있는 씨앗 같은 것이라는 사실이다. 자신의 본래 본성을 찾으라고 주장하는 것과, 이러이러한 사회를 만들자고 주장하는 일이, 맹자에게는 동일한 일이었다는 것이다. 즉 맹자의 본성은 맹자가 이상으로 생각하는 사회의 질서가 그 안에 고스란히 입력되어 있는 그런 것이었다. 인·의·예·지는 인간이 내면에 품은 덕이면서, 동시에 인간 사이의 원만한 관계를 유도하는 사회 질서이기도 했다.

사람이 도를 넓힌다

사람 내면의 덕인 인·의·예·지는 사회에서 인간관계를 맺는 원리이다. 그것의 완전한 형태는 법전처럼 객관적으로 있는 것이 아니라, 각자의 마음속에 있다. 내 마음에서 온전히 키워야 사람과 사람을 연결하고 충돌을 피하는 이 세상의 질서로 나타난다. 그래서 공자는 "사람이 도를 넓힐 수 있는 것이지, 도가 사람을 넓히는 것이 아니다"(『논어』「위령공」 28)라고 말한다.

  도(道)는 길이다. 도를 넓힌다는 것은 사람들이 사는 올바른 방식을 다져 간다는 의미이다. 그 원천은 자신의 내면에서 나오는 인의예지이다. 그러므로 그 내면을 얼마만큼 키우는가가 관건이다. 맹자는 그 내면을 키우는 과정을 다음과 같이 표현했다.

사람들에게는 차마 못하는 일이 있는데, 그것을 거리낌 없이 하는 일에까지 확충해서 적용하는 것이 인이다. 사람들에게는 모두 하지 못하는 일이 있는데, 그것을 거리낌 없이 하는 일에까지 확충해서 적용하는 것이 의이다.(「진심 하」 31)

이는 측은지심과 수오지심을 확대해 가는 과정을 설명한 것이다. 매정하게 대할 수 없는 대상을 넓혀 가고 양심에 걸려서 하지 않는 일들을 넓혀 가는 것이다. 결국은 더 많은 대상들에게 닿을 수 있도록 내 마음을 넓혀 가는 것이다. 내가 넓힌 내 마음은 세상으로 나가는 길이 되고, 이제 그 길은 나만이 아니라 주위의 모든 사람들이 왕래하며 소통하는 세상의 것이 된다.

그런데 내가 그 마음의 성장을 내가 살고 있는 동네 사람에게 퍼지게 하는 데서 그친다면 내 마음의 길은 그 안에서 머물 뿐이다. 나는 물이 불은 동네의 징검다리 앞에서 난처해 하는 노인네를 업어서 건네 줄 수 있다. 그러나 자신이 늘 그 물가 앞에서 대기하며 동네의 노인네 모두를 건네줄 수는 없다. 그러나 그 마을의 목민관이 된다면 다리를 건설함으로써 동네의 노인네를 비롯해 건장한 사람들에게도 기후에 관계없이 편안하게 다리를 건너게 해줄 수 있을 것이다. 그러나 이 경우에도 이웃 고을의 어려움을 해결해 주는 데까지 미칠 수는 없다.

맹자를 비롯한 군자들이 정치적 힘을 갖고 싶어 하는 이유는 명백하다. 그는 세상의 모든 사람들에게까지 자신의 마음을 넓혀, 세상 모든 사람들이 굶주리고 헐벗지 않도록, 그리고 인간의 존엄성을 지키고 살 수 있도록 하는 길을 닦을 수 있기 때문이다.

맹자가 '왕도'(王道)라고 이름 붙이며 제시한 유학의 도는, 정치적 힘을 가진 자 즉 군주의 입장에서 예상한 마음 넓히기와 그 구체적 길을 내용으로 한다. 이상적으로 말하면, 군주는 자기 나라의 모든 백성들에게까지 마음을 넓힌 사람이 앉아야 하는 직위이다.

감각의 욕구를 능가하는 생각의 마음을 일찌감치 크게 키운 군자라면, 죽으로 연명하더라도 감각에 굴복하지 않는다. 그러나 보통 사람들은 그렇지 않다. 이틀 정도 굶으면 어떤 도덕의 힘도 그 배고픔을 능가할 수 없다. 그래서 왕도정치의 첫번째 과제는 백성들에게 생업을 마련해 줘서 그들이 굶지 않도록 해주는 것이다. 굶지 않는 정도를 넘어 자식을 교육시키고 늙은 부모를 좋은 음식과 옷으로 봉양할 수 있는 정도가 되도록 해야 한다. 그러기 위해서 군주는 산업을 일으키고 세금을 적정하게 징수해야 한다.

유명한 '정전제'(井田制)는 당시의 주된 산업인 농업을 바탕으로 백성들에게 안정된 생업을 마련해 주고 동시에 국가의 안정된 재정을 보장하기 위한 토지·조세제도이다. 정전제는 우물 정(井) 자 모양으로 정사각형의 토지를 구등분하여 여덟 가구에게 주위의 한 구획씩을 경작하게 하고 중앙의 한 구획을 공동으로 경작하게 하는 것이다. 공동 경작한 수확물은 정부에 세(稅)로 내고 각자 경작한 수확물은 각 가구의 수입이 된다. 그러므로 생산량의 9분의 1을 세로 내는 세법이다. 맹자의 정전제는 붕괴되어 가는 주대 이래의 봉건제를 유지하려는 의도를 갖는 것이었다. 지대의 수납은 봉건제의 경제적 기초이다. 그런데 당시는 토지겸병과 농민의 유민화로 인해 봉건제가 대단히 불안정해지고 있었다. 봉건적 경제의 안정을 회복하기 위해서는 토지의 경계를 엄격하게 하고 소유권의 불법적 변동을 막는 일이 중요했으며 또한 직접 생산자인 농민을 토지에 묶어 두는 일도 필요했다. 이 두 가지를 실현시킬 수 있는 제도로서 맹자는 정전제를 제시한 것이다.

이미 봉건 계급제도와 더불어 토지제도도 와해되어 가는 당시에 정전제는 이미 실현성이 없는 제도였다. 그러나 생업의 보장이라는 왕도정치의 중요 과제는, 정전제의 실현 가능성 여부로 빛이 바래는 것은 아니다. 어떤 정치이론이라도 생업의 보장을 제쳐 두고는 그 다음 단계로 진행할 수 없기 때문이다.

현실적으로는 정치적 지위가 그 사람의 길을 넓히겠지만, 공자와 맹자는 그 정치적 지위에 앉을 수 있는 자격은 타고난 계급이 아니라 덕이어야 한다고 주장했다. 공자나 맹자처럼 그 덕을 세상 끝까지 넓힌 군자가 군주가 되어야 세상 사람들이 그 혜택을 입을 수 있다. 정치적 권력을 가진 사람이 길을 넓히지 못할 경우는 있지만 덕 있는 권력자라면 반드시 길을 넓힌다.

좋은 삶은 자신의 인격을 키워 가는 과정이며 동시에 모든 사람들이 밟을 수 있는 올바른 길을 닦는 일이다. 올바른 길이란 인간으로서 품위를 유지할 수 있도록 기본적인 물질이 안정적으로 공급되는 곳이며, 그 위에서 서로를 고귀하게 하는 덕을 키우고 발휘할 수 있는 곳이다. 공자와 맹자의 구상대로 덕 있는 군자가 군주가 된다면 자신의 마음을 넓혀 세상의 길을 닦을 수 있을 것이고, 그 길에서 모든 사람들이 순박한 마음으로 일상을 영위할 수 있을 것이다.

내 마음과 세상의 규범

맹자가 볼 때 선은 내 마음 안의 인의예지이며, 세계의 평화는 이 마음을 온전히 발휘하는 데에 달려 있다. 그러므로 맹자의 세계관은 이 세상의 모든 일이 내 마음에 달려 있다는 극단적인 주관주의의 모습을 하고 있다.

그러나 측은지심 이하의 감정들이 덕으로 자리 잡아 가는 과정을 상기해 보면, 이들의 감정은 더 이상 개인적인 감정이 아니라 상호 간의 교류를 통해 사회적으로 통용되는 객관성을 가진 덕이며, 나아가 규범으로 정착해 간다는 것을 인정할 수 있다. 이미 인의예지의 덕이라는 이름을 얻었다면, 그것은 인간 상호 간의 소통이 전제된 것이며 그들 사이를 연결하는 기준이 있었다는 것을 의미한다. 덕은 바람직한 인간관계를 맺는 능력이며, 바람직한 인간관계란 그 상대, 나아가 사회 구성원 사이에서 어떤 식으로든지 합의된 것이다. 그러므로 덕이라는 이름을 얻었다면 이미 그것은 개인을 넘어 사회적인 가치를 얻은 것이다.

애초에 모든 인간이 날 때부터 갖고 태어난 착한 마음의 싹은 한 가지였다. 개인에게서 그것은 감정의 형태로 발현되는 것이어서, 각자의 감정은 개인이 각각의 삶을 살면서 서로 다른 것이 되어 간다.

인륜에 의해 맺어지는 바람직한 사회란, 서로 멀어져 가는 인간성을, 자기성장을 통해 서로 통용되는 틀 안에서 유지해 나가는 것이리라. 그러기 위해서는 매 시대마다 각 사회 구성원의 자기성장이 필요하다. 즉 서로 통용되는 데까지 이르기 위해서는, 각자의 감정이라는 개별적이고 구체적인 경험에서 출발하여, 사회에서 소통되고 인정되는 수준까지 자신을 성장시켜야 한다.

가치의 원천인 마음은 사회규범의 근원이므로 제도화되고 형식화되어야 하는 부분이 있다. 그 경우에도 물론 예는 인의예지의 마음이 형식화되어 있는 것이다. 성인이란 나와 질적으로 다른 존재가 아니라 보통 사람보다 예민하고 빠르게 마음의 본질을 깨달은 사람이다. 그래서 늦게 깨닫는 사람들을 위해 제도를 만들고 교육을 담당해야 한다. 그리고 그때 의거해야 하는 기준이란 자신의 마음에 비춰 보아 옳은 것이며, 그것은 동시에 누구의 마음에 비춰 보아도 옳은 것이다. 즉 보편적으로 옳은 것이다. 그래서 맹자는 다음과 같이 말한다.

이루의 밝은 시력이나 공수자의 뛰어난 손재주가 있어도 컴퍼스〔規〕와 자〔矩〕를 사용하지 않으면 원 모양과 네모 모양을 만들 수 없다. 사광의 예민한 청력이 있어도 육률을 사용하지 않으면 오음을 바로잡을 수 없다. 요순의 도가 있어도 어진 정치〔仁政〕를 실행하지 않으면 천하를 평화롭게 다스릴 수 없다.(「이루 상」 1)

위 인용문에서 컴퍼스와 자는, 개인이 갖는 능력과 대비되어 객관적 기준을 의미한다. 그런데 이 객관적 기준이 성인의 마음과 대비되는 성인의 정치를 설명하기 위해 등장하는 것은 얼핏 보아 쉽게 이해가 안 된다. 맹자가 이 구절에서 얘기하려는 것은 객관적 기준의 중요성보다는 정치권력의 중요성이기 때문이다. 왕도를 실현하려는 군자는 자신의 넘치는 측은지심만으로는 세상 사람들에게 은택을 미치게 할 수 없다. 그 의미에서 군자가 정치권력을 갖는 것은 중요하다. 그래야만 왕도를 실천할 수 있을 것이기 때문이다. 그래서 앞의 인용문은 다음으로 이어진다.

그러므로 '한갓 선한 마음만 가지고는 좋은 정치를 할 수 없고, 한갓 법만 갖추어 놓는다고 그것이 저절로 실행되지는 않는다'고 하는 것이다. …… 성인은 밝은 시력을 남김없이 발휘하고 게다가 컴퍼스, 자, 수평기, 먹줄과 같은 정확한 도구에 의거했으므로, 네모와 직선, 수평과 같은 것을 한정 없이 만들어 쓸 수 있었다. 예민한 청력을 남김없이 활용하고 또 육률과 같은 정확한 기구에 의거했으므로 다 사용할 수 없을 정도로 오음을 바로잡을 수 있었다. 어진 마음과 생각을 남김없이 활용하고 또한 '불인의 정치'〔不忍之政〕에 의거했으므로 인이 천하 사람 모두에게 베풀어졌다.
(「이루 상」1)

컴퍼스나 자는 객관적인 도구이기 때문에, 그것이 있으면 앞의 인용문에서 등장했던 이루나 공수자처럼 뛰어난 능력이 없더라도 원하는 원과 직선을 그릴 수 있다. 천하의 보통 사람들은 성인과 같은 덕을 갖추지 못했더라도 덕의 은택, 즉 왕도정치의 은택을 입을 수 있다. 성인이 자신의 마음을 객관화시켜 놓았기 때문이다. 그것은 경(經)과 같은 책의 형태로도 이루어지고 예악형정(禮樂刑政)과 같은 제도로도 이루어진다.

맹자는 덕 있는 사람이 정치적 권력을 갖고 정치적 실천을 할 수 있는 일의 중요함에 대해 이야기하기 위해 위의 비유를 사용한 것이긴 하지만, 성인이 정한 정치 형태는 또한 자나 컴퍼스와 마찬가지로 객관적인 것이라고 생각했기 때문에 이와 같은 비유를 한 것이다. 그래서 '선한 마음'과 '법'이 대비되고 있다. '법'이란 내 마음이 넓힌 도를 제도화한 것이다. '나'란 성인이다. 보통 사람들의 마음은 성인의 마음만큼 자라 있는 상태는 아니지만, 그만큼 자랄 능력은 있다. 성인은 자신의 마음을 컴퍼스와 같이 누구나 사용할 수 있는 것으로 만들어 다른 사람들의 마음 키우기를 도우려는 것이다.

"한갓 법만 갖추어 놓는다고 그것이 저절로 실행되지는 않는다." 성인이 남겨 놓은 좋은 제도가 있어도 각 시대의 사람들이 자기성장을 통해 거기에 필적하는 마음을 갖추지 못한다면 성인이 제도를 남겨 놓은 의도는 실현되지 않는다.

좋은 세상이란 성인의 측은지심에 근거해 성립한 제도와 그 제도를 진정 살아 있는 것으로 만드는 새로운 성인이 함께 만들어 간다. 그런 의미에서 현재의 삶은 수천 년 삶의 누적 위에 있으며, 또한 동시에 계속 새로워져야 한다. 역사의 누적 위에 있지만, 이 시대 인간의 감정과 경험에 의해, 이 시대 인간의 성장에 의해 이 시대의 것이 되어야 한다.

르네 마그리트(René Magritte), 「인간의 조건」(*La condition humaine 2*), 1934.
세상에는 마음대로 되는 일보다 그렇지 않은 일이 더 많다. 그러나 세상은 넓고 우리의 삶은 유한하다. 이 한 몸 걸림 없이 헤엄칠 수 있는 공간이 왜 없겠는가! 문제는 할 수 있는 일, 놓 수 있는 물을 찾는 것이 아닐까? 그래서 애먼 데에 들이고 있는 힘을 거둬들여 그곳에 집중하는 것이 아닐까?

2_객관세계와 마주하기

1. 내게 주어진 것

본성과 명

명(命)이라는 한자는 '입'〔口〕과 사람에게 시킨다는 의미의 '령'(令)이 결합되어 만들어진 글자로, '신이나 군주가 입으로 표현한 의향을 사람들이 받들어 따른다'는 뜻이다. 수행을 유발하는 언어적 지시, 즉 명령을 의미한다. '명령한다'는 말은 인간 사회 안에서 일상적으로 쓰는 말이다. 『맹자』 안에서도 인간 사이의 명령이라는 의미로 쓰이기도 했다. 그런데 맹자가 살았던 시대에는 인간의 생명이라든지 그 주변의 자연환경, 그리고 개인의 의지와 관계없이 일어나는 사회적인 사건들은 하늘〔天〕이 명령한 것이라고 표현하는 습관이 있었다. 즉 천명(天命)이다. 자연현상을 과학적으로 설명하는 능력이 부족했던 원시시대의 유산이기도 하겠지만, 인간을 비롯한 모든 존재의 시초, 각 존재의 종적 본질, 그리고 인간의 의지가 어떻게 할 수 없는 일들에 대한 물음은 현대에도 여전히 답하기 어려운 것들이다. 인간의 의지와 무관하게 발생하고 인간의 의지가 개입할 수 없는 영역이라는 의미에서 오늘날이라면 '자연' 혹은 '필연' 등의 용어로 설명할 수 있는 것을 맹자 시대에는 '명'이라는 한 마디 말로 표현한 것이다.

이 천명은 『맹자』 안에서 다시 두 가지 뜻으로 갈라진다. 간단히 말하면 사명과 운명이다. 사명은 내게 주어진 임무라는 의미이고 운명은 내 힘이 어쩌지 못할 내게 주어진 조건이란 의미이다. 사명 가운데 대표적인 것은 선한 본성이다. 선한 본성은 싹과 같은 가능성의 형태로만 주어졌으며 그것을 현실화시키는 것은 하늘이 인간에게 부여한 사명 같은 것이다. 그런데 천은 인간에게 선한 본성을 현실화할 것을 사명처럼 부여했으면서 또 한편에서 그 사명의 실현을 가로막는 여러 장애 상황까지 만들었다. 가장 직접적으로 선한 본성의 실현을 가로막는 감각기관 역시 인간으로서 피할 수 없는 운명이다. 또한 본성의 실현 정도에서 모든 인간 가운데 으뜸이라 할 수 있는 공자와 맹자 같은 사람이 현실에서 그 덕성을 포괄적으로 발휘할 수 있는 군주의 자리를 얻지 못한 것 역시 운명이다. 다음은 그 두 가지 명과 본성과의 관계에 대해 얘기해 주는 중요한 구절이다.

입이 맛있는 것을 좋아하고 눈이 아름다운 것을 좋아하고 귀가 좋은 소리를 좋아하고 코가 향기를 좋아하고 사지가 편안한 것을 좋아하는 것은 ① 본성(性)이지만 ② 명(命)적인 요소도 있으므로 군자는 그것을 ③ 본성이라고 하지 않는다. 부자 사이의 인, 군신 사이의 의, 주인과 색 사이의 예, 현자의 지혜, 천도를 지키는 성인

등은 ④ 명(命)이지만 ⑤ 본성적인 요소도 있으므로 군자는 그것을 ⑥ 명이라고 하지 않는다.(「진심 하」 24)

본성 역시 타고난 것, 즉 본능적인 욕구를 지칭하는 경우와, 인간만이 가진 특질을 지칭하는 경우의 두 가지가 있다는 이야기를 앞에서 했다. 위의 인용문은 두 가지 의미의 '본성'과 두 가지 의미의 '명'이 한 구절 안에 교차되고 있다는 점에서, 본성과 명의 다의성과 그 관계를 이해하는 데 중요한 구절이다.

본성①은 타고난 것이라는 의미로 구체적으로는 본능적인 욕구를 가리킨다. 명②는 인간의 노력이 관여하지 않는 영역 즉 운명이라는 의미이다. 명④는 인간에게 주어진 사명이라는 의미이다. 본성⑤는 인간만의 특질 즉 도덕성의 의미이다. 그 세부적인 의미를 염두에 두고 다시 읽으면 다음과 같다. "이목구비의 감각기관은 천성적으로 타고나는 것이지만, 그 감관(感官)을 다 만족시키는 생활을 할지 여부는 인간이 노력해서 되는 것이 아니라 정해지는 것이다. 즉 귀하게 부하게 또는 천하게 가난하게 되는 것은 명이다. 그러므로 군자는 그것을 운명이라고 여겨서 주어지는 대로 따를 뿐, 그것을 나의 본질로 여기지도 않을뿐더러 애써서 추구하지도 않는다. 인의예지 등은 하늘이 내려 준 사명 같은 것이다. 사명이란 외부에서 오는 것으로 특정한 인간에게만 부여되는 것일 수도 있고 또 내가 의지적으로 받아들이지 않을 수도 있다. 그러나 그 싹은 누구나의 마음에 뿌리내리고 있는 것으로 나의 노력을 기다리고 있다. 그러므로 노력해서 계발해야 할 것이고 그것이야말로 나의 본질을 이루는 부분이다. 그래서 군자는 그것은 일방적으로 하늘이 주는 것이 아니라 내가 노력해서 완성해야 할 나의 본성이고 나의 인격이라 생각한다."

두 가지 의미의 명과 두 가지 의미의 본성을 교차시키면서 맹자는 결국 군자의 입장에서 그 의미들을 정리했다. 군자의 입장에서는 인의예지가 본성이고 이목구비의 충족은 명이다. 그러나 군자가 그렇게 여긴다고 해서 그것이 액면 그대로 사실이 되는 것은 아니다. 인의예지는 사실은 명에 가까운데 군자가 본성으로 여긴다는 것이고, 이목구비의 욕구는 사실은 본성에 가까운데 군자가 명으로 여긴다는 것이다. 맹자가 그렇게 얘기한 것은 군자의 입장에서는 인의예지의 성취는 인간이 노력해야 할 부분이고, 이목구비의 충족은 노력하지 않고 주어지는 대로 받아들이는 영역이라는 것을 표현하고 싶어서였다.

그러므로 본성과 명의 관계는 사실은 다음과 같이 정리되어야 한다. 인의예지는 명이면서 동시에 본성이고, 이목구비의 욕구 역시 명이면서 동시에 본성이다. 그런데 인의예지의 명과 본성은 군자라면 노력해서 완수해야 하는 사명이고, 이목구비의 본성과 명은 군자라면 주어지는 대로 받아들여야 할 운명이다.

재아자와 재외자

맹자는 명을 사명과 운명이라는 의미로 사용하기는 했지만, 자신이 그렇게 두 가지 의미로 사용하고 있다는 것을 의식하지는 못했다. 물론 사명과 운명이라는 용어를 사용하지도 않았다. 그러나 사명과 운명에 해당하는 다른 용어를 사용하여, 스스로 노력해야 할 영역과 주어진 것을 그대로 받아들여야 하는 영역을 확실하게 나누었다. 즉 '내 안에 있는 것' 혹은 '내게 달려 있는 것'이라고 해석할 수 있는 '재아자'(在我者)와, '나의 외부에 있는 것' 혹은 '내가 어떻게 할 수 없는 것'이라고 해석할 수 있는 '재외자'(在外者)로 구별했다.

> 구하면 얻게 되고 내버려 두면 잃어버리게 되는 경우에는 구하는 것이 얻는 데 유익한데, 그것은 구하려는 대상이 내 자신에게 있기〔在我者〕때문이다. 구하는 데 정해진 방법이 있고 얻는 것이 명에 달려 있는 경우에는 구한다 해도 얻는 데에 아무런 유익함이 없는데, 그것은 구하려는 대상이 내 밖에 있기〔在外者〕때문이다.
> (「진심 상」 3)

내 자신에게 있는 것은 말할 것도 없이 인의예지의 싹이다. 내 밖에 있는 것은 감각기관을 유혹하는 모든 대상들이며 대표적으로 부귀영화이다. 이목구비의 욕구도 본성이고 인의예지의 싹도 본성이다. 부귀영화의 향유도 명이고 인의예지의 추구도 명이다. 이목구비의 욕구를 좇아 부귀영화를 누리기 위해서는 나의 밖에 있는 재화를 좇아야 하지만 인의예지의 본성을 얻기 위해서는 내 마음으로 들어가면 된다.

그런데 두 가지 의미의 본성과 두 가지 의미의 명을 염두에 두면 다음과 같은 말이 가능하다. 본성은 사명을 수행하는 현실의 발판(선한 본성)이면서 동시에 그 수행을 가로막는 육체적 욕구이기도 하다. 명을 주어로 같은 말을 할 수 있다. 명은 본성(선한 본성)을 제공하는 근거(사명)이면서 동시에 본성의 발현을 제약하는 외부의 힘(객관상황)이기도 하다. 인간은 하늘로부터 명령과도 같이 인의예지의 본성을 받는다. 그러나 한편으로 육체적 욕구의 본능도 타고난다. 명령으로 받은 그 본성을 현실에서 나의 것으로 하는가 아니면 버리는가는 나의 의지와 노력에 달려 있다. 육체적 욕구와 한바탕 전쟁을 치러야 한다. 그런데 그렇게 내가 모든 노력을 경주하여 인의예지를 현실화시킨다 해도 그것이 바로 이 세상의 평화로 연결되지는 않는다. 즉 사명을 완수한다 해도 현실적인 장벽, 즉 또 다른 '명'에 부딪힐 수 있다. 이는 인의예지의 도덕성을 실현하는 일 바깥에, 나의 도덕성이 영향을 미칠 수 없는 영역이 존재함을 의미한다.

맹자는 "자신을 바르게 함으로써 세상의 모든 존재를 바르게 한다"(「진심 상」 19)고 말하지만, 내 몸이 바르면 세상이 그에 응답해서 바르게 된다는 말은 사실은 군주에게만 해당되는 말이다. 임금에 대해서는 '일단 임금이 바르게 되면 온 나라가 바르게 된다'라고 말할 수 있지만, 맹자와 같은 군주가 아닌 자의 입장에서 나라를 바르게 하기 위해서는 먼저 "임금의 마음을 바로잡아야"(이상 「이루 상」 20) 한다. 임금의 마음을 바로잡기 위해서는 먼저 임금에게 신임을 얻어 등용되어야 한다. 그런데 자신을 알아주는 임금을 얻는 일은 군자의 노력 밖에 있는 일이나. 군사의 행통 원칙은 언세 너니서나 노를 실천하는 것이고 올바름에 따르는 것일 뿐, 임금에게 신임을 얻거나 등용되기 위해 애쓰는 일은 하지 않는다. 군자의 행동은 늘 한결같은데, 그에 대한 객관의 반응은 가늠할 수가 없다. 즉 그러한 군자를 알아주는 군주를 만나느냐 못 만나느냐 하는 것은 군자가 어쩔 수 있는 일이 아니다.

군자가 자신의 본성을 닦는 일은 변하지 않지만, 자신을 알아주는 군주를 얻느냐 얻지 못하느냐에 따라 세상에 미치는 영향은 달라진다. "곤궁한 상황에 처하면 홀로 자신의 몸을 선하게 하고, 출세하게 되면 천하 사람들을 두루 선하게 하는"(「진심 상」 9) 식으로 그 영향력은 달라진다. 맹자는 곤궁하거나 또는 출세하게 되는 상황은 '명'이라고 생각했다. 즉 인간의 힘으로 어쩔 수 없는 일이라고 생각했다. 이렇게 되면 하늘은 인의예지의 본성을 실현하라고 명령하면서, 한편으로는 그 완전한 실현을 가로막기도 하는 존재이다.

"인간의 본성은 선하다"는 맹자의 주장은 경험세계에서 확인하기 어렵다. 맹자 자신도 본성이 선하다는 것은 타고난 바탕이 선하다는 이야기라고 했는데, 이미 현실에서 바탕이 그대로 유지될 수는 없으므로 그 바탕이 어떤지는 확인할 길이 없다. 확인할 길 없는 이 선하다는 본성은, 명에 의해 그런 것이라고 권위가 부여된다. 그 본성을 현실에서 살려 내는 내 마음, 그 마음이 세계 평화의 열쇠라는 맹자의 주장 역시 현실에서 확인하기 어렵다. 실제로 이 세상의 평화를 결정하는 것은 맹자가 주장하는 군자의 수신 외에도 수많은 요인이 있을 것이다. 맹자는 군자의 수신이라는 해법만을 주고 나머지 인자들에 대해서는 설명하지 않은 채, 결과를 포함하여 모든 것을 명의 영역으로 돌렸다. 군자는 자신의 도덕성을 고양하고 도덕성에 준하여 할 일을 할 뿐, 나머지 일들은 노력의 대상으로 하지 않는다.

이처럼 하늘의 의지인 명은 맹자 체계 안에서 인간의 경험 세계에서 확인되지 않는 일에 권위를 부여하는 역할을 하거나, 또는 그의 이론 체계 안에서 설명되지 않는 부분을 메우는 역할을 한다. 자신이 구상하는 이상적인 인간 본성과 이상적인 사회, 그 이상과 현실 세계 사이에 놓여 있는 간극을 맹자는 명으로 하여금 메우도록 하고 있는 것이다.

그럼으로써 맹자는 자신의 도덕주의를 관철시킬 수 있었다. 나의 선한 마음만이 이 세상을 가치 있게 하고 이 세상을 움직이는 힘이 되어야 한다. 결과가 아니라 자신의 마음을 다하는 과정에서 가치는 이미 성취되기 때문에, 결과 때문에 달라지는 것은 적어도 가치상으로는 없다.

맹자는 자신의 도덕성 실현이라는 한 가지 길만으로 세상을 살기를 원했으며, 그 방법만으로 좋은 세상이 되기를 바랐다. 좋은 세상을 위한 기타의 요소들을 비롯해 자신의 도덕성 실현 뒤에 따라올 수 있는 결과에 대해서는 자신의 의지로 관여하지 않으려 한 것이며, 그 결과에도 무심하려고 한 것이다.

결과에 연연하지 않고 오로지 자신의 도덕성 한 가지로만 움직이려는 의지는, 정치적으로 불우했으면서도 변함없이 당당함과 명랑함을 잃지 않은 군자 맹자를 가능하게 했겠지만, 그 정치적 불우함의

여파가 맹자 개인에게서 끝나지 않는다는 것은 문제가 아닌가? 재외자가 자신의 부귀영화에 관련된 것일 때에는 군자는 자신의 도덕성으로 태연하게 그 결과를 받아들일 수 있을 것이다. 그러나 세상 사람들의 목숨과 생계, 세상 사람들의 부귀영화일 때에는 어떻게 되는가? 그것에 대해서는 태연하지 못할 것이다. 그러나 그 목적이 구세제민이라 해도, 그들이 목적을 위해 움직이는 사람들이 아니라는 것은 변함이 없다.

맹자는 인류의 역사가 평화의 시대와 어지러운 시대가 교차하는 것이라고 보았다. 일단은 성인이 출현해야 평화의 시대가 도래하지만, 성인도 어쩌지 못하는 명의 영역은 있다. 그 명, 즉 현실의 상황이 어떠하더라도 인간은 자신이 노력할 수 있는 영역에서 최선을 다해야 한다. 당장 눈앞에 보이는 효과가 없다고 해도 자신의 노력을 통해 도의 명맥을 유지해야만 평화의 날을 기대할 수 있기 때문이다. 언제 실현될지 모르지만 어쨌든 자신의 노력만이 그 태평성대를 가능하게 한다.

도가 그 실현을 전혀 예측할 수 없는 오리무중에 있는 것이라면, 그 도는 인생을 걸기에는 너무 허약하고 허탈하다. 맹자는 도의 완전한 실현, 즉 정치적 실천으로 이어져 좋은 세상을 만드는 일은 당대에서 끝나는 것이 아니라 시간을 초월해 전개되는 것으로 해석했다. 그렇게 해석함으로써, 뜻대로 되지 않는 당면한 현실에서 무기력한 절망에 빠지지 않고, 인간 노력의 성패는 오로지 자신에게 달려 있다는 그의 도덕주의를 관철시키며 살 수 있었을 것이다.

2. 명에 대처하는 자세

사명은 노력해서 완수할 것

성인의 학도가 될 결심을 굳힌 선비라면 자신의 본성을 현실화시키는 일에 흔들림 없이 돌입할 것이다. 게다가 선한 본성을 현실화하는 일의 성공 여부는 전적으로 자신에게 달려 있다. 맹자의 표현대로 하면 그 구하는 대상이 "내게 있는 것이기 때문이다". 외부의 것을 구하는 것이라면 명으로 표현되는 각종 장애를 만날 수도 있지만, 내 안에 있는 것을 구하는 것이므로 그 성패는 전적으로 나의 노력에 달려 있다.

자신의 본성을 현실화시키는 일은 인간이 인간으로서 갖춰야 할 근본적인 조건이면서, 또한 인간이 추구해야 할 가치의 전부이다. 맹자는 인간의 기본적 조건 갖추기를 거부하는 상황을 '자포자기'(自暴自棄)라고 표현한다.

> 스스로 자신을 해치는[自暴] 자와는 함께 이야기할 수 없고, 스스로 자신을 내팽개치는[自棄] 자와는 함께 일을 할 수 없다. 말로써 예와 인을 비난하는 것을 스스로를 해친다고 하고, 나 같은 사람은 인에 머물 수 없고 의를 행할 수 없다고 여기는 것을 스스로를 내팽개친다고 한다.(「이루 상」 10)

어떤 외석인 방해가 아니라, 자기 자신이 스스로에게 폭행을 가

하고 스스로를 버리는 일이라는 뜻이다. 그렇게 표현할 정도로 착한 본성을 깨닫고 그 본성대로 살기 위해 노력하는 일은, 인간다운 인간이 되려는 사람에게는 누구나 망설임 없이 추구해야 할 일이었다.

그것은 사명이라는 외부에서의 명령이라는 의미를 갖는 것이지만, 그것은 다른 누구를 위해서가 아니라 자신을 위해서이다. 자신이 가장 자연스럽게 스스로일 수 있는 자리에 있기 위해서이다.

사람이 죽었을 때 곡하면서 슬퍼하는 것은 산 사람에게 보이기 위한 것이 아니며, 덕을 실천하고 부정한 짓을 하지 않는 것은 작록을 얻기 위해서가 아니며, 자신이 한 말을 신의 있게 실천하려는 것은 말과 행동이 일치하는 것을 과시하기 위한 것이 아니다. 군자는 다만 법도에 따라 실천하고 명을 기다릴 뿐이다.(「진심 하」 33)

자신을 편안하게 하고 당당하게 하는 것은 부귀영화가 아니라, 무엇에도 부끄럽지 않은 떳떳함이다. 그러한 떳떳함에서 자연스러운 언어와 행위가 저절로 흘러나온다. 우리는 자신이 그렇게 살 수 있도록 자신에게 그러한 환경을 만들어 줄 의무가 있다. 그러한 자신이 아니라면 겉으로 보기에 휘황한 부귀를 누리고 있더라도, 그 부귀를 유지하기 위해 또는 더 큰 부귀를 손에 넣기 위해 그는 누군가의 눈치를 봐야 하고 누군가의 동태를 살펴야 하고, 때론 거짓말을 하고 때론 사람을 모함하는 일도 해야 할 것이다. 부귀영화는 자신의 몸을 살찌울지는 몰라도 그 마음은 점점 위축시킨다. 명예든 작록이든 외부의 것을 좇는다면, 이는 참된 자신으로 사는 일을 놓친 채 스스로를 왜곡하고 나아가 스스로를 학대하는 일이다.

그 결과에는 순응할 것

맹자는 옳은 일을 할 뿐 그 결과는 명에 맡기고 염려하지 않는다고 했는데, 그 결과를 결정하는 것은 자신의 관여할 수 있는 영역이 아니라고 생각했기 때문이다. 그러나 자신의 본성을 살려서 그 본성대로 살려고 노력하면서도 인간인 이상 희로애락의 감정에서 벗어날 수 없다. 자신의 노력이 현실에서 보답받지 못하는 것을 태연히 견디는 것은 쉬운 일이 아니다.

맹자는 자신의 험담을 하며 자신을 만나려고 하던 노나라의 제후를 말렸다는 장창(藏倉)이라는 사람에 대해 "어진 정치가 행해지도록 하는가 하지 못하게 하는가 여부는 사람이 할 수 있는 것이 아니다. 내가 노나라 제후를 만나지 못한 것은 하늘의 뜻이다. 장씨 따위가 어떻게 내가 노나라 제후를 만나지 못하게 할 수 있겠는가"(「양혜왕 하」 16)라고 반응했다.

자기 노력의 결과를 만들어 내는 데는 자신의 노력 외에도 여러 외부적 요소들이 있을 것이고 그 가운데에는 타인들도 있다. 그러나 이 일화에 의하면 맹자는 일개 인간이 명에 관여할 수 있다고 생각하지 않았다. 자신의 노력의 결과를 결정하는 것은, 자신의 도덕성이 아니라면 하늘의 뜻일 뿐이다. 나의 길을 막는 것이 하늘의 뜻일망정 일개 인간일 수 없다는 맹자의 자존심이 느껴진다.

그러한 자존심과 기개는 어떤 어려운 상황 속에서도 그 상황에 압도당하는 것을 용납하지 않았다. 오히려 어떤 험한 난관이라도 그것을 자신을 키우는 긍정적인 힘으로 전환시킬 정도로, 자신에 대한 맹자의 믿음은 절대적이었다.

사람 중에 덕과 지혜, 기술과 지식을 지니고 있는 자는 항상 환난 속에 있다. 오직 외로운 신하와 서자들만이 마음가짐이 편안하지 않고 환난을 근심하는 것이 깊기 때문에 사리에 통달하게 된다.
(「진심 상」 18)

운명은 단지 내가 어떻게 손쓸 수 없는 그러한 것이 아니다. 그 무엇이든지 의미 없는 것은 없다. 좋은 집안에서 태어나서 승승장구, 어떤 좌절도 맛보지 못한 사람은 자만이라는 함정에 빠지기 쉽다. 뜻대로 되는 세상은 세상의 일부분일 뿐이다. 그가 이해하는 세상은 그만큼 좁아질 수밖에 없다. 그는 혹 세상을 알고 세상을 장악한 듯 여기고 있을지도 모르지만, 그는 우물 안 개구리일 뿐이다.

서자와 같은 처지에 놓인 사람은 이 세상을 구성하고 움직여 가는 수많은 인자들에 대해서 생각할 줄 안다. 자신의 뜻대로 되는 일이 적기 때문이다. 서자가 상징하는 것은 온갖 천대와 차별과 위협이다. 적자로 태어났다면 알 수 없는 세상의 음지에 대해 안다. 음지가 있기에 양지도 있다는 것을 앎으로써 세상에 대해 깊게 통찰할 기회를 얻는다. 덕분에 자신보다도 더 수렁에 빠져 사는 사람들에게도 눈이 간다. 그렇게 그는 세상을 전체적으로 그리고 예민하게 보는 능력을 얻는다.

여기에서 운명이라 번역한 또 하나의 명은 내가 손댈 수 없기 때문에 체념하고 받아들여야 할 것이 아니다. 맹자는 자신에게 주어진 상황을 하늘의 뜻으로 받아들였다. 그러나 거기에 주저앉는 일 없이, 또한 낙담하는 일 없이, 자신의 모든 에너지를 스스로를 성장시키는 데로 집중시켰다. 자신의 노력이 쉽게 결과를 낳지 못한다면, 더 큰 단련을 통해 더 중요한 일을 해야 할 준비가 자신에게 필요하기 때문이라고 받아들였다.

모든 인생은 양지와 음지가 어울려 있다. 개인적으로 양지가 더 많은 인생도 있을 것이다. 그 사람은 음지에 대해 이해할 기회를 놓치는 것이다. 세상의 모든 음지의 존재들에게까지 측은지심을 확대해야 할 사람이라면 자신의 깊은 음지는 오히려 자신을 단련하기 위한 좋은 환경일 수 있다.

순(舜)은 농사를 짓다 떨쳐 일어났고, 부열(傅說)은 성벽 쌓는 일을 하다가 기용되었고, 교력(膠鬲)은 어물과 소금을 팔다가 기용되었고, 관이오(管夷吾)는 옥리에게 잡혀 있다가 기용되었고, 손숙오(孫叔敖)는 바닷가에 살다가 기용되었고, 백리해(百里奚)는 시장에서 살다가 기용되었다. 그러므로 하늘이 장차 큰 임무를 어떤 사람에게 내리려 할 때는 반드시 먼저 그의 마음을 괴롭게 하고, 그의 근골을 힘들게 하여, 그의 몸을 굶주리게 하고, 그의 몸을 곤궁하게 하며, 어떤 일을 행함에 그가 하는 바를 뜻대로 되지 않게 어지럽힌다. 이것은 그의 마음을 분발시키고 성질을 참을성 있게 해 그가 할 수 없었던 일을 해낼 수 있게 도와주기 위한 것이다.
(「고자 하」 15)

우리의 인생이 정해졌다고 해도 그렇고, 그렇지 않다고 해도 마찬가지이다. 누구나 자신이 할 수 있는 일을 할 수 있을 뿐이다. 자신이 어쩔 수 없는 일을 빼놓고도 할 수 있는 일은 정말로 많다. 맹자에 의하면 인생에서 가치 있는 것은 모두 우리 안에 있으므로 우리의 노력 여하에 따라 내 것이 될 수 있다. 오히려 부귀안온을 기대하고 좇는 마음은, 정작 가장 중요한 자신의 성정을 병들게 할 뿐이다.

어떤 것도 의미 없이 일어나지 않는다. 다만 스스로가 그 의미를 포착하느냐 못 하느냐의 차이가 있을 뿐이다. 우리 힘으로 바꿀 수 없는 일에 대해 어떻게 대처하고 사는지의 태도 역시 우리의 인생을 좌우하는 요소이다. 내가 서자로 태어난 것은 바꿀 수 없는 사실이다. 이 사실에 계속 매달려 괴로워한다면 그야말로 외물에 구속되어 사는 것이다. 그것을 자신을 성장시키는 절호의 자양분으로 삼을 수 있는데도 말이다. 위의 인용에서처럼, 실제로 하늘이 의지가 있어 그들을 단련하기 위해 시련을 주었는지는 알 수 없지만, 분명한 것은 그 시련을 자신을 단련할 수 있는 기회로 삼을 수 있다는 것이다.

자신의 인생에서 자신의 도덕적 성장을 가장 중요한 것이라고 정한 사람이라면, 그 밖의 어떤 것이라도 그것과 관련하여 받아들일 수 있다. 세상에서의 영달과 좌절, 어느 쪽이라도 나의 성장과 무관하지 않다. 영달하면 나의 도덕적 영향력을 더욱 확대시킬 수 있는 기회가 될 것이며, 그러한 기회가 주어지지 않고 오히려 자신을 힘들게 하는 상황이 주어진다면, 자신의 태만을 경계하는 기회로 삼는다거나 자신의 참을성을 단련하는 기회로 삼는다거나 자신의 의지를 확인하는 기회로 삼을 수 있다.

도덕과 정치, 그리고 나의 가치

왕도정치는 도덕적으로 자격을 갖춘 자가 그 도덕성에 기반을 둔 정치를 한다는 구상이다. 그런데 도덕적인 자질을 갖추는 일은 개인의 사업이지만, 정치적인 행사를 하기 위해서는 여러 가지 현실적인 조건이 갖춰져야 한다. 즉 도덕 방면의 사업은 내 마음대로 할 수 있지만 정치는 그렇지 않다.

맹자는 도덕적 인격 도야의 결과가 정치 영역에서 효과를 발휘하는가 여부는 그 사람의 노력이 관여할 수 없는 일이라고 생각했다. 정치 영역의 사업에 대해 맹자는 "구하는 데 올바른 길이 있고 얻는 것은 명에 달려 있는" 성격의 것이라고 규정했다. 즉 인간이 노력하는 영역 밖이라고 처리했다(「진심 상」 3).

예를 들어 군주의 지위를 갖지 못한 공자나 맹자의 경우, 자신들의 이상을 실현하기 위해서는 자신과 함께 이상을 실현할 제후를 찾고 그 제후에게 등용되어야 하는 일이 바로 "구하는 데 올바른 길이 있고 얻는 것은 명에 달려 있는" 공규의 일이다. 그들은 제후에게 왕도정치의 이상을 이해시키고 그것에 참여하도록 해야 하지만, 제후에게 등용되겠다는 목적을 가지고 제후의 사적인 마음에 어필하거나 아부하지는 않는다. 그것은 올바름에 어긋난 것이기 때문이다. 등용되기 위한 올바른 길은 제후에게 아부하는 일 없이 자신의 이상과 그 실현 방법을 개진하는 일이고, 그것이 받아들여지는가 여부는 맹자가 어쩔 수 있는 일이 아니었다. 세속적인 관점에서 보면 공자와 맹자는 모두 성공하지 못한 인생이었다. 그들은 오랜 기간 제후들에게 유세하고 다녔지만 그들과 뜻을 같이할 제후를 만나지 못했다. 그러나 세속적인 성공 여부는 공자나 맹자의 행동 방식에 영향을 주지 못했다.

세속적인 실패는 그들의 마음을 위축시키지 못했다. 적어도 이론적으로는 그랬다. 그들의 행동을 결정하는 것은 올바름을 지향하는 그들의 선한 본성이며 그것 외에는 어떤 것도 그들을 움직이지 않았다. 나의 가치는 내가 세상에서 성취하는 세속적인 성공 여부로 정해지지 않는다. 일개 인간이 좌지우지할 수 없는 것이라는 것은 더 말할 것도 없다.

귀하게 되고 싶은 것은 사람마다 공통된 마음이다. 그런데 사람은 누구나 자신의 몸에 귀한 것을 지니고 있다. 다만 그것을 생각하지 못할 뿐이다. 남이 귀하게 해준 것은 진실로 귀한 것이 아니며, 조맹(趙孟)이 귀하게 해준 것은 조맹이 천하게 할 수 있다.

(「고자 상」 17)

정말 나를 귀하게 해주는 것은 내 마음속에 있다. 그러므로 스스로가 자신을 천하게 할 수도 있고 귀하게 할 수도 있다. 부귀영화에 유혹되어 자신에게 부귀영화를 가져다줄 타인의 마음대로 움직이는 사람이 된다면, 그보다 더 천하게 되는 일은 없을 것이다.

그래서 맹자는 내 마음속에 있는 선한 본성이 세속적인 공경대부보다 더 차원 높은 벼슬이라고 말한다.

> 하늘이 준 벼슬이 있고 사람이 주는 벼슬이 있다. 인·의·충·신의 마음과 나태하지 않고 선을 좋아하는 마음은 하늘이 준 벼슬이다. 공·경·대부와 같은 것은 사람이 준 벼슬이다. 옛사람들은 하늘이 준 벼슬을 닦았기에 사람이 준 벼슬이 자연히 따라왔다. 그런데 요즘 사람들은 사람이 주는 벼슬을 구하기 위해 하늘이 준 벼슬을 닦고, 사람이 준 벼슬을 얻은 뒤엔 하늘이 준 벼슬을 버리니, 잘못되어도 너무 잘못된 일이니, 끝내는 망하고 말 것이다.(「고자 상」 16)

공경대부의 벼슬은 하늘이 이 세상의 평화를 원한다면 맹자에게 주어질 것이지만 그렇지 않다면 주어지지 않을 것이다. 그러나 하늘이 준 벼슬은 무엇에도 비할 데 없이 나를 고귀하게 해주는 것이니, 그보다 차원 낮은 세속적인 부귀의 성취 따위가 나의 가치를 더하거나 덜어 내는 것일 수는 없다. 이런 논리로 맹자는 현실에서의 성패 여부가 자신을 괴롭히지 못하게 했다. 이미 자신은 스스로에 의해 최대한 고귀해져 있고, 인간이 주는 시위나 부 따위는 그 말엔에도 미치지 못하는 것이라면, 인간으로부터 얻지 못한 작록이 자존심을 상처 입힐 수는 없다. 다음의 순임금에 대한 묘사는 부귀빈천이 전혀 군자의 마음을 흔들지 못한다는 것을 얘기해 준다.

> 순임금이 마른 밥을 먹고 야채를 먹을 적에는 마치 평생을 그렇게 먹을 것처럼 태연했다. 그러나 천자가 되고 나서 무늬 있는 옷을 입고 거문고를 타며 두 명의 부인의 시중을 받았는데, 마치 본래부터 그것들을 가지고 있었던 듯했다.(「진심 하」 6)

거친 음식, 초라한 집, 낮은 지위, 그 반대편의 좋은 음식, 좋은 집, 높은 지위 등은, 우리의 일상을 둘러싸고 있는 환경이다. 보통 사람은 좋은 집에 살면서 좋은 차를 타고 다니면 목과 어깨에 힘이 들어가며, 자신의 그 물질을 부러워하는 사람들을 내려다보는 마음까지도 어느 순간에 생겨난다. 단칸방에 살면서 김치 반찬만으로 세끼를 때우는 생활을 하면, 어떻게든 그 곤궁에서 벗어나 남부럽지 않게 살아보겠노라고 의욕을 불태우거나, 아니면 자신은 운 없는 박복한 사람이어서 뭘 해도 안 된다며 어떤 건설적인 노력도 없이 무기력하게 살기 쉽다. 우리 보통 사람들의 마음은 그처럼 허약하다.

그러나 순임금과 같은 군자에게는 그러한 외적인 생활조건은 공기처럼 그저 가볍다. 생활을 구성하는 필수적인 조건이지만, 그것이 마음에 영향을 줄 만큼 의미 있는 것이 아니다. 맑은 날씨와 비 오는 날씨 정도일까? 맑은 날은 맑은 날대로 비 오는 날은 비 오는 날대로 일상적이고 자연스럽다.

맹자가 구상하는 이러한 마음의 세계는 내 안에서 완결적이다. 외부의 어떤 것도 필요로 하지 않은 채 완벽할 수 있다. 그러므로 외부의 것에 대한 목마름이란 있을 수 없으며 외부의 어떤 것도 그 마음에 영향력을 발휘하지 못한다.

그러나 정치의 세계는 내 마음대로 되지 않는다. 순임금이 왕이 되었을 때와 요임금의 박덕한 아들이 왕이 되었을 때의 세상은 많이 다를 것이다. 군자의 정치적 성공 여부가 군자 자신의 마음에는 털끝만큼의 의미도 없을지 모르나, 그가 피붙이처럼 아끼는 백성들의 안위에는 엄청난 차이가 있다. 정치적 성공 여부가 자신들의 마음에 가치를 가감하는 것이 아니라면, 그것만으로 좋은 것인가?

공자나 맹자 당시에는 정치적 영향력을 발휘할 수 없었으나, 맹자 사후 약 200년 뒤 한나라 정부 이후 유학은 맹자가 구상했듯이 정치이념의 근간이 되고 교육의 근간이 된다. 그리고 그 영향력은 국경을 넘고 시대를 넘어 퍼져 갔다. 마음의 영역 사업에만 주력함으로써 정치영역까지 포괄한다는 맹자의 도덕정치 구상은 일견 무능력해 보이지만, 그 마음의 사업이 낳은 역사적 결과를 보면 무능력하다는 비판을 쉽게 할 수는 없다.

역사적으로 유학자들은 정치적 난국에 직면하면 자신들의 도덕성을 반성했고, 그 도덕성을 현실화시키는 이론이 잘못되어 있지는 않은지 고민했다. 실제로 그러한 자기반성의 능력이 있었기 때문에 유학은 긴 세월을 건너 내내 윤리와 정치를 지도하는 현실의 이념으로 작용할 수 있었을 것이다. 윤리와 정치가 하나로 되어 있는 이 이론은, 그러므로 적어도 유학의 영향력이 막대했던 중국이나 한국에서는 대단히 익숙한 것이다.

앞에서 '내 몸이 바르면 세상이 그에 응답해서 바르게 된다는 말은 군주에게만 해당된다' 는 말을 했는데, 군주도 그냥 군주가 아니라 통일된 천하의 군주에만 해당된다. 자신이 덕으로써 자기 영역의 사람들을 다 감화시키고 살리려고 해도, 이웃의 힘센 나라가 무력으로 공격해 오면 자신의 백성들을 보호하기 위해 싸우는 수밖에 없다. 이기기 위해서는 상대보다 우월한 힘을 가져야 하고, 그러다 보면 정치 영역의 생산성과 효율성을 고려하지 않을 수 없을 것이다.

이천 년 가까이 자연스럽게 받아들여진 유학의 윤리·정치 구조가 이상한 것으로 느껴지기 시작한 것은, 근대 서양의 군사력에 경악하고 나서였다. 백성들을 구제하기 위해 그들의 군사력에 맞서려고 하니, 정치 영역을 윤리 영역의 자연스러운 연장으로 내버려 둘 수 없게 되었다. 정치 영역에서는 힘이 부딪히는 정글 속에서 효과적으로 나를 지키고 나아가 상대를 제압할 수 있는지를 궁리하게 되었다. 더 이상 정치와 윤리를 붙여 놓을 수 없게 된 것이다.

운명의 영역을 최소화하는 노력

앞에서부터 운명이라는 용어를 내 힘이 바꿀 수 없는 객관상황이라는 의미로 썼는데, 엄밀하게 그것이 어디까지인가를 따지는 것은 간단한 일이 아니다. 앞에서 인용한 것 가운데 찾아보면 운명은 순임금이나 우임금이 임금이 될 수 있었던 여러 가지 조건들의 조합, 즉 천자를 보필한 기간이 길었다든가 천자의 자식들이 어질지 못했다든가 하는 조건들을 가리킨다. 공자나 맹자가 임금이 되지 못한 상황도 마찬가지로 운명이다. 덕은 있었지만 그러한 조건들을 만나지 못한 것이다. 앞에서 보았듯이 여타의 여러 가지 곤경들에 대해서는 수동적으로 운명이라고 받아들이는 것이 아니라, 그러한 역경을 자신의 도덕성을 단련하는 기회로 삼는 것이 군자의 태도이다. 즉 군자는 역경 자체는 없애려고 노력하지는 않는다. 자신을 둘러싼 환경이 어떤 것이든 그 환경조차도 자신을 성장시키기 위해 긍정적으로 받아들이며, 자신의 환경을 바꾸는 것을 목적으로 행동하지는 않는다.

그러나 맹자가 객관적인 조건을 무시한 것은 결코 아니다. 왕도정치의 첫번째 과제는 객관적인 환경을 개선하는 것이었다. 그는 사람이 자신의 착한 본성을 키우기 위해서는 굶을 걱정에서 벗어나야 한다는 것을 인정했고, 왕도정치의 선결과제는 백성들의 생업을 안정시키는 것이었다.

안정된 생업이 없으면서도 안정된 마음을 가질 수 있는 자는 선비들뿐입니다. 백성은 안정된 생업이 없으면 이 때문에 안정된 마음도 없어집니다. 정말로 안정된 마음이 없으면 방탕하고 편벽되고 사악하고 사치스러운 행위를 가리는 것 없이 다 합니다. 죄를 짓게 밀어 넣은 뒤에 그를 처벌하는 것은 백성을 그물질하는 것입니다. 어진 사람이 군주로 있으면서 어떻게 백성을 그물질하겠습니까!

그러므로 현명한 군주는 백성들의 생업을 마련해 주는데, 반드시 위로는 부모를 섬기기에 충분하게 하고 아래로는 처자를 먹여 살릴 만하게 하여, 풍년에는 언제나 배부르고 흉년에는 죽음을 면하게 합니다. 그렇게 한 후에 백성들을 선한 데로 유도하므로 백성들이 따르기 쉽습니다. 지금은 백성들의 생업이라는 것이, 위로는 부모를 섬기기에 부족하고 아래로는 처자를 먹여 살리기에 부족하며, 풍년에는 내내 몸이 고달프고 흉년에는 죽음을 면하지 못하는 상황입니다. 이래서는 죽음에서 자신을 건져 낼 여유조차 없는데 어느 겨를에 예의를 익히겠습니까?(「양혜왕 상」7)

사명은 주관이 관여하는 부분이고 운명은 그렇지 않은 부분인데, 어떻게 해석해도 그 경계는 분명하지 않다. 기본적인 의식주 생활에 대해서 맹자는 "본성이지만 명적인 요소도 있으므로 군자는 그것을 본성이라고 하지 않는"(「진심 하」 24) 영역이라고 생각했다. 즉 군자에게는 노력 밖인 운명의 영역이다. 그러나 위의 인용문에서처럼 백성들의 의식주를 해결해 줘야 하는 것은 사명의 영역이다.

맹자는 '명'을, 대단히 넓게 해석해서 "어느 것이든 명 아닌 것이 없다"는 말을 한 적이 있다. "사람이 그렇게 하지 않아도 그렇게 되는 것은 하늘의 뜻이며, 사람이 오게 하지 않아도 오는 것은 명"(이상 「만장 상」 6)이라는 말을 글자 그대로 받아들이면, 자신이 의도하지 않았는데 일어난 일에 대해서는 어느 것이나 명이라고 할 수 있을 것이다. 내가 어느 나라의 어느 집안에서 어느 시기에, 여자 혹은 남자로 태어났다는 것은 명이다. 그리고 어느 시기에 어떤 상황에서 죽는가 하는 것도 명일 것이다. 결과론적으로 얘기하면, 사람이 어떻게 살다가 어떻게 죽는가는 모두 명이라고 할 수 있을지도 모른다. 그가 천수를 누리고 죽든가, 병으로 요절하든가 하는 것은 명일 것이다.

그런데 평범한 양생조차 하지 않고 술과 담배에 절어 살다가 병으로 요절하거나, 극악한 살인죄를 저질러 사형선고를 받고 요절하는 것도 명으로 돌려야 하는가? 일단은 그렇다고 할 수 있다. 그러나 맹자는 "올바른 명"을 선택해야 한다고 말한다. 도처에 내 의지와 관계없이 일어나는 일들이 있지만 그 일들에 대처하는 나의 의지는 대단히 중요하다.

맹자가 말하는 명에는, 우리가 손도 대지 못할 불가항력인 것도 있지만, 그렇지 않은 것들도 있다. 가령 벼슬할 기회가 생겼다고 하자. 벼슬이란 기본적으로 왕도정치를 실행할 수 있는 통로라는 점에서 나아가야 할 것이다. 그러나 때로는 그러한 전망은 전혀 보이지 않고 오히려 조만간 패가망신할 수 있는 그러한 위험한 자리도 있다. 그것을 판단하고 선택하는 것은 인간의 몫이다. 명에 대해서도 인간이 선택할 수 있는 영역이 있다는 것을 알고 올바른 명을 선택하는 자는 "위태로운 담장 아래 서 있지 않는다"고 맹자는 말한다.

어느 것이든 명(命) 아닌 것이 없지만, 그 가운데 올바른 것에 순응해서 받아들여야 한다. 그래서 명을 제대로 이해하는 사람은 위태로운 담장 아래 서 있지 않는다. 최선을 다해 도를 실천하다가 죽는 것은 명을 올바르게 받아들이는 것이며, 죄를 지어 형벌을 받고 죽는 것은 명을 바르게 받아들인 것이 아니다.(「진심 상」2)

　명이란 인간이 자신의 도리를 알고 자신이 할 수 있는 모든 일을 한 그 뒤에 남는 것이다. 공자 같은 성인도 오십이 되어서야 명을 알았다고 하니, 보통 사람들이 자신이 해야 하는 일과 명으로 남겨 두어야 할 일을 아는 것은 쉽지 않다. 그러나 그러한 지혜를 어떻게 얻어 가는지는 분명하게 안다. 자신에게 주어진 사명을 다하는 데 몰두하는 것이 기본적인 자세이다. 그것이 어떤 것인지 역시 안다. 자신의 마음을 키우면서 덕 있는 사람으로 스스로를 성장시켜 나가는 것이다. 스스로 성장하게 되면 사명과 운명이 저절로 나뉘지 않을까.
　가령, 자신이 어떤 질의 의식주 생활을 영위할지는 운명이지만 백성의 안정된 의식주를 마련해 줘야 하는 일은 사명이다. 요임금이 어질지 못한 자식을 둔 것은 운명이지만, 자신의 뒤를 어진 사람으로 잇게 하는 것은 사명이다. 맹자가 자신을 이해하는 제후를 만나지 못한 것은 운명이지만, 구세제민의 열망 때문에 기본도 안된 제후와 협력한다면 그것은 운명에 순응하지 못하는 것이며 동시에 사명도 저버리는 것이다.
　주어진 명이 운명인지 사명인지 판단하는 일은, 내 마음에 비추어 할 수 있다. 이러한 일들도 모두 스스로 성장해 가면서 쉬워지는 일이다. 덕은 운명과 사명의 구별을 포함해 인생을 현명하게 살도록 하는 힘인 것이다.

정선, 「인왕제색도」(仁王霽色圖), 1751.

나무는 하늘을 향해 뻗어 가 하늘에 닿는다. 나무는 땅에 있으면서 하늘에 있다. 나무처럼 하늘을 향해 성장한 사람은 땅에서 살면서 하늘에서 산다. 누가 그 기운을 꺾을 수 있겠는가!

3_자기 신념 지키기

1. 인류에 대한 위협 물리치기

인류 지키기는 문명 지키기

맹자에 의하면, 성인이 덕에 의한 정치를 실행해서 천하가 태평해지는 시기 뒤에 미처 계승자가 나타나지 못하고 폭군이나 사악한 이론이 횡행하는 시기가 이어지고, 다시 성왕이 나타나 태평성대가 이어지며 또 그 뒤에 폭군이 나타나는 일이 되풀이된다. 맹자는 이 역사의 흐름을 '일치일란'(一治一亂), 즉 한 번 다스려지고 한 번 어지러워진다고 표현했다. 맹자가 왕도의 기점으로 삼는 요·순·우임금은 전설상의 인물로 그 성왕들의 정치 활동이 역사적으로 확인되는 사실은 아니다. 탕임금부터가 역사시대의 인물로, 탕임금이 활동했던 시기가 기원전 1700년경으로 추정되며, 문왕·무왕·주공이 활동했던 시기가 기원전 1100년 전후로 추정된다. 공자는 기원전 500년을 전후해서 활동했다. 맹자는 이를 근거로 해서 성왕들이 일어나는 간격을 500년 정도라고 계산했다. "500년마다 반드시 왕자(王者)가 일어났고 그 사이사이에는 꼭 세상에 이름을 떨친 사람들이 있다. 지금, 주나라 이래로 700년이 지났으니 햇수로 따진다면 이미 늦었고 시대를 보고 생각해 봐도 왕자가 나타날 때이다"(「공손추 하」 13)라며 맹자는 자신의 시대에 왕도정치의 실현을 기대했다.

이러한 일치일란의 역사관에 의하면 성인이 등장하는 배경은 난세이다. 성인은 난세를 치세로 바꾼 인물이다. 요(堯)임금은 만물을 감싸 안는 인(仁)과 신묘한 지혜를 가지고 이상적인 정치를 베풀었다고 한다. 어질지 못했던 자신의 아들 대신에 순(舜)에게 천자 자리를 물려줬다. 미천한 집안에서 태어난 순은 요임금에게 등용되어 요임금의 두 딸을 아내로 맞았으며 이윽고 요임금의 제위를 물려받았다. 순은 우(禹)와 설(契), 고요(皐陶) 등의 현인들을 등용하여 정치의 근본을 밝히고 유가의 윤리·정치 이념의 원형을 형성했다고 한다. 『맹자』 안에서 이들의 공적은, 자연의 위협으로부터 인간을 보호하면서 인간 사회의 문명을 개척해 간 존재들로 묘사된다.

공자가 영원한 종주국으로 여겼던 주(周) 왕실의 기초는 문왕(文王)이 세웠다. 문왕은 폭군으로 알려진 주(紂)왕이 통치하던 은(殷)나라와 대적하다가 진중에서 죽었다. 그의 유지를 이은 무왕(武王)이 격전 끝에 주왕을 토벌하고 새로운 왕조 주(周)를 세웠다. 문왕의 높은 덕이 천하의 신망을 얻었기 때문에, 실제로 주 왕조를 창업한 것은 무왕이지만 참된 개조는 문왕이라고 일컬어진다. 『맹자』 안에서 그들의 공적은, 역사에 등장한 폭군들로부터 백성들을 구해 내고 다시 문물을 정비해 간 인물들로 묘사된다.

맹자가 엮은 성왕들의 계보 마지막에는 유일하게 왕이 아닌 신분으로서 공자가 자리매김되어 있다. 공자는 주나라 건국공신인 주공(周公)을 특히 사모했다. 공자는 왕도정치를 실현할 기회를 얻지 못했지만, 그의 정치적 실패는 오히려 학문적·교육적 성공을 가져왔다. 만년에 전개된 학문과 교육 분야의 탁월한 활약으로 공자는 만세의 사표(師表)가 되었으며, 공자는 왕은 아니나 왕의 덕을 갖춘 자, 즉 무관의 제왕이라는 의미의 소왕(素王)이라는 칭호를 얻게 되었다. 특히 그는 제후의 신분으로만 할 수 있는 역사서를 편찬했다고 하는데, 그것이 바로 『춘추』이다. 그는 그 책을 통해서 춘추시대의 불의와 무도함을 비판하면서 유학의 정신을 천명했다(이상 『서경』과 『맹자』 「등문공 하」 9).

공자 사후 약 100년 뒤에 태어난 맹자는 나는 "공자의 학도가 되지 못했지만 공자를 사숙(私淑)했다"(「이루 하」 22)고 하면서 공자의 제자임을 자처했다. 맹자는 "하늘이 천하를 태평하게 하려고 한다면 오늘날 내가 아니라면 누구에게 그 일을 맡기겠는가!"(「공손추 하」 13)라고 하기도 했고 "나 역시 사람들의 마음을 바로잡고 옳지 못한 학설을 종식시키며 잘못된 행위를 막고 도리를 넘어선 말을 내쳐서 우임금과 주공, 공자, 세 분의 일을 계승하려는 것일 뿐"(「등문공 하」 9)이라고 하기도 했다. 즉 맹자는 그 성왕들과 공자의 뒤를 이어 그 도를 세상에 실현할 후계자를 자임했다.

맹자가 자신의 당면 과제로 삼은 것은, 당시 민심에 지대한 영향을 미쳤던 양주학파와 묵자학파를 물리치는 것이었다. 맹자의 생각에 이들은 유가가 내세우는 가장 중요한 가치인 인(仁)과 의(義)를 부정하는 자들이었기 때문이다.

> 성왕(聖王)이 나오지 않자 제후들이 방자하게 굴고 초야의 선비들은 제멋대로 떠들어 대며, 양주(楊朱)와 묵적(墨翟)의 학설이 천하를 가득 채워서, 천하의 주장들이 양주의 것이 아니면 묵적의 것이 되었다. …… 양주와 묵적의 학설이 사라지지 않으면 공자의 도가 드러나지 못할 것이니, 이것은 잘못된 학설이 백성들을 기만하고 인의(仁義)를 막아 버리는 것이다. 인의가 막히면 짐승을 몰아서 사람을 잡아먹게 되고 끝내는 사람들이 서로 잡아먹게 될 것이다. 나는 이것을 걱정해서 성인들의 도를 보호하고 양주와 묵적의 학설을 막으며, 도리에 맞지 않는 말을 추방하여 잘못된 학설을 주장하는 자가 생기지 않게 하려는 것이다.(「등문공 하」 9)

인과 의는 인간이 타인과 관계를 맺고 사회를 이룰 수 있는 능력이다. 즉 인간답게 살 수 있는 능력이다. 정말로 양주와 묵적이 인과 의를 짓밟는다면, 맹자의 눈으로 볼 때 그들은 인간이 아니다. 그들이 사람들을 선동한다면 그들은 지금껏 성인들이 이룩해 온 문명을 짓밟고 다시 짐승의 상태로 인간들을 몰아가는 것이다. 맹자가 공자까지 이어진 성인들의 후배를 자처하고 그 문명을 지키고자 한다면, 인과 의를 짓밟는 짐승의 무리들을 막아야 하는 것은 피할 수 없는 사명이다.

맹자가 엮은 유학의 전통에 의하면 유학의 역사는 그대로 문명화의 역사이다. 자연의 위협으로부터 인간을 보호하는 장치를 마련하고, 치수를 통해 인간의 기본 생활을 안정된 수준으로 올려놓고, 그리고 인간다운 생활을 하기 위해 인간들 사이의 윤리적인 관계들을 가르쳐 온 역사이다. 인과 의는 그 문명의 핵심이다. 양주와 묵적은 인과 의를 부정했다. 그들은 인류가 지금까지 이룩해 온 문명을 부정한 자들이었다. 왕도의 계승자로서 맹자의 사명은, 인류를 위협하는, 곧 문명을 위협하여 다시 금수상태로 돌아가려고 하는 그들을 처단하는 것이었다.

평등애의 공동체주의는 인을 무시하는 것

공자와 맹자 사이의 시기에 활동했던 묵적은 묵가(墨家)라는 학파를 이루고 묵선생〔墨子〕이라고 불렸다. 하층계급 출신, 아마도 수공업자 출신이라고 생각되는데, 그는 사회 혼란의 최대 원인을 인간의 이기심이라고 진단했고, 그 주범으로 유가를 지목했다.

유가가 이기심이 정당하다고 주장한 일은 없다. 오히려 유가는 이기심은 인의와 양립하지 않는 악이라고 여겼다. 그러나 유가가 주장하는 육친에 대한 사랑에서 시작하는 차등적인 사랑을 묵자는 이기심이라고 받아들였다. 대부나 제후들이 자기 집안이나 자기 나라만을 중요하게 생각하고 남의 집안이나 남의 나라를 배려하지 않으므로 쟁탈이 일어난다고 생각한 것이다. 그러므로 묵가는 유가가 공동체 형성의 초석으로 여기는 돈독한 가족애를 부정한다. 유학의 입장은 가족애를 기반으로 해서 그 사랑을 더 넓은 사회를 향해 확산시키는 것이지만, 그것은 이상적인 바람이고, 유학에 의해 정당화된 돈독한 가족애는 실제로는 배타적 가족 사랑, 나아가 배타적 나라 사랑으로 끝날 수도 있기 때문이다.

실제로 묵가는 가족을 넘어선 공동체를 형성하고 그 안에서 생활하면서 "겸상애교상리"(兼相愛交相利)의 기치를 내걸었다. 차등적인 사랑이 아니라 나와 너를 똑같이 사랑하고, 그럼으로써 서로 이롭게 해주자고 주장했다. 사랑이란 결국 어떤 의미에서든 상대를 이롭게 해주는 것이며, 나를 사랑하는 만큼 모든 타인을 사랑할 때 그 이익은 극대화될 것이라 생각했다. 수공업자 집단이었던 이들은 노동을 인간의 본질로 파악했으며 이익의 창출과 노동을 떼어서 생각하지 않았다. 즉 묵자는 평등한 사랑을 통해 이익의 극대화를 꾀했다. 맹자는 이들을 "정수리가 닳고 발뒤꿈치가 떨어져 나가는 일이 있어도 천하를 이롭게 한다면 그렇게 하는 사람"(「진심 상」 26)이라고 묘사했다. 맹자의 눈에 이들은 천하를 이롭게 하는 데 물불 가리지 않고 자신을 던지는 사람으로 비쳤던 것이다.

노동을 인간의 본질로 여기는 그들의 눈에, 직접 생산에 참여하지 않은 채, 장례라든지 음악 등에 대한 전문적 지식을 가지고 제후나 귀족들과 교제하는 유자들이란, 전혀 이익은 만들어 내지 못하고 낭비를 조장하는 기생집단으로 비쳤다. 이들은 유가가 이상적으로 생각하는 가부장제와 봉건제를 부정했다. 즉 가부장의 권위와 그 권위의 근거가 되는 재산소유권을 부정했다. 이념상으로는 유가가 인간이 천성적으로 갖는 가장 진한 사랑이라고 주장하는 부모에 대한 사랑을 부정했다. 이들은 가족을 비롯한 집단의 배타적 사랑이 전쟁의 주범이라고 판단했으므로 가족을 비롯한 모든 배타적 집단의 존재를 부정했다. 자기애의 자연스러움, 아버지에 대한 사랑의 특별함을 인정하지 않고, 나를 비롯한 세상 모든 사람에게 동등한 사랑을 베풀기를 요구한 것이다.

맹자는 한마디로 이들이 "아버지를 부정했다"〔無父〕고 비판했다. 유가에서 아버지에 대한 사랑은 세계를 성립시키는 사랑의 핵심이다. 아버지에 대한 사랑은 인의 씨앗이고 모든 사랑의 원천이다. 묵자는 그 아버지에 대한 특별한 사랑을 부정했으므로, 아버지를 부정했다는 맹자의 비판은 타당하다. 성왕인 순임금은, 아버지가 살인을 저질렀다면 왕의 지위를 버리고 아버지를 데리고 인적 없는 곳에 가서 살았을 것이라고 한다. 유학에서 말하는 육친에 대한 사랑은 이처럼 절대적인 것이다. 그러나 만약 순임금의 아버지가 아니라 삼촌이었다면 사정은 달랐을 것이다. 아마도 정해진 법규대로 처벌받도록 했을 것이다. 묵가는 아버지에 대한 이러한 예외적인 사랑을 인정하지 않는다. 아버지나 삼촌이나 동네 아저씨나, 묵자가 그들에게 보내는 사랑은 같은 정도일 것이다.

아버지에 대한 사랑은 인의 덕으로 자랄 단초이면서 또한 인의 핵심이다. 유가의 입장에서 보면 그것 없이는 너와 나의 관계는 성립하지 않으며, 따라서 사회도 성립하지 않는다. 아버지에 대한 특별한 사랑을 부정한 묵자는, 스스로는 천하 사람들을 똑같이 사랑한다고 하지만, 맹자의 눈으로 볼 때는 금수와 다름없었다. 아버지에 대한 특별한 사랑을 부정하는 것은 자신의 자연스러운 마음을 부정하는 것이고, 결국에는 인간과 인간을 맺어 줄 끈 자체를 갖지 못하는 것이기 때문이다.

실제로 묵가는 인간의 감정이 그들이 주장하는 평등한 인류애와는 다르다는 것을 인정했다. 묵자는 평등한 사랑을 베풀 것을 설득하면서 "남을 자기 몸 아끼듯이 아껴"라고 하거나 "너의 부모를 사랑하듯이 다른 사람의 부모를 사랑하라"(『묵자』「겸애 상」)고 말한다. 이러한 수사 자체가 나를 남보다 더 사랑하고 나의 부모를 남의 부모보다 더 사랑하는 것이, 사람들이 힘들이지 않고 실행하는 자연스러운 일임을 인정하는 것이다. 실제로 묵자는 희로애락의 감정을 없애고 세상 사람들의 이익을 생각하라고 요구했다.

『맹자』에는 묵가인 이지(夷之)와 맹자 사이에 있었던 간접 대화가 실려 있다. 맹자의 제자가 사이에 끼어서 서로의 말을 전달해 주었는데, 그 매개자를 생략하고 둘 사이의 대화만 옮겨 보면 다음과 같은 내용이다.

맹자 : "내가 듣기로 이지는 묵가라고 하는데, 묵가들은 상례를 검소하게 하는 걸 도리로 삼는다. 이지는 묵가의 도리로 세상 풍속을 바꾸려고 하는 사람일 테니, 당연히 묵가의 도리를 옳다고 존중할 것이다. 그런데도 이지는 자기 어버이의 장례를 성대하게 치렀으니, 이는 그 자신이 천하게 여기는 방법으로 자기 어버이를 섬긴

것이다."

이지 : "유가의 도에 따르면 옛날 사람들은 '백성을 사랑하기를 어린아이 돌보듯이 한다'〔若保赤子〕고 했는데, 이 말은 무슨 뜻이겠는가. 나는 사랑함에는 차별이 없되 사랑을 실천하는 것은 어버이로부터 시작해야 한다는 뜻이라고 생각한다."

맹자 : "이지는 정말로 사람들이 이웃집 아이를 자기 조카처럼 사랑한다고 생각하는가? 옛사람들의 그 말은 이지의 해석과는 다른 의미이다. 그것은 어린아이가 기어서 우물 속에 빠지려고 하는 것이 어린아이의 죄가 아니라는 의미로 쓴 것이다. 하늘이 만물을 낼 적에 근본을 하나로 하였는데, 이지는 근본을 둘로 여겼기 때문에 그처럼 잘못 이해한 것이다."(「등문공 상」 5)

유가에서 백성 보기를 어린아이 돌보듯이 하라는 말은, 백성들이 착하게 되느냐 여부는 정치하는 사람들에게 달려 있다는 의미로 사용한 것이다. 어린아이 돌보듯 배부르고 따듯하게 해주면 착한 마음을 갖게 되지만 그렇지 않으면 사나운 백성이 되듯이 말이다. 이지는 그 격언을 묵자의 이론으로 왜곡해서 너의 자식과 남의 자식을, 나와 너를 구별 없이 사랑하라는 것으로 해석했다. 묵가의 이론은 내 부모 남의 부모 할 것 없이 검소한 장사를 원칙으로 하는데, 이지는 자신의 부모를 후하게 장사 지냈다. 부모를 생각하는 애틋한 마음 때문이었을 것이다.

맹자가 말하는 이지의 두 가지 근본이란 '사랑에는 차등이 없다'

는 것과 그 사랑을 '실천하는 것은 어버이로부터 시작한다'는 것이다. 즉 평등한 사랑이라는 묵가의 이념과, 어버이에 대한 특별한 사랑이라는 자연적 감정이다. 이에 대해 맹자가 주장하는 유가의 하나의 근본이란 '어버이에 대한 사랑'이다. 유가는 어버이에 대한 사랑만을 말하는 것으로 세계 전체를 감싸 안을 수 있었다. 그러나 이지는 어버이에 대한 진한 사랑, 그 자연적인 마음이 없을 수는 없기 때문에 부모의 장사를 성대히 치렀으면서도, 또한 묵가로서 '평등한 사랑'이라는 부자연스러운 의무를 자신의 원칙으로 삼은 것이다.

'평등한 사랑'이란 자연이 아니다. 맹자가 말하는 인륜은 사람의 마음이 생긴 대로 발현된 것이므로 자연스러운 것이며, 의무감과 같은 다른 요인을 필요로 하지 않는 자발적인 것이다. 사람은 자발적으로 자연스럽게 자기 부모를 사랑한다. 유학에서 세상 끝까지 퍼져 나갈 덕이라고 말하는 그 인은 그 자발적이고 자연스러운 사랑의 마음을 키운 것이다. 자연스럽다는 것보다 더 강력한 힘은 없다. 자발적이라는 것보다 더 강력한 동인은 없다.

그 자연스러운 마음은 자기애가 아니라 자기와 가장 가까이 있는 부모에 대한 사랑이라는 점에서, 그것은 출발부터 타인으로 향한 마음이다. 그래서 사회를 연대하는 힘이 될 수 있다. 유학의 인은 그 출발점을 부모에 대한 사랑으로 잡음으로써 이기적이지 않은 자연스러운 감정을 확보했다. 그 자연스러운 마음은 대상에 대해 차등적으로 발휘되며, 그 차등적 사랑은 자연스러운 것이기 때문에 정당한 것으로 자리 잡는다. 이것이 맹자가 자랑하는 유가의 한 가지 근본이다. 측은지심(인)은 혈연을 넘어 모든 사랑에 관통된다.

묵자는 차등애의 감정을 부정했다. 그가 주장하는 겸애는 인간의 자연적 감정을 부정한 것이며 결단을 통해서만 실천될 수 있는 것이었다. 한정된 시간이라면 이상에 대한 열정으로 그 공동체가 유지될 수 있었겠지만, 그 공동체가 오래 지속될 수는 없었다.

사회를 거부하는 개인주의는 의를 무시하는 것

양주는 단독의 저작을 남기지 않았다. 『여씨춘추』(呂氏春秋)나 『열자』(列子)에 부분적으로 양주학파의 사상이 남아 있으며, 맹자나 한비자(韓非子)가 그에게 던진 비판을 통해 그 학설을 추측할 수 있는 정도이다. 유가가 적극적인 구세 의욕을 개진한 데 반해 양주는 소극적인 은둔의 철학을 가지고 있었다. 양주사상의 핵심은 개인주의와 상호불간섭주의라고 할 수 있다. 그들은 개개의 인간만을 인정했다. 모든 문화와 제도는 인위적인 허식으로서 개인에게는 부정적인 영향밖에 미치지 못하는 것이라고 생각했다.

『맹자』는 "양주사상은 나를 위하는 주의〔爲我〕이며, 내 털 하나를 뽑아 천하를 이롭게 할 수 있다고 해도 그렇게 하지 않는다"(「진심상」 26)고 비판했다. 『열자』「양주」편을 통해 그러한 비판을 유발시키는 양주의 입장을 확인할 수 있다. "만약 사람들이 자신의 것은 털 한 올이라도 손상하는 것을 용납하지 않고 세상에 이익을 주려고 하지 않는다면, 그것만으로도 세상은 잘 다스려질 것이다"라는 것이 양주가 주장하는 요지였다. 즉 자연인으로서 자신을 가장 중요하게 여기고, 자신의 마음을 동요시키거나 자신을 어지럽히는 외부의 것은 모두 거부하는 삶의 방식이 바로 최대의 행복을 가져온다고 하는 것이 위아설(爲我說)의 핵심이라고 생각된다. 이 세상에서 가장 귀한 것이라고 한다면 천하의 왕이라는 지위일 텐데 그것조차도 자신보다는 귀하지 않다는 것이다. 천하를 준다고 내 목숨과 바꾸겠는가? 그러한 입장을 극단화시켜 표현한 것이 "털 한 올이라도 손상시키지 않겠다"는 문장이다. 내 몸에서 가장 하찮은 털 한 올이라도 외부의 것인 천하보다는 귀하다는 것이다. 모두 철저하게 자신의 삶에만 몰두한다면 이 세상은 평화로울 것이었다. 자기 자신도 지키지 못하는 주제에 타인을 구제한다고 나서는 것이 재앙이었다. 세상을 구제하겠다는 명분으로 타인의 삶에 간섭하고 제멋대로 재단하려는 것이야말로 모든 재앙의 씨앗이었다.

　이러한 자기존중의 개인주의는 사회 참여를 인간의 본질로 설정한 맹자의 사상과 정면으로 배치된다. 맹자가 주장하는 인·의·예·지의 인간 본성은, 인간이 서로 위계적인 관계를 맺으며 사회를 형성하는 것 자체가 천성임을 얘기한다. 그 시각에서 볼 때 양주의 개인주의는 인간의 본질조차도 지켜 내지 못한 자들의 주장이다. 특히 사회와 사회의 이름으로 내거는 이념들을 하찮은 것으로 보는 양주는, 맹자의 눈에 "임금을 부정하는 자"(「등문공 하」 9)로 비쳤다. 그러므로 임금과 신하 사이의 덕목인 '의'라는 것을 모르는 무리이다.

　양주의 자기존중사상은 장자사상으로 계승되었으며, 장자사상은 유기의 같은 적극적 구세 이념에 대한 비판정신으로서 지대한 역할을 해왔다. 맹자는 인의예지야말로 인간의 자연이라고 주장하며, 인간다운 인간이 되기 위해 인의예지에 의해 관계를 맺고 사회를 이루고 사는 사람이 되라고 요구한다. 양주의 입장은 '인의예지가 인간의 본성이고 인간의 자연이라고 누가 그래?'라는 것이다. 그가 생각하는 인간의 본성, 인간의 자연은 다르다. 유학이 인간의 본성이라고 주장하는 인의예지는 유학자들의 '의견'에 불과한 것일 수도 있다. 보편적인 진리라고 주장되는 것들의 정당성을 의심하고 집단의 힘으로부터 인간 본연의 가치를 지키려고 한 양주류의 사상은, 유학으로 하여금 끊임없이 자기반성하는 기회를 제공했다. 유학이 자기혁신을 도모하며 장수할 수 있었던 것은, 이러한 비판에 직면하여, 자신들의 주장을 정말로 보편적인 것으로 만들기 위하여 인간의 실정을 되묻고 자신들의 이론을 보다 정치하고 설득력 있는 것이 되도록 노력했기 때문이다.

인륜은 개인과 공동체의 조화를 위한 것

맹자가 왕도정치의 대척점을 패도정치로 잡고 또 『맹자』 첫머리에서부터 인의의 정치를 역설하며 이익 추구를 인의의 정치와 대비시켰던 것을 생각하면, 맹자가 왕도정치를 실현하는 데 가장 걸림돌이 되는 것으로 지목하고 가장 힘을 주어 비판해야 했던 것은 패도정치, 혹은 이익의 추구였을 것이라고 생각된다. 그런데 맹자는, 요임금과 순임금 이후 공자에 이르는 성인들이 전수해 온 인륜의 도를 지키기 위해 자신이 그 시대에 해야 할 일은 양주와 묵적을 물리치는 일이라고 공언했다. 주공이 폭군인 주(紂)를 몰아낸 일이나 공자가 난신적자(亂臣賊子)를 비판하기 위해 『춘추』를 지은 일에 필적하는 일이 바로 양주와 묵적을 물리치는 일이라고 생각했던 것이다.

양주와 묵적의 이론이 그토록 위협적인 것이었을까? 맹자의 말로는, 그 두 학파가 당시의 중국 민심을 양분하고 있었다고 하지만, 과장된 표현일 것이다. 사실이라면 당시 중국 인민의 반은 묵자의 공동체에 속해 있었을 것이고, 반은 양주처럼 세상을 피해 은둔해 있었을 것이다. 맹자가 이들의 존재에 대해 이렇게 과장된 반응을 보인 것은, 사회의 어떤 가치보다 내 자신이 더 소중하다고 주장하는 양주와 나 자신의 감정과는 관계없이 사회의 이익을 극대화하자는 묵자는, 맹자의 눈에는 모두 인륜을 부정하는 자들로 비쳤기 때문이다.

사회의 의미를 부정하는 양주를 비판하면서 맹자는 사회의 중요성을 확인하고, 개인의 자연적 감성을 부정하는 묵적을 비판하면서 맹자는 자연적 감성의 중요성을 확인했다. 맹자는 양주의 개인주의를 비판하면서 인간의 사회성이 인간의 본성임을 천명했고, 묵자의 겸애주의를 비판하면서 사랑의 층차 역시 인간의 본성임을 천명했다. 그리하여 맹자는 차등적인 사랑에 의해 형성되는 위계적 사회의 청사진을 내놓았으며, 그 사회는 바로 인간의 천성이 그렇기 때문에 형성되는 것이라고 주장했다.

맹자는 부모에 대한 사랑에서 출발해서 온 세상에 차별적으로 미치는 사랑을 인간의 본성으로 설정함으로써 양주와 묵적을 비판할 수 있는 입지를 마련했다. 인의라는 보편원리의 눈에 보이는 증거인

효제(孝悌)는, 유가가 주장하는 비이기적인 그러나 자연적인 인간의 본성이다. 가족에 대한 사랑은 이기심이라고는 할 수 없지만 이기심을 충족시켜 주는 요소를 가지고 있다. 또한 자연적인 가족애란 존재하지 않는다고 자신 있게 맹자의 의견에 반기를 들 만한 사람도 없을 것이다. 누구나 부정하기 어려운 가족애를 본성으로 그리고 보편적인 사랑의 출발점으로 설정함으로써, 맹자는 이기심을 배제하면서도 이기심을 충족시키는 연대의 원리를 만들어 냈다.

그런데 이들과 대결하면서 맹자는 또한, 양주가 주장하는 개인과 묵적이 주장하는 공동체의 중요성에 대해 다시 생각할 기회를 갖게 되었다. 양주가 주장한 것처럼 맹자에게도 개인은 중요하다. 제대로 된 개인은 천하를 평화롭게 할 원동력이며 특히 개인의 마음은 세계의 중심이자 주인이다. 또한 묵적이 주장한 것처럼 맹자에게도 온 세상의 모든 사람이 사랑의 대상이다. 맹자는 측은지심을 온 세상으로 넓혀 가 이 세상에 이 사랑의 빛이 미치지 않는 곳이 없게 하는 것을 목표로 했다.

그러나 맹자에게 참다운 자기애는 양주처럼 개인에서 그치는 것이 아니라 온 세상을 자기화하는 것이며, 온 세상에 미치는 사랑은 묵적처럼 평등한 사랑이 아니라 자기애가 동심원처럼 확대되는 차등적인 사랑이다. 인이라는 덕은 인간의 본성으로서 자연스러운 것이며, 그 덕은 이 세상의 모든 사람을 대상으로 하므로 이 세상 전체를 포괄한다. 그런데 그 안에 의를 기준으로 한 차등을 내포하므로 위계적인 사회질서 또한 자연적으로 성립한다. 그 세계의 질서는 인과 의라는 덕목을 내가 얼마나 잘 발현시키는가에 달렸다. 즉 나를 얼마나 소중히 여겨 나의 본성을 완성시키는가에 달려 있다. 이렇게 되면 자기애는 바로 자기 확대이며, 자기애는 바로 공동체의 초석이다.

이렇게 하여 맹자는 양주와 묵적을 비판하면서 자아의 실현과 공동체의 평화라는 두 가지 목표를 한자리에 설정하고, 공동체의 평화에 이바지하는 행위를 완전히 자발적으로 실천하도록 하는 구조를 제공했다.

다른 형태의 문명 위협자들

농민이 토지를 떠나 유민이 된다거나 농민에게서 나온 세금이 탐관오리들에게 새어 나간다면 국가의 기반은 흔들릴 수밖에 없다. 맹자가 주장한 정전제는 경계를 분명하게 함으로써 국가 수입을 투명하게 하는 방법으로, 세금의 유출을 막는 한편 무거운 세금 때문에 유민이 생기는 일도 방지하기 위한 것이다. 맹자에 의하면 정전제는 요임금과 순임금이 시행했던 '10분의 1세법'을 계승한 것이다. 매년 일정량의 세액을 매긴다면 국가재정을 담당하는 입장에서는 편리하겠지만 백성들 편에서는 불합리하다. 해마다 수확량이 다르기 때문이다. 더욱이 흉년이 들었을 때도 예년이나 다름없는 일정액을 세로 낸다면 이는 백성들의 살림을 전혀 고려하지 않는 악법일 뿐이다. 정전법은 이러한 단점을 참작해서 해마다 수확량의 9분의 1을 내게 했다.

백성들에게 최소한의 인간적 생활을 보장하는 세율이 대략 10분의 1이라면, 그보다 더 무서운 세율을 적용할 경우 백성들의 생활은 궁핍해질 것이 분명하다. 백성들의 살림을 돌아볼 줄 모르고 자신의 창고만을 채울 줄 아는 군주나, 영토를 넓히는 데만 여념이 없는 군주라면 더 무거운 세금을 매겨서 백성들을 쥐어짤 것이다. 맹자는 10분의 1보다 무거운 세금을 물린다면 이는 폭군인 걸(桀)왕과 마찬가지라고 비난한다.

그렇다면 10분의 1의 반인 20분의 1의 세만 부과한다면 백성들은 더욱 윤택하게 살 수 있지 않을까?

백규(白圭) : "나는 20분의 1의 세율을 적용해 거두고자 하는데 어떻겠습니까?"
맹자 : "그대의 방법은 북쪽 오랑캐 나라인 맥(貊)의 방법입니다. 일만 가구나 되는 나라에서 한 사람이 질그릇을 굽는다면 되겠습니까?"
백규 : "안 됩니다. 그릇이 부족할 것입니다."
맹자 : "맥에는 오곡이 자라지 않고 오직 기장만 자랍니다. 또 성곽과 주택, 종묘와 제사와 관련된 예법이 없고, 제후들이 서로 예물을 보내고 접대를 하는 일도 없으며, 관직과 관리들도 많지 않기 때문에 20분의 1의 세금을 받아도 충분합니다. 지금 중국에 살면서 인륜을 버리고 관리를 없애는 일이 가능하겠습니까? 요순이 시행했던 10분의 1의 세법보다 적게 하려는 것은 큰 오랑캐나 작은 오랑캐이고, 요순이 시행했던 방법보다 무겁게 하려는 것은 큰 걸이나 작은 걸과 같은 폭군입니다."(「고자 하」 10)

맹자는 이처럼 20분의 1이라는 가벼운 조세제도는 문화가 없는 오랑캐나 시행할 법이라고 비난한다. 맹자가 적정한 선이라고 생각하는 10분의 1의 조세는, 관리 집단을 거느리는 조직된 정부가 있고, 의·식·주 전반에 걸쳐 각 계급에 맞는 격식과 예법이 시행되는, 문화를 갖춘 사회를 위한 것이다. 즉 사회 구성원 사이의 인간관계가 '인륜'이라는 유가적 질서에 의해 맺어지며, 인륜을 실현하고자 하는 정부는 적당한 물질을 필요로 한다.

인륜이라는 질서를 유지하며 사회를 유지하기 위해서는 그 질서를 책임질 군자 집단이 필요하다. 정치적으로 말하면 공무원 집단인데, 맹자가 이상적으로 생각하는 정치란 덕에 의해 백성들의 마음을 사로잡는 것이므로, 그들은 단순한 관리가 아니라 도덕적 지도자이다. 맹자는 "집안에서는 효도하고 밖에 나와서는 공경의 도를 행하며 선왕의 도를 지키면서 후대의 학자들에게 그것을 전해 주는 것"(「등문공 하」 4)을 군자들의 일로 정했다. 그러므로 그들은 스스로 직접 생산에 종사할 겨를이 없다.

제자백가 가운데는 농기구를 만들어 농사짓는 법을 가르쳤다는 중국 전설상의 인물 신농(神農)을 자신들의 조종으로 삼는 농가(農家) 집단이 있었다. 맹자 당시에 생존했던 농가 지도자로 허행(許行)이라는 사람이 있었다. 『맹자』에는 허행에게 감화된 진상(陳相)이라는 사람이 맹자와 대화한 내용이 실려 있다. 진상에 의하면, "현자는 백성과 함께 농사지어 먹고살며 아침과 저녁밥을 손수 지어 먹고 나라를 다스린다." 그러므로 "곡식 창고와 재물 창고"를 갖고 있는 나라라면 "백성을 괴롭혀 자신을 기르는"(「등문공 상」 4) 나라이다. 신농을 비조로 하는 이 농가학파는, 전국시대의 통상적 전쟁과 이로 인한 과도한 세금으로 신음하는 농민들의 원망을 반영한다. 이들은 옛날의 소박한 세상을 꿈꾸며 복잡한 정치기구를 필요로 하는 사회를 부정하고 임금과 신하가 모두 농사를 지어야 한다고 주장했다.

허행이 주장하는 농가의 행위 방식은 그 공동체 전체의 생활이 최소한의 식생활을 영위하는 데서 끝나는 것이다. 그들은 그 이상 공동체가 확대되는 것도 조직화되는 것도 원하지 않는다. 양주는 사회는 개인의 본성을 왜곡하는 것일 뿐이라며 사회 자체를 부정했다는데, 농가는 사회의 의미를 최소한의 식생활에서 제한한 것이라 할 수 있다. 그 이상에 합의한 사람들이 참여하는 작은 공동체에서는 통용되겠지만 자연적으로 규모가 커지고 따라서 점점 세밀한 조직화가 필요해지는 현실 사회에서는 실현성이 없는 이론이다. 양주와 정도 차이는 있지만 사회를 부정한다고 할 수 있다.

맹자가 주장하는 10분의 1세 정도면 "위로는 부모를 섬기기에 충분하게 하고 아래로는 처자를 먹여 살릴 만하며, 풍년에는 언제나 배부르고 흉년에는 죽음을 면하도록"(「양혜양 상」 7) 할 수 있다. 이로써 그들의 기본적인 생활은 안정이 된다. 그런데 백성이란 "배불리 먹고 따뜻하게 입고 편안하게 지내기만 하고 가르치지 않으면 금수에 가까워진다"(「등문공 상」 4). 그래서 맹자의 10분의 1세법은, 직접 생산에 종사하지 않는 군자 집단이 정치와 교화에 종사하는 사회를 위해 구상된 것이다. 즉 기본적인 의식주 생활에서 더 나아가 인간으로서의 품위를 갖출 것을 목표로 하는 사회이다. 맹자는 여기에서 그 유명한, 육체노동과 정신노동을 나누는 발언을 한다. 그는 직접 생산자와 정치·교화에 종사하는 사람을 각각 야인(野人)/군자, 또는 소인/군자로 구별했다. 이들은 각기 자신들의 능력을 발휘해서 사회에서의 역할을 분담한다. 소인이 육체적인 노동력을 사용한다면 군자는 '마음' 즉 사고능력 또는 도덕능력을 사용한다.

> 그렇다면 천하를 다스리는 일을 농사를 지으면서 동시에 할 수 있겠는가! 대인이 할 일이 있고 소인이 할 일이 있다. 또 한 사람의 몸에는 백공이 만드는 것들이 다 필요한데, 만일 모든 것을 반드시 손수 만들어서 사용해야 한다고 하면 천하 사람들을 모두 지쳐 떨어지게 할 것이다. 그러므로 어떤 사람은 마음을 쓰고 어떤 사람은 힘을 쓴다. 마음을 쓰는 자는 남을 다스리고 힘을 쓰는 자는 남에게 다스림을 받는다. 남에게 다스림을 받는 자는 남을 먹여 살리고 남을 다스리는 자는 남에 의해 먹고사는 것이 천하의 보편적 원리이다. …… 방훈(放勳; 요임금)께서 '백성들을 격려하고 따라 오게 하며, 바로잡아 주고 곧게 펴 주며, 도와주고 거들어 주어서 스스로 선한 본성을 깨닫게 하고, 또 그들에게 은덕을 베풀어 주라'고 했다. 성인이 백성을 근심하는 것이 이러한데 어느 겨를에 농사를 짓겠는가?(「등문공 상」 4)

이 사회든 구성원이 증가하면 자연히 분업을 하게 된다. 그 업종 가운데 맹자에게 가장 중요한 업종은 '왕도' 정치에 직접 참여하는 것이다. 맹자가 생각하는 이 세상의 가치, 인간의 가치, 인간다운 인간을 생각하면, 이보다 더 중요한 일은 없다.

문명의 혜택을 입지 못한 오랑캐나 사회의 의의를 부정하는 농가가 아니라면, 이러한 군자의 분업을 어떻게 부정하겠는가! 오랑캐나 농가는 정도의 차이는 있을지라도 문명을 부정한다는 점에서는 한가지였다. 그것은 맹자에게 인간이기를 부정하는 것과 마찬가지의 의미였다.

2. 유용성의 원리 비판하기

부국강병의 법가

맹자는 왕도정치의 이상을 피력하면서 왕도정치를 패도정치와 대비시켰다. 맹자에 의하면 패도정치는 "무력을 사용하면서 인(仁)을 실천하는 것처럼 가장하는"(「공손추 상」 3) 정치이다. 패자들은 자신들의 직분을 넘어 제후들을 규합해서 "삼왕(三王)의 죄인"이 됐지만, 또한 효제를 권장하고 노인을 공경하며 현명하고 능력 있는 자를 임용할 것 등을 맹세하기도 했다.

그러나 맹자가 살았던 전국시대의 제후들은 "인을 실천하는 것처럼 가장"조차 하지 않았다. 맹자의 표현대로 "오늘날의 제후는 오패(五覇)의 죄인"(이상 「고자 하」 7)인 시대였다. 이미 패자도 찾을 수 없었으며, 그 패자의 죄인인 제후들과, 제후의 악행을 앞서서 이끄는 더 한심한 대부들이 넘쳐 났던 시대였다(「고자 하」 7).

그러므로 왕도정치를 실시하기 위해 실제로 맹자가 배격해야 했던 것은 맹자가 규정한 그대로의 패도정치는 아니었다. 이미 패도정치도 존재하지 않았기 때문이다. 맹자가 상대해야 했던 제후들은, 명분으로나마 "인을 실천"하는 것을 내세울 생각도 없이, 오로지 부국강병이라는 이익만을 좇아 천하의 백성들을 전쟁터로 내모는 사람들이었다.

유학에서 천성의 질서라고 주장하는 인륜을 심각하게 위협한다는 점에서, 양주와 묵적이 유학의 이론적 또는 윤리 방면의 적대자라면, 이익 추구를 기치로 기존의 유가적 질서를 무너뜨리고 인간을 이익 추구를 위한 수단으로 전락시킨 법가는 유학의 현실적 또는 정치 방면의 적대자였다. 『맹자』에는 법가를 염두에 두고 했으리라고 짐작되는 다음과 같은 비난이 있다.

> 오늘날 군주를 섬기는 자들은 모두 '나는 군주를 위해서 토지를 개간하고 창고를 가득 차게 할 수 있다' 라고 한다. 오늘날의 이른바 훌륭한 신하라고 하는 자들은 옛날이라면 백성들의 도적이라고 불렸을 자들이다. 군주가 올바른 도를 향해 가지 않고 인을 추구하지 않는데도 그를 부유하게 해주는 것은 폭군인 걸을 부유하게 해주는 것과 같다.(「고자 하」 9)

고자의 올바른 길은 군주가 백성들의 부모가 될 수 있도록 왕도정치를 하도록 지도하고 보좌하는 데 있다. 상앙과 같은 법가는 제도 개혁과 토지개간 등을 통해 국고를 불려 주었다. 그러한 사업의 목적은 부강의 창출 자체였다. 왕의 행위 원칙, 백성들의 행위 원칙은 '부강의 창출'이라는 최고선에 따라 정해질 뿐이었다.

    그러나 맹자에게 부강의 창출이란 보호해야 할 백성들을 전쟁터로 내몰아 죽게 하는 범죄였다. 제후가 나라의 재산이 자기 일인의 재산이라고 여기며 나라의 이익을 추구하거나, 대부가 자신의 이익을 위해 제후의 이익 추구에 봉사하는 일은, 제후와 대부로서 자신의 의무를 방기하는 것이다. 나아가 백성들이 받아야 할 혜택을 가로채고 오히려 백성들을 자신들의 이익 추구의 수단으로 삼는 것이다. 그러므로 맹자는 이익의 추구는 선과 대척점에 서 있다고 과감하게 말한다.

> 닭이 울면 일어나 부지런히 선을 행하는 사람은 순임금과 같은 부류의 사람이고, 닭이 울면 일어나 부지런히 이익을 추구하는 사람은 도척과 같은 부류의 사람이다. 순임금과 도척의 차이는 다른 것이 아니다. 이익을 추구하는가 선을 추구하는가의 차이이다.
> (「진심 상」 25)

    맹자가 실제로 상대해야 했던 법가는 법가 이론가가 아니라 제후였다. 당시에 실력자로 떠오르는 제후들은 모두 부국강병을 추구하는 사람들이었으며, 그러한 자신에게 도움을 줄 수 있는 이론가들을 찾고 있었다. 『맹자』의 맨 처음에 등장한 양혜왕은 그 대표적인 사람이다. 병사 전문가를 영입해 영토 확장에 몰두하던 양혜왕은 태자까지도 그 전쟁터로 내몰아 죽게 했다. 맹자는 다음과 같이 그 양혜왕을 비난한다.

> 어질지 못하구나, 양혜왕이여. 어진 사람은 자신이 사랑하는 대상으로 자신이 사랑하지 않는 대상에까지 영향을 미치게 하고, 어질지 않은 사람은 자신이 사랑하지 않는 대상으로 자기가 사랑하는 대상에까지 영향을 미치게 한다. …… 양혜왕은 토지 때문에 자기의 백성을 상하게 하고 전쟁을 일으켰다가 크게 패했는데, 또다시 전쟁을 일으키려고 하면서 패할까 두려워서 자신이 사랑하는 자식까지 내몰아서 희생시켰다. 이것을 일러 자기가 사랑하지 않는 대상으로 자기가 사랑하는 대상에까지 영향을 미치게 한다고 한 것이다.(「진심 하」1)

양혜왕에게는 강한 군대와 넓은 영토의 소유가 가장 중요했을 것이다. 맹자는 사랑하는 아들을 그따위 땅 때문에 희생시켰다고 비난하지만 양혜왕에게 가장 중요한 것은 아들보다도 영토였을 것이다. 양혜왕과 같은 당시의 제후들은 모두 손자와 같은 병법 전문가나 상앙과 같은 제도 개혁가를 요구했다. 그들은 그러한 외적인 가치 추구를 극대화하는 전문가임을 자처하며 제후들의 요구에 영합했다.

그러한 세대에 간지러를 치고, 자신의 징깅이 될 하나라 힐지라도 천하라는 외물보다 소중하다고 외친 양주의 입장에서 보면 영토 때문에 자신의 아들을 잃은 양혜왕의 행태는 전도된 가치의 전형이다. 자신의 행복을 위해 외부의 재화를 추구하다가 마침내는 그 재화 때문에 자신의 혈육을 희생하는 일이 벌어지는 것이다.

맹자에 의하면 제대로 된 사람은 자신이 사랑하는 대상으로 인해 그 사랑을 더욱 키워 자신이 사랑하는 범위를 더욱 넓혀 가는 사람이다. 자식을 낳고 그 자식을 사랑하면서, 세상 부모들이 자식에게 느끼는 애틋한 마음을 짐작할 수 있게 된다. 그렇게 되면 누구의 아이에게도 함부로 대하지 않는다. 이 아이들이 부조리한 사회에서 사는 것이 안타까워 합리적인 사회를 만들기 위해 나서고, 더 이상 지구를 더럽혀서는 안 된다는 자각을 하고 쓰레기를 줄이고 자연을 보호하려고 애쓴다. 이것이 사랑의 영향을 확대해 가는 인(仁)한 사람의 모습이다.

그러나 양혜왕 같은 사람이 맹자의 인하다는 칭찬을 탐내지는 않으리라. 그는 자발적으로 불인한 사람이 되겠다는 사람이다. 자신의 나라에 찾아온 맹자에게 양혜왕은 다음과 같은 첫마디를 꺼낸다.

> 선생께서 천리를 멀다하지 않고 내 나라를 찾아 주시니 장차 내 나라에 어떤 이익이 있겠습니까?(「양혜왕 상」 1)

양혜왕은 자신에게 이익을 줄 인재를 구하고 있던 터였으므로 이러한 질문은 오히려 당연하다. 맹자는 다음과 같이 대답했다.

왕은 어째서 이익만을 말씀하십니까? 인(仁)과 의(義)가 중요할 뿐입니다. …… 위아래가 다투어 자신의 이익을 취하려 하면 나라는 위태로워집니다. 만승의 나라에서 임금을 죽이는 자는 천승의 집안에서 나오고, 천승의 나라에서 임금을 죽이는 자는 백승의 집안에서 나옵니다. 만승 가운데 천승을 가지고, 천승 가운데 백승을 가졌으면 적은 것이 아닙니다. 그런데도 의를 도외시하고 이익만을 앞세운다면 빼앗지 않고서는 만족할 줄 모를 것입니다. 인한 사람은 자기 아버지를 버리지 않으며 의로운 사람은 자기 임금을 소홀히 대하지 않습니다. 왕은 인과 의에 대해 말씀하셔야지 왜 이익에 대해 말씀하십니까?(「양혜왕 상」 1)

사회 전체가 자신의 이익 추구를 행위의 원칙으로 삼았을 때를 맹자는 이처럼 예상했다. '나의 이익 추구'만이 행위의 원칙이라면 모든 사람들은 욕망이라는, 브레이크 없는 자동차를 탄 사람들처럼 질주할 것이다. 실제로 사람들은 욕망 말고도 어떤 길이 자신의 욕망 추구에 이로울까를 판단하는 능력도 가지고 있으므로, 자기 눈앞의 이익을 위해 타인과 원초적으로 충돌하는 일은 하지 않을 것이다. 법가가 구상한 사회처럼 사회의 강력한 제재하에서 자신의 욕망을 충족시키기 위해 법을 지킬 것이다. 그러므로 무작정 부딪히는 혼란스러운 싸움판은 아니겠지만, 그 안에서는 아버지도 없고 자식도 없다. 오로지 욕망과 그 충족만이 있을 뿐이다. 그러므로 아버지가 도둑질을 했으면 보상금을 노리고 아버지를 신고하는 일도 가능해진다. 왕의 위세가 무서워 표면적으로는 왕이 내린 명령을 따르겠지만 그것도 결국 자신의 욕구 충족을 위해서이고, 더 큰 이익을 위해서라면 자신의 왕을 배신하는 일도 문제가 아니다. 이렇게 사람들은 자신의 욕망에 충실하지만, 사람들은 욕망의 한계를 갖지 못하므로 평생 만족하는 일은 없을 것이다.

더욱이 군주라면, 이익 추구로써 좋은 미래를 바라볼 수 없다. 궁궐 안의 인척들은 호시탐탐 왕의 자리를 노릴 것이고, 나라 안의 백성들은 더 좋은 이익의 기회가 주어진다면 왕에게서 등을 돌릴 것이다. 이익을 앞세우는 행위는 결국 모든 사람을 적대자로 만든다. 맹자는 인의 마음을 품은 궁궐 안의 인척들은 왕의 자리를 넘보지 않을 것이며, 의의 마음을 품은 나라 안의 백성들은 왕을 배신하지 않을 것이라고, 인의의 정치를 하라고 제후들을 설득하고 다녔다. 그러나 이미 이익 추구의 소용돌이 속에 있었던 제후들에게 맹자의 말은 어떤 의미도 갖지 못했다.

전쟁터를 누비는 외교 전문가들

같은 스승 밑에서 공부했다고 전해지는 장의(張儀)와 소진(蘇秦)은 뛰어난 언변을 밑천으로 외교적 수완을 발휘했던 사람들이다. 최후의 강자 진(秦)의 군사력은 서서히 다른 제후국들 사이에서 돌출하기 시작했다. 소진이 강성해 가는 진(秦)을 두려워하는 동쪽의 나라들을 연합하여 진에 대항할 구상을 내놓자, 장의는 오히려 강한 진의 그늘 아래로 들어가는 것이 현명하다는 구상으로 맞섰다. 이들이 자신들의 구상을 가지고 그 능란한 말솜씨로 제후들을 움직이고 다니니, 흡사 세상사의 행방이 이들의 혀 위에서 좌지우지될 듯이 보였다. 맹자는 이들을 다음과 같이 비판했다.

'나는 군주를 위해서 다른 나라와 맹약을 맺고, 전쟁을 하면 반드시 이긴다'고 하는 자들이 있다. 오늘날의 이른바 훌륭한 신하들은 바로 옛날에는 백성들의 도적이라고 불렀을 자들이다. 군주가 올바른 도를 향해 가지 않고 인을 추구하지 않는데도 그를 위해 무리하게 전쟁을 하려는 것은 폭군인 걸을 도와주는 것과 같다.
(「고자 하」9)

이는 앞에서 인용했던 법가에 대한 비판과 일치한다. 유학이 가치로 여기는 인을 기준으로 그 불인함을 비판한 것이다.

장의와 소진과 같은 사람들은 흔히 종횡가라 불렸다. 『맹자』에는 종횡가인 공손의(公孫衍)와 장의를 대장부라고 칭찬하는 경춘(景春)이라는 사람과 맹자 사이의 대화가 실려 있다.

경춘 : "공손의와 장의는 정말 대장부라 할 만하지 않습니까? 그들이 한번 성을 내면 제후들이 두려워하고 가만히 있으면 천하가 조용합니다."

맹자 : "그들이 어떻게 대장부일 수 있겠는가? 당신은 예를 배우지 않았는가? 남자가 관례를 지를 때엔 아버지가 훈도를 하고 여자가

시집갈 때엔 어머니가 훈도를 한다. 시집가는 딸을 문에서 전송하면서 '시집에 가면 반드시 공손하고 삼가면서 남편의 뜻을 어기지 말라'고 훈계한다. 순종을 올바름으로 삼는 것은 아녀자의 도이다."(「등문공 하」 2)

'장부'(丈夫)라는 말은 성인 남자를 가리킨다. 맹자는 '장부'에 '천'(賤)이라는 형용사를 붙여 비난하는 말로 사용한 적도 있는데, '대장부'(大丈夫)는 '장부'에 '훌륭하다'는 의미의 '대'자를 붙인 말이다. 대장부라는 말은 '남자다운 남자', '기개 있는 남자'의 의미로 일반적으로 쓰였던 것 같다. 종횡가의 아이디어와 그들의 언변이 발휘하는 위력은 제후들을 두려워하도록 하기에 충분했으니, 그 사람들이 바로 대장부가 아닌가라고 생각할 수 있고, 아마도 그것이 일반적으로 사람들이 생각하던 대장부의 이미지였을 것이다.

그러나 맹자는 그 사람들을 아녀자의 길을 따르는 사람이라고 폄하했다. 아녀자란 시집가기 전에는 친정부모에게 순종하고 시집가서는 남편에게 순종하는 것을 미덕으로 삼는다. 당시의 세력 판도를 좌지우지할 영향력이 있었기에 제후들도 두려워하던 그들을, 맹자는 왜 순종을 미덕으로 삼는 아녀자에 비유했을까?

맹자가 보기에 공손이나 장의와 같은 사람은 스스로 지키는 가치가 없는 사람이다. 겉으로 보기에는 당시 판도에 영향력을 행사함으로써 제후들을 두렵게 할지라도, 결국에는 제후들을 위해 일하는 사람이다. 이들은 그 제후가 어떤 사람인지 관계없이 자신에게 최고의 보수를 지불하는 사람에게 봉사하기 위해 언제든 고용될 준비가 되어 있다.

맹자가 생각하는 진정한 대장부란 이처럼 다른 사람의 이익을 위해 움직이거나 다른 사람의 명령에 의해 움직이는 사람일 리가 없다. 그 무엇보다도 스스로가 자신의 주인인 사람, 맹자가 생각하는 진정한 대장부는 바로 이런 모습이다.

> 천하라는 넓은 집을 거처로 삼고 천하의 바른 자리에 서서 천하의 대도를 실천한다. 관직에 나아가면 백성과 함께 그 길을 가고 그렇지 못하면 홀로 그 길을 간다. 부귀도 나를 흔들 수 없고 빈천도 나를 변하게 할 수 없으며 무력도 나를 굴복시킬 수 없다. 이런 사람을 대장부라고 하는 것이다.(「등문공 하」 2)

부귀와 빈천은 인생에서 따라올 수도 있고 그렇지 않을 수도 있는 부산물일 뿐이다. 진정한 대장부는 스스로를 위해서만 움직인다. 그의 시야는 한 나라 한 제후에게 봉사해서 그들로부터 부귀를 얻는 것 따위에 있지 않다. 그는 천하를 거처로 삼아 스스로의 삶을 산다. 그것은 어떤 조건이나 위협에 구애되는 일 없이 자신의 본성대로 사는 것이다. 그것은 이 세상을 선으로 이끄는 삶이다. 자신을 실현하고 선을 실현하려는 사람이라면 주어진 조건에서 자신이 할 바를 다할 뿐이다. 공자나 맹자처럼 당대에 그 도를 실현하는 대신 제자를 키워 그 제자들이 그 도를 퍼뜨리게 할 수도 있고, 또한 책을 써서 난세의 제자들을 키워 낼 수도 있다. 어떤 경우든 세속에서 얻는 결과는 부산물이고, 대장부는 스스로의 뜻을 실현하는 삶을 살 따름이다.

전쟁을 반대하는 사람들의 논리

전쟁이 만연한 세상에서 전쟁 자체를 반대하는 평화주의자들도 있었다. 맹자 역시 "『춘추』(春秋)에서 공자가 옳은 전쟁이라고 평가한 것은 없다"(「진심 하」 2)고, 당시의 전쟁을 반대했다. 탕왕이나 문왕이 한 전쟁처럼, 폭군 밑에서 신음하고 있는 백성들을 구원하기 위한 전쟁이 아니라면 어떤 전쟁도 정당하지 않다. 당시처럼 천자를 무시하고 제후들이 스스로 왕을 참칭하면서 영토 싸움을 벌이는 전쟁이라면 옳은 전쟁은 없다. 맹자 역시 자신의 신념을 지키면서 천하를 통일할 수 있다고 전망했지만, 그 통일은 전쟁에 의해서가 아니라 통치자가 부모 같은 마음으로 백성들을 보살핀다는 소문을 듣고 천하 사람들이 그 휘하로 몰려옴으로써 이루어질 것을 기대했다.

『맹자』에는 송경(宋牼)이라는 평화주의자가 등장한다. 진과 초가 전쟁을 시작했다는 소리를 듣고 초나라 왕에게 전쟁을 멈추라고 설득하기 위해 초나라로 가는 길에서 송경이 맹자와 만났다. 어떻게 전쟁을 멈추도록 설득할 것인지 묻는 맹자에게 송경은 다음과 같이 대답했다.

나는 전쟁이 이익이 되지 않는다는 것을 말하려고 합니다.
(「고자 하」 4)

당시의 모든 사람을 움직이는 힘이 이익이었다는 것을 생각하면 이익이 되지 않는다는 설득이 가장 효과적일지도 모른다. 그러나 맹자는 다음과 같은 논리로 송경에게 이의를 제기했다.

선생의 뜻은 훌륭하지만 선생의 방법은 옳지 않습니다. 선생이 이익을 내세워 진나라와 초나라 왕을 설득한다면 진나라와 초나라의 왕은 이익을 좋아하기 때문에 삼군의 군사를 동원하는 것을 중단할 것입니다. 그러면 삼군의 군사들은 동원을 중단하는 것을 반기며 이익을 좋아하게 될 것입니다. 신하가 이익을 생각해서 그의 임금을 섬기며, 자식이 이익을 생각해서 그의 아비를 섬기며, 동생이 이익을 생각해서 그의 형을 섬긴다면, 임금과 신하, 아비와 자식, 형과 동생이 결국은 인의를 버리고 이익을 생각해 서로를 대하게 될 것입니다. 그렇게 되고서도 망하지 않는 경우는 없습니다.
(「고자 하」 4)

그 목적이 평화라고 해도 그 목적을 위해 사람들의 이기심을 자극한다면, 결국 사람들은 계속 이기심의 원리에 따라 행동할 것이다. 그러므로 원하는 목적도 얻지 못할 뿐 아니라, 노골적으로 이익 추구를 앞세우는 법가적 원리를 따를 때와 다르지 않은 결과를 초래할 것이다. 그것이 부국강병이든 평화든 내 마음 밖의 가치라는 점에서는 한가지이다. 내 마음 밖의 공동선을 추구하게 추동하는 것은 유용성의 원리이다. 지금은 평화가 선이라고 할지라도 더 유용한 것이 나타나면 평화는 얼마든지 대체될 것이다. 맹자가 지적하는 것은 바로 그 점이다. 유용성을 좇는 것을 인정해 버리면, 그 전제는 이기심의 인정이고 그 궁극의 결과는 이기심이 충돌하는 쟁탈전뿐이다.

평화가 진정 중요한 것이라면 그것은 가치의 원천인 우리 마음이 평화를 원하기 때문이어야 한다. 그래야만 그 평화는 자신의 뿌리를 내리고 자신의 진면목을 드러낼 수 있다. 맹자에게 가능한 평화는 군주가 인의의 마음을 회복하는 것, 그리하여 백성들을 사지로 내모는 전쟁을 멈추고 그들의 생업에 힘쓰는 그 길에 의해 달성될 수 있을 뿐이다.

사이비 군자

『맹자』 안에는 '선'과 대립하는 의미의 '악' 개념은 등장하지 않는다. 맹자는 그 대신에 '불선'(不善)이라는 말을 쓴다. 성선설을 주장하는 맹자에게 '악'을 설명하는 것은 쉬운 일이 아니다. 악의 존재를 인정하게 되면 성선설의 기반이 흔들린다. 악하게 될 수 있다는 사실 자체가 성이 선하지 않다는 증거가 되기 때문이다. 맹자는 자신이 주장하는 '선한 본성'은 타고난 바탕이 선하다는 뜻이라고 설명했다. 현실에 '불선함'이 있다는 것을 인정하지 않을 수 없는데, 그것은 타고난 재질의 탓이 아니라고 말한다. 맹자는 그러한 불선이 어디에서 발생하는가에 대해서는 더 이상 설명하지 않은 채, 다만 사람이 개나 소를 잃듯이 타고난 마음을 잃는다고 비유적으로 말했을 뿐이다. 악의 존재에 대해서는 인정하지 않은 채 선하지 않은 상태, 선의 유실

상태만을 인정한 것이다.

정주성리학은 맹자의 성선설을 '성즉리'(性卽理)라는 명제로 재규정했다. 이들의 리(理)는 세상 모든 존재를 그 존재이게 하는 보편원리이다. 이러한 절대적 존재를 상정하는 세계관에서 악을 설명하는 일은 더욱 어려운 문제이다. 모든 존재의 본성은 우주적 진리와 같은 정도로 선한 것인데[성즉리], 악은 도대체 어디서 올 수 있는가 말이다. 리의 영향권에서 벗어나 있는 어떤 존재가 있다고 한다면, 이 세상 구석구석에까지 침투해 있는 보편원리로서의 위상은 무너진다. 그러나 현실에 엄연히 존재하는 '리' 아닌 상태에 대해서도 설명하지 않을 수 없었다. 정주성리학은 그 문제를 기(氣) 개념을 도입해서 해결하고자 했다.

『맹자』와 정주성리학에서는 모두 '선'과 대립된 '악'의 존재를 인정하지 않기 때문에 '선'은 '중도'(中道)의 모습을 띤다. 가령 인한 사람이란 측은지심을 잘 키운 사람이다. 측은지심이 모자라면 각박한 사람이 되겠지만 측은지심이 너무 넘쳐도 우유부단한 사람이 될 뿐이다. 인한 사람이란 모자라지도 넘치지도 않게 측은지심을 키운 사람이다. 또한 수오지심도 마찬가지이다. 수오지심이 모자라면 뻔뻔한 사람이겠고 너무 넘치면 필요 이상으로 엄격한 사람이 된다. 개별적인 덕마다 그런 중도를 생각할 수 있을 것이고, 사람의 인격에 대해서도 중도적인 사람이라고 총체적인 평가가 가능할 것이다.

공자는 『논어』에서 중도의 선비, 향원(鄉原=鄉愿), 광자(狂者), 견자(狷者)에 대해서 얘기한 적이 있는데, 맹자는 공자를 인용하면서

이 네 부류의 선비에 대해 다시 논했다.

중도의 선비가 이상적이지만 현실에서 그렇게 쉽게 만날 수는 없다. 공자와 맹자는 광자, 견자, 향원 순으로 선비의 등급을 매긴다. 광자가 이상이 너무 커서 실천이 거기에 미치지 못하는 사람이라면, 견자는 자신과 타인의 부도덕에 대해 지나치게 엄격한 사람이다. 광자가 자신의 현실적인 능력 이상으로 지향이 큰 사람이라면, 견자는 자신의 행위가 행여 도에 어긋날까 전전긍긍하느라 자신의 능력보다 스스로 위축되어 있는 사람이다. 중도의 선비란 광자와 견자의 중도를 지키는 선비일 것이다. 마음의 지향과 몸의 실천이 떨어지지 않은 사람일 것이다.

광자와 견자는 중도를 지키지 못했다는 점에서 이상적인 선비상은 아니지만, 그래도 공자는 중도의 선비가 없다면 광자와 함께 하고, 광자도 없다면 견자와 함께하고 싶다고 말했다. 그들은 그들이 지향하는 도를 현실에서 실현하는 문제에서 바람직한 균형을 유지하지 못했다는 결함이 있지만, 옳은 것을 지향한다는 점에서는 일단 인정할 수 있는 사람들이다. 그런데 공자는 광자나 견자와는 달리 향원(鄕愿)의 부류와는 상대하고 싶지 않다고 했다.

맹자의 사상 체계에서 광자처럼 이상이 크다는 것은 자신의 마음에 대한 믿음이 크다는 것이다. 내 마음이 바로 선의 원천이고 세상 평화의 원천이라는 것에 대해 확신하는 것이다. 때로 그 마음이 흔들리기도 하고 또 세상의 평화를 좌지우지할 그 마음이 세상에 별 영향력이 없는 것 같아 허풍쟁이처럼 보일 수도 있다. 그러나 공자나 맹자가 보기에 이러한 광자는 성인의 자리에 상대적으로 가까이 간 사람들이다. 자기 마음에 대한 이러한 확실한 믿음은 성인이 되는 데 가장 필수적인 요소이기 때문이다. 그 마음을 잃지 않는다면 마음은 몸을 통솔하는 것이므로 몸은 머지않아 마음을 따라갈 것이다.

견자는 자신의 마음에 대해 그러한 확신을 갖지 못하는 사람이다. 오히려 자신이 현실에서 저지를 수 있는 잘못에 민감한 사람이다. 그래서 그 잘못을 줄이기 위해 행동반경을 좁히는 사람이다. 성실한 마음으로 성인의 공부를 시작한 사람이라면 한동안은 견자의 시기를 지날 것이다. 물론 누구나 성인이 되고 광자가 되는 것은 아니므로 평생 이러한 상태인 사람도 있을 것이다. 이 사람들은 잘못을 줄이는 만큼 큰 일을 할 수 있는 가능성도 줄어든다. 즉 자신이 가진 가능성을 최대한으로 발휘하는 일에 대해서도 소심하며 타인을 선도해 줄 수 있는 기회도 그만큼 줄어들 것이다. 그러나 이 사람들 역시 성인의 학도라는 것은 분명하다. 그래서 공자는 광자 다음으로 견자를 꼽았다.

한편 '향원'(鄕愿)은 글자 그대로는 '동네[鄕]에서 신실하다[愿]고 인정받는 사람'이라는 의미이다. 글자 자체로는 나쁜 뜻이 없는데, 공자가 이 말을 '사이비'(似而非)라는 의미를 담아 사용하면서 부정적으로 사용되게 되었다. 공자가 사용한 '사이비'란 말은 우리가 요즘 쓰는 말 이상으로 심각한 의미를 담고 있다. 보통 사람들은 그것이 가짜인지 모를 정도로 너무 닮았다는 의미이다. 심지어는 스스로도 속을 정도로 그럴듯한 사람이다. 그래서 위험한 사람들이다. 누가 봐도 가짜인 줄 알면 심각하지 않다. 공자는 향원을 가짜 군자, 즉 군자인 척하는 사람이라고 규정했는데, 그 행태가 너무 그럴듯해서 동네 사람들은 모두 그 사람이 정말 유덕한 사람이라고 생각한다. 이 사람은 마음을 바르게 해서 그 마음에서 저절로 우러나오는 유덕한 행위를 하는 것이 아니라, 유덕한 사람이 할 법한 행위를 연출해 낸다. 많은 사람들이 그를 유덕한 사람이라고 생각하고 주위에서 그렇게 인정해 주니까 어느 사이에 스스로도 그렇다고 생각한다.

> 만장이 물었다. "동네〔鄕〕 사람들이 모두 친근하고 후덕한 사람〔愿〕이라고 칭찬하는 사람은 어디를 가든 그렇게 친근하고 후덕한 사람일 것입니다. 그런데 공자가 덕을 해치는 사람이라고 한 이유는 무엇입니까?" 맹자가 말했다. "비난하려고 해도 꼬집을 데가 없고 공격하려고 해도 약점을 찾을 수가 없다. 흐르는 세파를 함께 따르며 더러운 세상에 영합한다. 들어앉아 있는 모습은 충직하고 신의 있는 듯하고 행동하는 것은 청렴결백한 듯하다. 많은 사람들이 그를 좋아하고 자신도 스스로를 옳다고 여기지만 요순의 도에 함께 들어갈 수 없는 사람이다. 그래서 덕을 해치는 자라고 하는 것이다."(「진심 하」 37)

그들은 "'이 세상에 태어났으면 이 세상 사람이 하는 일을 해야지. 그들이 좋다고 하는 것이 좋은 것 아닌가'라고 하며 속내를 드러내지 않고 세상에 아부하는 사람"(「진심 하」 37)이다. 이를 보면 향원은 세상에서 일반적으로 통용되는 가치체계에 자신을 적응시켜 사회에서 인정받기를 원하는 사람이지만, 웬만해서는 드러내지 않는 속내가 따로 있는 사람이다.

향원은 자신의 마음이 아니라 밖으로 드러나는 행위를 키운다. 밖으로 드러난 행위만을 따진다면 그는 누구에게 해를 입히기는커녕 대단히 훌륭한 사회인이다. 속으로 무슨 꿍꿍이가 있는지 알 수 없다. 속으로는 온갖 천박하고 추잡한 생각을 할지도 모른다. 그러나 밖으로 드러내는 일은 없다. 행동으로 옮기는 일은 더욱 없다. 남한테 해를 끼치는 일은 없다. 무엇이 문제인가?

이들이 보여 주는 언설이나 행위만으로 본다면 그들은 덕 있는 사람이다. 그들의 언설이나 행위는 동네 사람들의 칭찬을 목적으로 하여 의도적으로 연출된 것이다. 나아가 도덕이 인간을 평가하는 모든 척도가 되는 사회에서 그들의 그러한 행위는 사회적 명성과 부를 가져다주기 때문에 그들의 모든 에너지가 집중된 결과다. 끊임없는 선과 악의 갈등 혹은 이기심과 공동선의 갈등을 겪는 것은 거의 모든 사람들의 현실이다. 그러나 그들은 그러한 내면의 갈등에도 불구하고 사회에서 원하는 행위가 자신들에게 가져다줄 반대급부를 생각하고 바람직한 행위를 할 줄 안다. 향원의 행위 방식은 '위선'(僞善)이라는 것으로 불리지만, 사실은 그것이 사회 규범을 유지하는 데 기여하고, 나아가 실제로 많은 보통 사람들이 사회 규범에 참여하는 방식이다. 공자와 맹자가 상대하고 싶지 않다고, 덕을 해치는 사람이라고 비판했던 향원은 사실은 많은 평범한 사람들이나.

우리가 우리 마음이 수시로 갈라지고 갈등을 일으킨다는 것을 인정한다면, 그리고 실제로 유학의 역사상 성인이라고 인정받은 사람이 공자 말고는 없다는 점을 상기한다면, 향원에 대한 공맹의 이러한 비난은 좀 과하다는 생각이 든다. 맹자가 말하는 우리의 착한 마음이란 싹의 형태로 주어진 것이어서, 그것이 웬만한 비바람에도 끄떡하지 않을 정도로 울창한 나무로 자랄 때까지는, 누구나 흔들려서 마음의 갈등뿐 아니라 몸으로도 많은 잘못을 저지른다. 그러면서 성장해 간다. 우리의 성장 과정을 되돌아보면, 어렸을 때는 부모의 꾸지람 때문에 혹은 선생님의 칭찬 때문에 '올바른' 행동들을 하면서 점점 자신의 마음과 판단에 의한 자발적 실천으로 옮아간다. 향원을 마음이 아니라 다른 속내 때문에 선한 행동을 하는 사람이라고 정의한다면, 우리들은 누구나 어느 정도 향원이 아닐까? 평생 동안 순간순간 향원일 수도 있고, 아니면 우리의 마음이 확실하게 우리의 주인이 되지 못한 어린 시절엔 향원일 수도 있다. 그렇다면 중도의 선비, 광자, 견자와 다른 편에 서 있는 부정적 인간 부류가 아니라, 견자 밑의 성장 단계로 넣어서 그 존재를 인정해 줘도 좋지 않을까?

중도적 선비와 향원은 각각 마음의 윤리와 행위의 윤리를 대변한다. 윤리적 평가의 대상이 마음인가 행위인가에 따라 윤리설을 나눈다면 유학은 마음의 윤리이고 덕의 윤리이다. 즉 선악의 평가는 그들의 마음을 평가해서 판단하는 것이며, 그 마음에 의한 결과인 행위는 평가의 대상이 아니다. 마음의 윤리는 자신의 마음을 선하게 하는 것이 윤리적 활동이지만, 행위의 윤리는 마음이 어떻든지 눈에 보이는 결과를 보여 줘야 한다. 보통 행위의 윤리는 유용성의 원리를 윤리 원칙으로 받아들이는 윤리체계의 원리이다. 대표적으로 공리주의는 선으로 동의된 어떤 가치를 많이 산출해 내야 선한 행동으로 평가된다. 마음이 아니라 결과 즉 행위를 윤리 판단의 대상으로 하는 체계라면 향원은 그 안에서 대단히 선한 사람이 될 것이다.

그러므로 맹자가 향원을 필요 이상이라고 생각될 정도로 비난했던 것은 이해가 간다. 그것은 마음의 윤리를 지키려는 맥락에서 나온 것이었다. 마음은 자신만이 들여다볼 수 있는 것이고, 사회에서 모든 일의 자격으로 마음의 선함을 요구한다면, 설사 온갖 마음의 갈등을 겪고 심지어는 대단히 이기적인 사람이라도 사회에서 요구하는 선한 사람인 척하지 않을 수 없다. 특히 유학처럼 윤리가 윤리에서 끝나지 않고 정치적 자격으로까지 이어지는 구조에서, 마음의 윤리는 자연히 향원을 양산한다. 그런 점에서 보면 향원에 대한 과도한 부정은, 자신들이 빠질 수 있는 함정에 대한 경계의 마음에서 나온 것인지도 모른다.

3. 부동심과 지언

언어와 정치

'언어'는 대화하면서 던지는 한마디에서부터 사상가들의 이론체계까지 포괄하는 단어이다. 공자는 '이름[名]을 바로잡는 것[正]'을 정치의 핵심으로 삼았다고 한다. 이름이 밀라야 한다는 공자의 생각은 그의 가치관을 그대로 보여 준다. 공자는 이름을 바르게 한다는 것의 구체적인 예로 "임금은 임금답고 신하는 신하답고 아버지는 아버지답고 아들은 아들답게 하는 것"(『논어』「안연」11)임을 들었다. 공자는 임금, 신하, 아버지, 아들의 바람직한 상을 가지고 있었기 때문에 이런 말을 할 수 있었다. 이름이 바르지 않은 현상이란 현실의 임금과 신하, 아버지와 아들의 실상이 이상형에서 멀어졌는데도 여전히 그 이름으로 불리고 있는 상황이다.

인이라든지 사회의 정의라든지 하는 가치의 이름도 마찬가지이다. 인의 덕이나 사회의 정의에 대해 공자는 분명한 자신의 그림을 가지고 있는데, 급격히 변동 중인 사회에서는 그것과 다른 내용이 같은 이름으로 통용되었던 것이다. 즉 공자가 한탄한 것은 다른 사유체계와 가치체계를 구축해 가는 사회의 변동이었다.

언어는 사유와 가치를 표현하는 형식이다. 주나라 때에는 공손과 겸손이 젊은이에게 요구되는 중요한 덕목이었다면 21세기인 지금은 자신감과 독창성이 그 중요한 덕목이 되었다고 해보자. 그렇다면 양 시대에 모두 '좋은 젊은이'라는 같은 이름을 써도 그 내용은 판연히 달라진다. 공맹의 시대처럼 너 나 할 것 없이 부와 권력을 원하는 세상은, 인과 의라는 덕목 대신 능력과 이익이라는 덕목을 좋아했을 것이다. 임금과 아버지에게 요구되는 것이 인하고 의로운 사람이 아니라 유능한 사람이 되었다면, 당시의 훌륭한 임금과 훌륭한 아버지는 당연히 공자의 눈에 그 이름에 어울리지 않는 사람이다. 심지어 영토를 넓히기 위해 자기 아들을 사지로 내모는 왕이 능력 있는 왕,

훌륭한 왕으로 평가되는 상황이었다면 말이다.

인류의 역사는 사회가 변천해 온 역사이다. 사회경제적 변화에 따라 정치제도도 변화했고 윤리규범도 변화한다. 그 변화가 순조롭지만은 않지만 진통을 겪으면서도 변화하는 건 막을 수 없다. 사회경제적 변화에 따라 제도와 규범이 변했다면 그러한 변화는 현실의 변화에 맞춰 이름이 변화한 결과이다.

공자는 이름을 바르게 한다고 표현했지만 실제로 그가 그 목적을 위해 해야 할 일은 현실을 그 이름에 맞게 하는 것이었다. 즉 이름이 아니라 그 이름이 표상하고 있는 사회의 가치관을 지키는 것이며, 그 가치관을 사회에서 거부하지 않고 받아들이도록 하는 것이었다. 어느 쪽이든 그러므로 이름을 바로잡는 일은 사상의 문제이고 나아가 정치적인 문제가 된다. 따라서 세상의 흐름을 거스르는 듯한 공자의 기획은 당연히 쉽게 결과를 볼 수 없었을 것이다.

이름을 바르게 하겠다는 그 사명은 이제 맹자의 것이 되었다. 맹자가 성왕들의 뒤를 잇는 역할을 자임하면서 구체적으로 하려 했던 일은 그가 위험하다고 여긴 이론들을 종식시키는 것이었다. 특히 그가 주적으로 지목한 사특한 말은 양주와 묵적의 이론이었다. 자신의 사명이 옳지 않은 이론들을 종식시키는 것이라고 천명한 만큼 맹자는 이 사람 저 사람과 공격적으로 논쟁했던 듯, 항간에는 그가 논쟁하기를 즐기는 사람이라는 소문이 났다. "사람들이 그런 말들을 합디다" 하고 전하는 제자에게 맹자의 짧지 않은 대답이 이어지는데, 그 가운데 다음과 같은 내용도 포함되어 있다.

양주와 묵적의 학설이 사라지지 않으면 공자의 도가 드러나지 못할 것이니, 이것은 잘못된 학설이 백성들을 기만하고 인의(仁義)를 막아 버리는 것이다. 인의가 막히면 짐승을 몰아서 사람을 잡아먹게 하고, 끝내는 사람들이 서로 잡아먹게 될 것이다. 나는 이것을 걱정해서 성인들의 도를 보호하고 양주와 묵적의 학설을 막으며, 도리에 넘어서는 말을 추방하여 잘못된 학설을 주장하는 자가 생기지 않게 하려는 것이다. 그런 잘못된 말들은 마음에서 일어나 행동하는 데 나쁜 영향을 주며, 행동하는 데 영향을 주면 정치에 해를 미치게 된다. 성인이 다시 살아와도 내 말이 틀리다고 하지 않을 것이다.(「등문공 하」 9)

맹자 역시 말이 말에서 끝나는 것이 아니라 종국에는 정치의 문제라는 것을 안다. 양주의 말이나 묵자의 말은 다른 세상을 꿈꾸게 하는 말들이다. 특히 유학에서 핵심적인 가치로 다루는 인과 의를 정면으로 부정하는 이론이다. 그것이 사람 마음에 파고들어 영향력을 행사한다면, 세상은 공자와 맹자가 그리는 것과는 반대 방향으로 달려갈 것이다. 공맹은 자신들이 그리는 세상이 인간이 인간답게 살 수 있는 유일한 세상이라고 생각했으므로, 그와 반대 방향으로 가는 양주와 묵적의 세상은 금수의 세상과 같다.

사실은 당시의 다른 어떤 이론도 이들의 가치인 인의와 대립하는 것이었다. 양주와 묵적처럼 가족애를 부정하거나 사회를 부정하는 것이 아니라도, 인의 대신 이익을 최고의 가치로 여기는 사회 역시 금수의 세상인 것은 마찬가지였다. 그러므로 맹자가 전투적으로 논쟁한 것은 오히려 당연했다. 그것은 정말로 맹자 말대로 말하기를 좋아해서가 아니라 맹자로서는 자신의 인생을 넘어 유학의 운명을 건 싸움이었다. 나아가 인류의 운명을 건 싸움이었다.

부동심을 위한 지언

유학의 운명을 걸고 다른 이론과 논쟁하는 일이 쉬운 일이었을 리 없다. 맹자가 주장하는 왕도정치가 제후들의 현실적 이해와 맞아떨어질 여지가 없었기 때문이기도 했겠지만, 당시와 같이 통상적으로 전쟁을 겪는 상황에서 사람의 본성이 선하다든지 가족 사이의 사랑으로 천하를 결합시키자는 주장은 얼마나 허황되게 들렸을까? 맹자가 아무리 신념이 투철하고 호기 있는 사람이었다고 해도, 주위의 냉담함 속에서 의기소침해지는 일이 어떻게 없었겠는가. 특히나 상대방의 말이 그럴듯하게 들렸다면, 자신의 신념이 흔들리는 일도 있었을 것이다.

맹자는 '부동심'(不動心) 즉 마음 흔들리지 않기를 성취하기 위해 호연지기를 길러야 한다고 역설했다. 호연지기는 자신의 도덕성을 기르는 가운데 맞닥뜨릴 수 있는 물리적인 위협을 극복하는 데 필요한 것이다.

그런데 위협이란 물리적인 곳으로부터만 오는 것이 아니다. 자신의 믿음을 뒤흔들 수 있는 남의 말이 갖는 위력은 물리적인 힘 이상의 피피력이 있다. 맹자는 남의 말, 남의 이론이 행시하는 위력에 맞서 자기 신념을 지키기 위해서 또 다른 훈련을 필요로 했다. 그것은 '남의 말 파악하기'〔知言〕이다.

맹자가 부동심의 한 방법으로 '남의 말 파악하기'를 든 것은 우선은 자신의 부동심을 성취하기 위해서겠지만, 그것은 또한 자기 개인의 부동심을 위한 것만은 아니었다. '남의 말 파악하기'란 자신과 다른 주장을 펴는 이론가들에 대한 대응이다. 자신과 적대하는 이론에 대항하여 그 이론의 약점이나 위험성을 파악해서 사람들에게 보여 주고 그럼으로써 사람들이 그 이론에 현혹되지 않게 하는 일은, 맹자처럼 확실하게 자신의 이상을 가지고 있고 게다가 사회를 구제해야 한다는 책임감까지 가진 사람에게는 피할 수 없는 일이었다.

내 이론이 공격받으면 흔들릴 수 있고, 또 상대의 말이 그럴듯하게 들리면 흔들릴 수 있으며, 상대의 말이 잘못된 것 같은데 분명하게 어디가 잘못됐는지 집어낼 수 없을 때도 흔들릴 수 있다. 특히 '백가가 서로 자신의 이론을 다투는'〔百家爭鳴〕시대의 한가운데 있었던 맹자에게, 그 많은 사상가들 속에서 자기 이론의 정당성을 흔들림 없이 확신하고 그들과 논쟁하는 일은 그야말로 사상가로서의 생명을 건 과제였다.

남의 이론 앞에서 흔들리지 않으려면 자신의 이론을 확립하는 것 이상으로 남의 이론을 허물어뜨릴 수 있어야 한다. 맹자는 자신이 편파적인 말, 근거 없는 말, 사특한 말, 궁한 말 등을 어떻게 잘 파악하는지 말한다. 올바른 것에 대한 분명한 관념이 있으면 그것을 기준으로 그러한 모자란 이론들을 판단할 수 있을 것이다. 가령 누군가의 말이 편파적인 것은 그 사람이 정서상 혹은 이익 문제 때문에 어떤 사실을 인정하려고 하지 않는 배경이 있을 것이다. 그 사람이 사실을 직시하지 못하게 하는 장애를 밝혀내고 바로잡아 준다면, 그 상대를 설복시킬 수 있을 것이다. 적어도 내가 그 편파적인 공격 때문에 허물어지는 일은 없을 것이다.

공손추가 물었다. "남의 말을 안다는 것은 어떤 것입니까?" 맹자가 대답했다. "편파적인 말을 들으면 그 사람이 어디에 가려 있는지를 알며, 근거 없는 말을 들으면 그 사람이 어디에 빠져 있는지를 알고, 사람을 망치려는 사특한 말을 들으면 그 사람이 정도에서 얼마나 멀리 있는지 알고, 둘러대는 말을 들으면 그 사람이 처한 궁지를 안다. 이러한 나쁜 말들은 마음에서 일어나면 정치에 해를 끼치고 정치로 행해지면 나라 일을 해치게 된다. 성인이 다시 살아와도 내 말을 틀림없이 따르실 것이다."(「공손추 상」2)

사특한 말이라는 건, 맹자의 입장에서 사특한 말이다. 대표적으로 양주와 묵자의 이론들이 맹자에게 사특한 이론들이었을 텐데, 이들은 자신들이 주장하는 바가 명확했고, 논리적으로 맹자의 이론이 바른 것이고 이들의 이론이 사악한 것이라고 할 근거는 없다. 인의가 유일한 가치라고 여긴 맹자의 입장에서 이들의 이론은 사악한 것이었으리라. 이처럼 자신의 이론과 근본에서 어긋난 것을 잡아내기 위해서는 자기 이론의 핵심이 무엇인지를 파악하고 있어야 할 것이다.

이론의 대립이 아니더라도, '남의 말 파악하기'는 일상적인 대화에서도 건설적인 인간관계나 마음의 평정을 위한 좋은 방법이 될 것이다.

부모의 관심과 사랑이 필요한 아이가 착한 아이가 되는 대신에 말썽을 부린다든지, 남자아이가 맘에 드는 여자아이한테 친절한 행동을 보이는 대신에 짓궂은 장난을 친다든지 하는 일들은, 우리의 의사표현이 액면대로 이루어지지 않는 것을 보여 주는 흔한 예다. 다른 일 때문에 화가 나 있으면서 눈앞의 사소한 것을 꼬투리 잡아 애먼 사람에게 화를 내는 경우도 있고, 자신에 대한 불안감을 타인에 대한 공격으로 드러내는 경우도 있다.

개인적인 관계에서든 이론의 충돌에서든 결국 남의 말을 이해한다는 것은 그 말의 배경을 이루는 것들을 총체적으로 파악하는 일이 될 것이다. 상대방의 발설을 액면 그대로 받아들이는 것을 멈추고, 그것이 어떤 맥락에서 나왔으며 거기에 어떤 이해관계가 얽혀 있는지를 이해하는 것이다.

그 결과, 상대에 대한 애정 때문에 상대의 본의를 잘 이해하기 위한 지언의 경우라면, 소모적인 말싸움에 빠지지 않는 그 인간관계는 더욱 돈독해질 것이고, 맹자처럼 이론적 경쟁자를 물리치기 위한 지언의 경우라면, 상대 이론의 골조를 꿰뚫어 보고 약한 곳을 공격함으로써 그들을 무너뜨릴 수 있을 것이다.

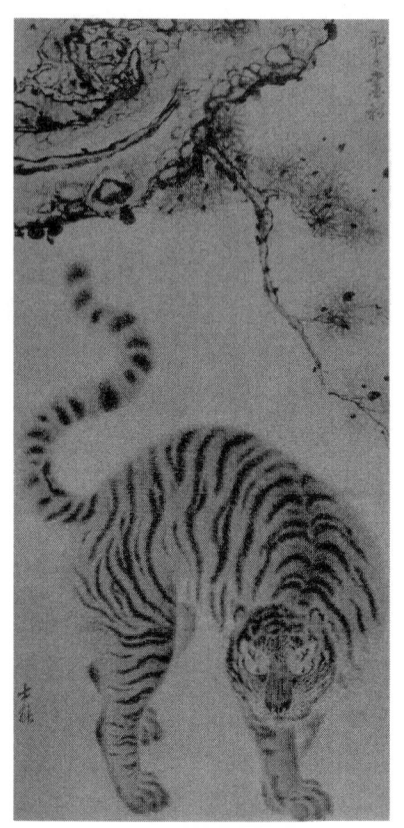

김홍도, 「송하맹호도」(松下猛虎圖), 조선 18세기 말.

맹자는 권력은 덕보다 한 수 아래의 가치라고 생각했지만, 현실을 보면 쉽게 그렇다고 말할 수 없다. 덕치를 실현하는 데는 이론적으로 덕이 본질적으로 필요한 요소이지만, 현실에서는 늘 권력이 그 실현 여부를 좌우했다. 도는 사라지지 않는다. 즉 그 도를 품은 사람의 덕은 이어진다. 그러나 그 도는 자주 가려서 세상에 드러나지 않는다. 권력이 그것을 가리는 것이다. 맹자 같은 사람에게 덕을 키우는 일은 가장 잘 할 수 있는 일이어서 가장 쉬운 일이다. 어려워서 정말 중요한 일은 권력자를 길들이는 일이다. 유학의 역사에서 치세보다 난세가 더 많았다는 사실은—어쩌면 평가 기준이 너무 엄격한 것일 수도 있지만—덕보다는 권력이 더 힘을 발휘했다는 것을 말해 준다.

4_권력 다루기

1. 도덕적 지도자로서의 위상

제후에게 발탁되어야 하는 현실

군자가 자신들의 이상인 왕도정치를 실현하기 위해서는 군주에게 영향력을 행사할 수 있는 정치적 지위가 필요하다. 유학자의 실무는 군주를 교육시켜 군주로 하여금 도덕정치를 하게 하는 것이다. 공자와 맹자가 자신들의 뜻을 받아들일 제후들을 찾아 짧지 않은 세월을 편력한 것도 그들의 이념을 실현하기 위한 첫번째 높은 문턱을 넘기 위해서였다.

그러나 공자도 그렇지만 맹자 역시 제후들에게 결코 지위를 구걸하지 않았다. 자신의 마음에 충실하여 도덕적인 세상을 만드는 것이 목적이었기 때문이다. 그 목적 때문에 제후의 마음을 얻으려고 마음에 조금이라도 부끄러운 일을 하게 되면, 그 목적을 이루기 위한 원동력이 되어야 할 마음은 위축되고 말아 결국 어떤 목적도 달성할 수 없을 것이다.

공자와 마찬가지로 맹자 역시 끝내 자신의 뜻을 실현할 제후를 만나지 못하고, 고향에서 제자들과 함께 책을 쓰며 그 꿈을 자신의 세대를 넘어서 실현하기를 기약했다. 세속적인 성공 여부가 자신의 가치에 영향을 주는 것이 아니라고 마음을 다잡지만, 그러한 상황이 견디기 쉽지 않은 역경임은 부정할 수 없다. 『맹자』 안에 가끔 보이는 다음과 같은 발언들이 오히려 맹자의 그러한 쓰라림을 얘기하는 듯하다.

덕을 존중하고 정의를 즐기면 등용되는가 여부에는 초연할 수 있다. 그러므로 선비는 곤궁한 상황에 처해도 정의를 잃지 않으며, 출세해도 도를 떠나지 않는다. 곤궁해도 정의를 잃지 않기 때문에 선비는 자족할 수 있고, 출세해도 도를 떠나지 않기 때문에 백성들을 실망시키지 않는다. 옛사람은 뜻을 이루면 백성들이 그 은택을 입도록 했고 뜻을 이루지 못하면 몸을 닦아 세상에 드러냈다. 곤궁한 상황에서는 홀로 자신의 몸을 선하게 하고 출세하게 되면 천하 사람들과 함께 선을 실천했다.(「진심 상」 9)

내면에 충실해 그 올바름만을 가치로 여기고 살며, 세상을 구원하는 것도 그 연장선일 뿐이라는 자신의 입장을 다짐하듯이 말하고 있다.

왕도정치의 첫발이 뜻이 있는 왕을 만나거나 왕을 설득하는 것이라고 한다면, 이는 정말 쉽지 않은 기획이다. 공자의 임무가 군주를 교육시켜서 유덕한 사람으로 만드는 것인데, 그 기회를 얻기 위해 유덕한 군주를 만나야 하기 때문이다. 유덕하기까지는 아니더라도 최소한 그러한 지향을 가진 제후를 만나야 한다. 자신 안에 인과 의가 있는데도 그러한 덕은 자신과 관계없다고 생각하는 것이 "자신을 해치고 자신을 버리는 것"이라면 '우리 임금은 안 돼'라고 포기하는 것은 "임금을 해치고 임금을 버리는"(「공손추 상」 6) 것이라고 맹자는 말한다. 자신을 알아보는 군주를 만나는 것이 얼마나 어려운지 토로하는 말로도 들린다. 또한 옆에서 보기에 포기하는 게 나아 보일 정도로, 전혀 관심을 보이지 않는 제후를 향해 왕도정치를 선전했다는 말로도 들린다. 전혀 가망이 없어 보이는 제후를 향해서도 지치지 않고 꾸준히 설득하는 것, 그것이 왕도정치라는 지난한 길을 향한 그 어려운 첫걸음이었다.

도도한 덕의 전문가

왕도정치를 실현하기 위한 첫걸음이 군주의 결단이라고 한다면, 군주의 존재는 정말 중요하다. 그렇다고 해도 가장 중요한 것은 아니다. 맹자는 세상에서 통용되는 존중받을 가치로 셋을 꼽았는데, 군주의 지위는 그 셋 중 하나이다.

> 증자는 '진나라와 초나라의 부유함에는 내가 미치지 못한다. 그러나 저들에게 부유함이 있다면 내게는 나의 인(仁)이 있고 저들에게 작위가 있다면 내게는 나의 의(義)가 있다. 내가 저들보다 무엇이

부족하겠는가'라고 했다. 어찌 증자가 옳지 않은 소리를 했겠는가. 이것 역시 하나의 도리인 것이다.

천하에 공통적으로 존귀한 것이 셋 있다. 작위가 하나이고 나이가 하나이며 덕이 또 하나이다. 조정에서는 작위가 제일이며 마을에서는 나이가 제일이다. 세상을 구원하고 백성을 이끄는 데는 덕만 한 것이 없다. 세 가지 중 하나를 가지고 있다고 어떻게 둘을 소홀하게 대하겠는가!

그러므로 장차 큰일을 하려는 군주에게는 반드시 오라 가라 할 수 없는 신하가 있다. 의논할 일이 있으면 직접 그를 찾아간다. 덕을 존중하고 도를 즐기는 것이 이와 같지 않다면 함께 일을 도모할 수가 없다.(「공손추 하」 2)

맹자는 이처럼 세상에 통용되는 일종의 힘 세 가지를 열거했다. 나란히 늘어놓았지만 행간을 읽으면 가장 중요한 것은 덕이다. "세상을 구원하고 백성을 이끄는" 것보다 더 중요한 일이 어디 있겠는가! 나이며 지위도 결국 제한된 집단 안에서 같은 역할을 하는 것이다. 더구나 유가가 내세우는 이상이 덕에 의해 "세상을 구원하고 백성을 이끄는" 일이라면, 덕은 제후 역시 이끌어야 할 지도적 힘이다. 그러므로 덕과 나란히 설 수 있는 존귀함은 없다. 지위가 제후의 몫이라면 군자는 덕의 전문가이다. 천하를 다스리겠다는 큰 뜻을 품은 제후라면 덕의 가치를 아는 자여야 하고, 그러한 자라면 맹자와 같은 유하가를 스승으로 모실 것이다.

맹자는 탕임금이 이윤(伊尹)이라는 현명한 스승에게 먼저 배운 뒤에 그를 등용했기 때문에 손쉽게 세상을 다스렸다는 이야기를 하기도 하고(「공손추 하」 2), 자사(子思)의 입을 빌려 천승을 가진 군주가 선비와 벗했다는 이야기에 대해 "스승으로 섬겼다는 것이지 어떻게 벗했다는 것이겠습니까?"라고 말하기도 한다. 벗은 덕이 비슷한 사람이 맺는 관계이다. 덕의 영역에서 미숙한 제후는 감히 덕의 전문가인 군자의 벗이 될 수 없다. 맹자는 자사의 입을 빌려 "지위로 따진다면 그대는 군주이고 나는 신하인데 어떻게 감히 내가 군주와 벗이 될 수 있겠으며, 덕으로 따진다면 그대는 나를 섬겨야 할 사람인데 어떻게 그대가 나와 벗이 될 수 있겠는가?"(이상 「만장 하」 7)라고 말한다. 신하로 등용된다면 조정에서의 위계질서에 따를 것이지만, 덕에 있어서는 위계가 달라진다는 말이다.

맹자는 덕이 권력보다 더 본질적이고 고귀하다고 생각했으므로 신하가 되더라도 단순한 신하일 수는 없었다. 하물며 신하가 되기 이전이라면 그들의 관계는 스승과 제자의 관계 외에 없다. 맹자는 제후가 자신에게 자문을 구하면서 현자를 대하는 예를 갖추지 않으면 응하지 않았다. 자신의 덕을 존중하고 자문을 구하는 것이라면 스승의 예를 갖추어 대접하기를 기대한 것이다. "현자를 만나고 싶어 하면서 그 도를 따르지 않는 것은 들어오고 싶어 하면서도 문을 닫는 것과 같다."(「만장 하」 7)

자신을 부르는 제후가 있다고 하더라도 맹자가 고분고분하지 않았을 것은 분명하다. 그러므로 덕과는 상관없는 난폭한 권력자들에게 신변이 위협당하는 것도 감수해야 했을 것이다. 그래서 맹자는 공자의 입을 빌려 "뜻있는 선비는 죽어서 골짜기에 버려질 수도 있다는 것을 잊지 않으며 용기 있는 선비는 자신의 목을 잃을 수 있다는 것을 잊지 않는다"(「만장 하」 7)고 말한다.

단순한 신하가 아니라 왕도정치의 동업자이며 나아가 군주의 스승으로서 유학자의 위상은 훗날 재상제도와 대간(臺諫)제도로 정착되었다. 유학을 국가 이념으로 삼는 정치제도는 군주 일인의 독재를 허용하지 않는다. 실제로 유학적 전문가가 정책을 토론하고 결정하는 재상제도와 도(道)라는 차원에서 군주의 언행을 규제하는 대간제도는 군주보다 유학적 가치가 상위임을 인정한 것이다.

2. 관계의 원칙

군신유의

벼슬하는 것은 목표로 삼을 일이 아니다. 맹자는 선한 마음을 하늘이 준 벼슬이라 부르며, 하늘이 준 벼슬은 공경대부와 같이 사람이 주는 벼슬보다 더 고차원의 것이라고 호언한다. 덕과 지위는 나이와 함께 세상에서 나란히 통용되는 것이라고 해도 덕과 나란히 설 수 있는 가치는 없다.

그러나 구세제민의 왕도를 실현하기 위해서는 군주에게 발탁되어야만 한다. 그렇게 되면 군자는 군주와 군신(君臣)의 관계를 맺게 된다. 상하의 지위로 인간관계가 맺어지는 조직으로 들어가는 것이다. 그렇다고 해도 왕도의 실현을 목적으로 하는 유학자와 왕도정치를 시행할 의도로 그를 고용한 군주 사이의 관계는 단순한 상하관계가 아니다.

임금과 신하의 인연은 서로의 의지가 있어야 맺어진다. 임금이 그를 등용할 의사가 있어야 하지만, 신하 쪽에서도 그 임금과 일을 같이할 전망이 서야 나아간다. 또한 한번 맺었던 인연이라도 조건이 변하면 깨질 수 있다. 군주만이 등용한 신하가 마음에 안 들 때 내칠 수 있는 것이 아니라, 신하 역시 군주를 거부하고 포기할 수 있다. 군주라면 그 신하를 통해 자신이 원하는 것을 얻을 수 없을 때 그 신하를 파면하겠지만, 신하 측에서도 역시 군주와 더 이상 동업할 전망을 상실하면 군주를 버리고 떠난다. 맹자는 다음과 같은 과격한 표현을 써서 군주와 신하의 관계가 상호적인 것임을 강조한다.

> 맹자가 제선왕에게 말했다. "임금이 신하를 자신의 손발처럼 소중하게 여기면 신하도 임금을 자신의 심장이나 위장처럼 소중하게 여길 것입니다. 군주가 신하를 개나 말처럼 하찮게 여기면 신하는 군주를 자신과 관계없는 남처럼 여길 것입니다. 군주가 신하를 흙덩어리나 지푸라기처럼 천하게 여긴다면 신하는 군주를 원수로 여길 것입니다."(「이루 하」 3)

군주라는 지위만으로는 대접받을 수 없다고 맹자는 군주의 면전에서 말한다. 군주가 신하에게 지켜야 할 예를 다한다면 이미 그 군주를 떠났더라도 그 군주가 죽었다는 소리를 듣고 상복을 입기도 하지만, 군주로서 해야 할 어떤 의무도 수행하지 않은 채 무례하기만 한 군주라면 군주가 아니라 원수일 뿐이다. 어떤 관계에서와 마찬가지로 군주 역시 타인과 관계를 맺을 때 그 관계에 따른 의무를 다해야 한다. 그 상대가 가족이어도 마찬가지고 신하이어도 마찬가지다.

특히 군신 간의 관계에서는 군과 신 상호에게 의(義)라는 정신이 요구된다. 의는 올바름이다. 왕과 신하는 왕도정치라는 지향점이 같기 때문에 동업할 수 있는 관계이다. 왕에게 올바름을 지향하는 마음이 없다면 신하는 그와 함께 일할 명분이 없다. 덕에 의한 정치를 지향하는 점에서 동업을 한다면, 덕의 전문가인 신하는 왕의 덕을 키워줘야 할 스승이자 조언자이다. 그렇다면 이들 사이에는 자연히 서로를 존중하는 마음이 있을 것이다. 신하는 자신을 고용한 상사에 대해 존중하는 마음이 있을 것이며, 군주는 자신을 가르쳐 좋은 정치를 하게 해주는 선생 같은 신하에 대한 존경의 마음을 갖고 있을 것이다.

상호 존중하고 존경하는 마음은 태도로 드러난다. 자신의 그러한 마음을 모자라지도 넘치지도 않게 전달할 수 있도록 정착된 행동양식이 예(禮)다. 군주와 신하는 의를 지향하는 동업자로서 예에 맞는 행동으로 상대방에 대한 존중을 표현해야 한다.

신하의 예를 다한다는 것은 군주 개인에게 복종하는 것이 아니다. 신하의 예를 갖춘다고 하더라도 그의 행동은 군주의 명령이 아니라 도(道)와 의(義)에 의거한다. 그들은 자신을 바르게 함으로써 이 세상을 바르게 하고자 하는 사람이다. "군주가 도를 지향하지 않고 인을 추구하지 않는데도 그를 부유하게 해준다면 이는 폭군인 걸(桀)을 부유하게 해주는 것"이며, "군주가 도를 지향하지 않고 인을 추구하지 않는데도 그를 위해 무리해서 전쟁을 하는 것"은 폭군인 걸을 돕는 것이다. 이는 훌륭한 신하는커녕 "백성들의 도적"〔民賊〕일 뿐이다(이상 「고자 하」 9).

한편으로 '우리 임금은 안 돼'라고 포기하는 것은 "임금을 해치고 임금을 버리는" 것이다(「공손추 상」 6). 인과 의의 방향으로 나아가도록 군주를 돕는 것은, 군자 자신의 원칙을 실천하는 것이기도 하지만, 맹자는 그것이 군주에게도 최대의 공경을 다하는 것이라고 생각했다(「공손추 하」 2).

벼슬에 나아감과 물러남

상호 존중하는 동업자의 관계이어야 하는 군주와 신하는, 만약 어느 한편이라도 상대에 대한 존중을 잃게 되면 더 이상 그 관계를 유지할 수 없다. 선비는 자신들의 본성을 극진히 발휘하여 천하의 백성들을 옳은 길로 이끄는 것을 이 세상에서 자신들의 임무로 정한 사람들이다. 그러므로 "선비가 벼슬하는 것은 농부가 밭을 가는 것과 같고," "선비가 직위를 잃는 것은 제후가 나라를 잃는 것과 같다". 즉 벼슬을 하는 것은 인간으로서 본분을 다하기 위한 길이고, 벼슬을 잃는 것은 그 길을 잃은 것과 같다. 따라서 당연히 벼슬하기를 바란다. 벼슬은 그처럼 절실하게 필요한 것이지만, 그러나 그들은 "올바른 방법을 따르지 않는 것을 싫어했다"(이상 「등문공 하」 3). 자신을 더 이상 존중하지 않는 군주를 위해 일하는 것은 옳은 일이 아니다.

그 관계를 와해시키는 원인 제공자는 대부분의 경우 군주이다. 맹자는 "관직을 맡은 사람은 자기 임무를 완수할 길이 없으면 떠나고 간언의 책임을 맡은 사람은 그 간언이 받아들여지지 않으면 떠난다"(「공손추 하」 5)고 말한다. 군주와 더 이상 동업할 수 없다고 판단했을 때는 군주를 떠날 수밖에 없다. '옛날 군자들은 어떤 경우에 벼슬을 했는가' 하는 제자의 질문에 맹자는 다음과 같이 대답했다.

> 나아가는 경우가 세 가지이고 물러나는 경우가 세 가지이다. 군주가 극진히 공경하면서 예를 다해 맞이하고, 또 자신의 주장을 실행하겠다고 하면 나아간다. 예로 대하는 태도는 달라지지 않았지만 자신의 주장을 실행하지 않을 때 물러난다. 그 다음으로 자신의 주장을 실행하지는 않지만 극진히 공경하면서 예를 다해 맞이하면 나아가는데 이때는 예를 다하는 것이 달라지면 물러난다. 마지막으로 아침도 못 먹고 저녁도 못 먹어 굶주려 문밖에도 나가지 못한다는 얘기를 군주가 듣고 '내가 그 도를 실행하는 큰일도 못하고 또 그 주장도 실천할 능력이 없지만 내 땅에서 굶어 죽게 한다면 나의 수치이다'라고 하면서 구제해 주는 의미로 관직을 주면 받는다. 이때에는 죽음을 면하는 정도에서 그쳐야 한다.(「고자 하」 14)

가장 바람직한 경우는 첫번째일 것이다. 군주에게 왕도정치를 실행할 의지가 있고 또 그러한 군주답게 예도 있다. 당연히 나아간다. 이때 군자가 이 군주를 선택한 것은 장차 왕도정치를 함께 실행할 전망이 보였기 때문이다. 이러한 전망이 사라지면 더 이상 동업할 이유가 없어진다. 그러므로 설사 예로 대우하는 것은 변함없다고 해도 물러난다.

두번째는 왕도정치를 실행할 것 같지는 않지만 예를 다해 맞이하는 경우이다. 무도한 제후가 예로 대한다고 거기에 응대하는 것이 옳은가 하고 힐난조로 묻는 제자 만장에게 맹자는 "그대는 왕도정치를 실행하는 사람이 등장한다면 지금의 제후들을 모두 죽일 것 같은가? 아니면 가르친 후에도 고치지 않으면 그때 죽일 것 같은가?"(「만장 하」 4)라고 반문한다. 예우를 할 정도의 제후라면, 자신의 노력 여하에 따라 더 발전할 수 있는 가능성을 보기 때문에 그럴 경우에도 벼슬에 나아가는 것이다. 그 경우 예우가 퇴색하면 물러난다. 그의 교육이 효과가 없었다는 표식이기 때문이다. 있던 예도 없어졌으니 왕도정치를 실현하는 데로 나아갈 가망은 없는 것이다.

선비가 벼슬하는 것은 가난을 모면하기 위해서는 아니지만 때론 굶주림을 면하기 위해서 벼슬할 때도 있다. 그것이 세번째 경우이다. 이런 경우라면 높은 지위를 사양하고 낮은 지위에 머물러야 한다. 왕도의 실현을 위한 벼슬이 아니라 굶주림을 모면하기 위한 벼슬이므로 최소한에 그쳐야 한다. 그러한 벼슬이라면 맹자는 성문의 문지기나 목탁을 두드리는 야경꾼 정도가 적당하다고 생각했다. 공자도 창고 관리직이나 왕의 동산을 관리하는 일을 했다고 한다. 왜 높은 지위는 안 되는가?

공자께서 일찍이 창고를 관리하는 직책을 맡아서는 '회계를 맞게 할 뿐이다'라고 하셨고, 왕의 동산을 관리하는 직책을 맡아서는 '소와 양을 무럭무럭 자라게 할 뿐이다'라고 하셨다. 지위가 낮은 데도 말이 높은 것은 죄이며 남의 조정에서 정사를 맡았는데 도가 실행되지 않는 것은 부끄러운 것이다.(「만장 하」5)

제대로 된 세상이라면 군자는 군주와 함께 구세제민의 사업에 종사하고 있을 것이므로, 군자가 생계를 걱정할 일은 없다. 군자가 생계를 걱정할 정도라면 세상은 혼미를 거듭하는 난세일 것이다. 당장에 도가 실현될 전망은 없다.

그러한 난세에 높은 자리에 있다는 것은 옳지 않은 방법으로 벼슬에 올랐거나 제 역할을 하지 못하면서 벼슬자리만 부지하고 있는 경우일 것이다. 개인의 부귀영달을 위해서 폭군에게 아부한 결과일 것이다. 어떤 변화도 도모하지 못하면서 높은 직책에 있는 것은 부끄러운 일이다.

낮은 자리에 있으면서 그 직무를 넘어 정책에 왈가왈부한다면 좋은 결과를 볼 가능성도 없을뿐더러 오히려 자신을 위태롭게 할 뿐이다. 난세에 자신을 지키는 것은 미래를 기약하며 도를 지키기 위한 것이다. 그를 위해 최소한의 생계수단이 필요할 뿐이다. 눈앞의 백성을 구원하지 못한다는 미안함과 뒷날을 준비한다는 최소한의 임무를 수행하는 겸허함으로 낮은 곳에 처해야 한다.

3 혁명도 불사한다

혁명의 정당성

유학에서는 왕도를 실현하는 중국의 왕을 천자(天子)라고 부르는데, 글자 그대로는 하늘의 아들이라는 뜻이다. 백성을 생각하는 하늘의 마음을 대신해서 백성들을 보살피는 사람이라는 의미로 붙여진 이름이다. 하늘의 아들은 어떻게 선택되는가? 맹자는 하늘과 백성이 선택한다고 말한다. 물론 실제로는 기존의 천자가 왕위를 물려주는 방식을 취한다. 요임금이나 순임금처럼 전설의 시대에는 자식을 제쳐두고 현명한 후계자를 찾아 물려주었다고도 한다. 그러나 현실적으로 대부분의 경우에는 자신의 아들에게 물려준다.

그러나 그렇다고 해도 기존의 천자가 하는 일은 하늘과 백성에게 차기의 천자를 추천하는 일뿐이라고 맹자는 주장한다. 추천된 천자에 대해 하늘과 백성은 각자의 표현 방식으로 승인하거나 거부하므로 결정권은 하늘과 백성에게 있다는 것이다. 하늘은 천자의 후보자가 주관한 제사를 받아들이는 방식으로 승인을 표현하고, 백성은 그가 하는 정치를 편안하게 받아들임으로써 승인을 표현한다.

하늘과 백성이 원하는 사람으로 군주의 자격을 인정받아 천자가 될 수 있는지 여부는, 타고난 신분이 아니라 개인이 가진 도덕적 능력에 달려 있다. 세상 사람들을 어린 자식을 돌보는 부모의 마음으로 돌볼 수 있는 사람만이 천자 자리에 추대되어야 한다.

공자는, 천자가 중앙에 군림하고 천자의 혈족들이 주위 제후국의 제후가 되며, 제후가 자신의 부모를 섬기듯이 중앙의 천자를 섬기던 주대의 안정기를 이상적인 사회형태로 생각했다. 그 주대의 안정기에서 그리 멀리 떨어지지 않은 시대에 살았던 공자의 꿈은 주 왕실이 옛날의 권위를 되찾는 것을 보는 것이었다. 옛날처럼 효와 제의 미덕이 발휘되어 제후들이 주의 왕실에 복종하며 반역을 꿈꾸지 않는 세상이 회복되기를 바랐다. 그러므로 공자에게 유일하게 정당한 천자는 주의 왕뿐이었다.

그러나 맹자가 살았던 시대는 이미 주 왕실의 회복을 꿈꿀 수 없는 상황이었다. 주는 존재감도 없이 소멸해 가고 있었고, 난립해 있던 수백의 제후국들이 7개의 나라로 정리되어 가고 있었다. 왕도정치를 행하면 천하의 왕이 될 수 있다는 맹자의 정치사상은 주 왕실이 아니라 일정한 자격만 있으면 누구나 왕이 될 수 있다고 한 점에서, 공자는 꿈도 꾸지 못한 획기적인 주장이었다.

하늘과 백성에 의해 천자가 정해진다는 천명(天命)사상, 즉 일정한 자격이 있으면 누구나 왕이 될 수 있다는 이 주장은, 뒤집으면 그 자격을 잃으면 왕에서 물러나야 한다는 주장도 성립시킨다. 맹자는 제후의 면전에서 이성(異姓)의 경(卿)은 군주가 잘못을 저질렀을 때 누차 간언을 하고 그래도 듣지 않으면 군주를 떠나지만, 친척인 경은 왕을 바꿀 수 있다고 말한다. 장수가 병사를 다스리는 것이 본연의 임무이고 그 임무를 감당할 능력이 없으면 경질되어야 하듯이, 군주 역시 나라를 다스리는 본연의 임무를 다하지 못했을 때는 그렇게 되어야 한다고 맹자는 생각했다.

반역에 대해 질문하는 제나라 선왕에게 맹자는 반역과 다른 정당한 혁명에 대해 다음과 같이 대답했다.

제선왕 : "탕(湯)왕은 걸(桀)왕을 내쫓았고, 무(武)왕은 주(紂)왕을 정벌했다고 하는데, 그런 사실이 있습니까?"
맹자 : "전해 내려오는 기록에 그러한 사실이 있습니다."
제선왕 : "신하가 임금을 시해해도 되는 것입니까?"
맹자 : "인(仁)을 해치는 자를 가리켜 남을 해치는 사람이라 하고, 의(義)를 해치는 자를 가리켜 잔인한 사람이라고 합니다. 남을 해치고 잔인하게 구는 자는 한 사내일 뿐입니다. 저는 한 사내인 걸과 주를 처형했다는 말은 들었어도 군주를 시해했다는 말은 듣지 못했습니다."(「양혜왕 하」 8)

왕이란 왕도정치를 실행하는 사람을 일컫는 말이다. 왕도정치란 인과 의의 덕을 내면에 갖추고 있는 사람이 그 덕에 의해 천하인을 감화시키는 정치이다. 그러한 덕을 갖추고 그러한 일을 하는 사람만이 왕이다. 그러므로 그러한 덕을 갖추지 못한 사람은 왕이 될 수 없다. 그러므로 덕을 갖추지 못한 사람을 처단하는 것은 왕을 처단하는 것이 아니다. 이미 그는 왕이 아니기 때문이다.

전국 7웅 중의 하나인 제나라의 왕을 앞에 두고 맹자는 왕 노릇을 제대로 하지 못하는 자는 이미 왕도 아니라고 말한다. "하늘과 땅 사이를 가득 채우는" "호연지기"(「공손추 상」 2)를 기른 사람이 아니라면 하지 못할 행동이리라. 맹자 당시에야 맹자가 자신을 어떻게 할 만한 영향력이 없었기 때문에 제선왕처럼 잠깐 기분 나쁜 정도로 끝났겠지만, 유학이 나라 안 모든 선비들의 이념이 되어 막강한 영향력을 발휘하는 시대라면 충분히 위험할 수 있었다. 중국 명대에는 『맹자』가 금서(禁書)로 지정되었는데, 재상제도를 폐지할 정도로 강력한 왕권을 휘둘렀던 명 왕조에게 『맹자』의 혁명사상은 대단히 위험한 것이었기 때문이다.

혁명의 조건

덕이 없는 군주는 더 이상 왕이 아니므로 난폭한 군주를 제거하는 것은 왕을 죽이는 것이 아니라는 논리로 맹자는 혁명을 정당화했다. 그런데 현실적으로 흠잡을 수 없을 만큼 덕의 정치를 실현하는 것은 누구에게도 불가능하다. 아무리 훌륭한 덕을 갖추고 넘치는 측은지심으로 백성을 돌본다고 해도, 그 보살핌이 미치지 않아 울고 있는 백성은 없을 수 없다. 왕을 제거할 마음을 먹는다면 어떤 명분이든 찾을 수 있다. 맹자의 혁명론은 오히려 권력을 탐하는 자들에게 좋은 구실이 될 수도 있지 않을까? 정당한 혁명의 옹호는 구호일 뿐, 현실에서는 성공하면 혁명, 실패하면 반역이 아닐까?

 정당한 혁명론이 현실적으로 제 기능을 발휘할 수 있을까 하는 질문에는 긍정적으로 대답하기 어렵다. 맹자가 인정하는 정당한 혁명은 맹자가 예로 든 탕왕과 무왕 외에, 뒤의 역사에서는 볼 수 없었다. 그러나 맹자의 혁명론은 군주들에게 위협적인 것이었다. 징딩관

혁명론은 현실적인 혁명을 겨냥한 것이라기보다는 오히려 군주에 대한 경고의 역할을 주된 임무로 해서 태어난 것인지도 모른다. 혁명을 수행하는 데도 맹자는 자격을 요구하는데, 이 역시 현실에서 쉽게 갖추기 어려운 엄격한 것이기 때문이다.

　탕왕을 도와 하(夏)의 걸왕을 몰아내고 중국을 평정했던 이윤(伊尹)이라는 현자가 있었다. 그는 탕왕이 죽은 뒤에도 몇 대의 왕을 섬겼으며, 이윽고는 탕왕의 손자인 태갑(太甲)의 재상이 되었다. 그런데 태갑이 탕왕이 세워 놓은 법도를 외면한 채 포악한 짓만 일삼았으므로 이윤은 그를 동궁(棟宮)으로 쫓아내고 스스로 천자의 일을 맡았다. 그러다 3년 뒤에 태갑이 잘못을 뉘우치자 그에게 정권을 돌려주고 그를 보좌했다고 한다. 제자 공손추가 이윤의 이 이야기를 거론하면서 군주가 어질지 못하면 신하가 그 군주를 쫓아낼 수 있는 것인가 선생에게 물었다. 공손추와 맹자 사이의 대화를 직접 들어 보자.

　　공손추 : "이윤이 '나는 도리를 따르지 않는 사람을 두고 볼 수 없다'고 하며 태갑을 동궁으로 쫓아내자 백성들이 대단히 기뻐했고, 태갑이 현명해진 뒤 그를 돌아오게 하자 백성들이 대단히 기뻐했습니다. 어진 사람은 남의 신하가 되었을 때 그 군주가 어질지 못하면 이처럼 쫓아낼 수 있는 것입니까?"
　　맹자 : "이윤과 같은 뜻이 있다면 그렇게 할 수 있지만, 이윤과 같은 뜻이 없다면 그것은 찬탈이다."(「진심 상」 31)

즉 포악한 군주라도 그를 내쫓을 수 있는 사람의 조건이 있다는 것이다. 그것은 '이윤과 같은 뜻'이다. '이윤의 뜻'이란 무엇인가? 이윤의 뜻은 이 땅에 성왕의 뜻을 실현시켜야 한다는 것, 즉 덕에 의한 정치를 베풀어야 한다는 것이다. 유학자의 자기정체성이라고 할 수 있는 내용이다. 특히 "이윤은 천하의 백성 중 한 남자 한 여자라도 요순의 도의 혜택을 입지 못한 사람이 있으면, 마치 자기가 떠밀어서 구렁텅이에 몰아넣은 것처럼 걱정했다"(「만장 상」 7)고 한다. 그러한 의식이 있었으므로 이윤은 몇 대의 왕을 섬기면서 그들을 보좌했다. 그가 태갑을 변두리로 내치고 스스로 천자의 일을 처리했던 것도 구세제민의 의지 때문이었다. 그는 태갑을 쫓아낼 만큼 힘이 있었다. 그러나 천자 자리에 대한 욕심은 없었다. 또한 자신의 임무가 군주가 인정을 베풀 수 있도록 돕는 것이며, 돕는다는 것에는 군주를 가르치는 것도 포함되어 있다는 것을 알고 있었다. 그는 성왕의 학도로서 덕치를 실현해야 한다는 목적과, 신하로서 임금이 덕치를 실천하도록 도와야 한다는 임무에 대해 명확하게 인식하고 있었던 것이다. 그러므로 '이윤과 같은 뜻'이란 유학자의 본질이라고 할 수 있는 인정(仁政)의 실현에 대한 의지일 것이며, 부언한다면 권력에 대한 욕심은 없이 덕치를 실현해야 한다는 염원만을 가지고 있는 경우라고 할 수 있을 것이다.

현실의 인간이 아무리 악독하다 해도 그들 역시 착한 본성을 타고 났으므로, 그들을 버리지 말고 교화해야 하는 것이 유학의 입장이고 맹자의 입장일 듯하다. 자신은 인의와 상관없는 사람이라고 하는 것이 자포자기이며 우리 임금은 왕도정치와 관계없는 사람이라고 하는 것은 임금을 버리는 일이라고 한 맹자의 말을 상기해 보면, 성선설과 덕에 의한 정치를 얘기하는 유학에서 혁명은 좀 이질적이다. 실제로 이윤이 태갑에게 한 일은, 혁명이라기보다는 강한 제재라고 할 수 있다. 이윤과 같은 재상은 왕을 바꿀 수는 있지만 스스로가 왕이 될 명분은 없다. 그는 군주의 조련사이자 도우미이기 때문이다. 조선의 역사만 보더라도 왕실 내에서 왕위를 둘러싼 혈육상잔은 드물지 않았다. '이윤과 같은 뜻'은 검증이 안 되어도 권세 있는 신하가 왕위를 바꾸는 '이윤의 행동'은 얼마든지 있었다.

맹자의 혁명론은 유학을 국가운영의 근본 이념으로 하게 될 때의 군주의 위상에 대한 맹자의 선언 같은 것이리라. 가치는 인의의 실현이고, 군주는 그 가치의 실현에 참여할 때에 한에서만 군주이다. 진리의 이름으로 진리의 전도사 유학자는 군주를 처단할 수 있다는 것이다.

4부

우리시대의 맹자 읽기

오귀스트 로댕(Auguste Rodin), 「칼레의 시민들」(Les bourgeois de Calais), 1888.
죽음이 두렵지 않은 것이 아닌데도 자진해서 죽음의 문턱으로 한발 한발 다가가는 칼레의 시민들. 무엇이 이 극한의 희생을 자임하도록 한 것인가? 스스로를 고귀한 존재로 자부하고 그 고귀함을 지키려는 자존감이 아닐까? 그들의 공포와 고뇌가 그들의 헌신을 더욱 빛나게 한다.

1_세상의 중심에서 주인으로 사는 삶

약 2,300년 전에 살았던 맹자가 남긴 책 『맹자』는 그동안 꾸준히 수많은 주해서를 파생했다. 현재 한국에서 유통되고 있는 번역서도 수십 종에 이른다. 그 오래된 혹은 낡은 『맹자』는 오늘날 우리에게 여전히 의미가 있는 것일까? 그럴 것이다. 수천 년에 걸쳐 지속적으로 이루어지고 있는 『맹자』에 대한 연구는 그에 대한 분명한 답일 것이다.

    정치적 영향력을 발휘하던 시대의 유학은 사회 전체를 조직적으로 지배하는 이념이었다. 농업이 주된 산업이고 유학자들이 관리가 되어 그 사회를 운영했다. 유학에 대한 지식과 교양으로 관리를 선발하게 되면 사회 저변으로의 침투는 시간문제이다. 그 관리 사회로 입문하는 전 단계로서 고등교육기관이 중앙에 서게 되면, 거기에 이르기 위한 단계적인 공·사립학교들이 전국에 들어선다. 교육과 정치를 유학이 장악하니, 그 밖을 벗어나는 길은 사회의 주변에서 사는 것 외에는 없었다. 맹자가 당당하게 자신의 학문은 정통이고 그 밖의 것은 이단이라고 선언한, 그대로의 사회였다.

설사 유학이 오늘날에도 여전히 영향력이 있다 해도, 이전과 같이 사회를 통할하는 힘을 가질 수는 없다. 다만 개인에게 또는 그 믿음을 공유하는 작은 집단에게 삶의 철학이 될 수 있을 것이다. 맹자는 외부로 뻗어 나가는 눈을 거둬들여 자신으로 향하게 하라고 가르쳤다. 이 세상에서 가장 귀중한 것, 자신을 행복하게 하고 세상을 평화롭게 할 열쇠는 밖이 아니라 자기 내부에 있다고 외쳤다. 맹자의 외침은 오늘날에도 누군가에게 의미 있게 다가갈 것이다. 외물을 향해 뻗어 가는 인간의 욕망은 여전하고, 정신을 내놓고 욕망을 좇다 문득 허탈함에 망연자실 멈춰 서서, 다른 길을 찾고자 하는 사람들 역시 여전히 있기 때문이다.

1. 나는 정말 존엄한 존재인가

완전하게 선하지는 않더라도

맹자는 우리에게 성선설이라는 본성이론을 남겼다. 교과서의 간단한 소개를 통해 맹자의 성선설을 접한 우리는 대부분 바로 맹자를 과거로 되돌려 보낸다. 본성이 선하다는 그의 이론이 그 옛날에는 혹 통했을지도 모를 순진한 생각으로 여겨지기 때문이다. "나는 선한가?"라는 질문을 스스로에게 던져 봐도 그렇고 주위를 둘러보아도 그렇고, 사람은 본성적으로 선한가라는 질문에 긍정적으로 대답하기 어렵다. 나를 비롯해 모든 사람들은 분명 이기적이고, 나와 가까운 사람의 행복에 질투를 느끼고, 딱히 이유도 없이 혹은 어떤 목적을 가지고 남을 험담하기도 한다.

그러면 나는 악한가? 내 주위의 사람들은 악한가? 우리가 일상에서 느끼는 심각한 악함은, 사기와 절도, 유괴와 살인과 같은 매스컴에서 접하는 범죄이다. 그런 악행은 확실히 우리를 위협하는 것이어서 우리는 더욱 강력한 응징을 바라기도 한다.

그러나 보통 그런 일은 뉴스를 통해 접하는 소식일 뿐이다. 보통 사람들의 생활에서는 '법이 없어도' 별 소동이 일어나지 않는다. 보통 사람들은 남의 물건을 갖고 싶다고 생각은 하더라도 도둑질을 하지는 않는다. 잘나가는 동료에게 질투는 해도 해코지를 해서 그 앞을 가로막지는 않는다. 살인 같은 것은, 행여 자동차 운전하다 실수로라도 저지를까 봐 두려워한다. 이 모든 것들은 경찰에 입건되고 구속될까 봐 하지 않는 것이 아니다. 우리는 남을 불행하게 하고서는 스스로 행복해질 수 없는 존재들이다. 우리에게는 우리가 남몰래 한 나쁜 일에 대해서도 우리를 질책하는 양심이라는 것이 있다.

나아가 우리는 남의 불행을 함께 느끼는 능력을 갖고 있다. 부모에게 버림받거나 학대받는 아이들을 보며 슬퍼하고 분노하며, 천재지변으로 집과 가족을 잃은 사람들을 보며 어떤 형식이든지 그들을 위로하고 싶어 한다. 매스미디어의 발달로 아프리카에서 굶주리는 아이들을 티브이나 인터넷으로도 볼 수 있는 오늘날, 우리의 함께 느끼는 능력은 공간을 뛰어넘어 작동한다.

우리는 때로는 이기적이고, 그 때문에 가끔은 타인을 상처 입히기도 한다. 그러나 타인을 상처 입힌 나는 결코 마음이 편하지 않다.

우리는 끊임없이 실수하고 후회하고 반성하고 사과하면서 산다. 우리는 완벽하게 선하지도 않지만 결코 악하지도 않다. 외적인 규제 없이도 우리는 악행을 저지르지 않는다. 이는 우리가 현실에서 경험하는 우리의 모습이다.

우리는 자신들이 이기적이라는 것을 부정할 수 없으므로 선하지 않다고 생각하기 쉽다. 우리는 이기적이다. 그러나 그것은 생존본능과 같은 것이다. 우리에게는 생존본능 외에도 여러 가지 본성이 있다. 그것 역시 부정할 수 없다. 맹자는 우리에게 이기심이 있다는 것을 부정하지 않았다. 맹자가 강조하려고 했던 것은, 우리는 이기적이지만, 자신을 자기 한 몸 안에 가두지 않고 밖으로 뻗어 가려는 사랑의 마음도 있다는 것이었다.

맹자가 생각하는 인간은 선의 싹을 얻어 태어나며, 스스로의 결단과 노력에 의해 그것을 키워 가는 존재이다. 그 선한 싹은 공감의 능력이다. 우리에게는 분명 공감의 능력이 있다. 그 능력은 싹일 뿐이라서 성장해야 한다. 우리의 의지와 노력으로 키워야 한다. 그러므로 선하거나 선하지 않은 것은 인간의 책임이다. 이 세상을 선한 것으로 만드는 것은 착한 마음의 씨앗 이상으로 그 씨앗을 키우려는 내 의지와 노력이다. 맹자는 성선설을 통해 우리가 가진 가능성에 대해 얘기했다.

그 공감의 능력은 우리의 이기심을 주춤하게 하고, 더 큰 것을 원하도록 우리를 상승시킨다. 그 마음은 내 한 몸의 안위를 염려하는 데서 머무르지 않고 내 부모 형제의 안위를 염려하며, 나아가 내 이웃의 안위를 염려하며, 모든 인류의 안위를 염려할 만큼 성장할 수 있다.

이 공감의 마음은 한계를 모른다. 이기심이 나를 괴롭히지 않고 나와 대립하는 어떤 대상도 사라지게 되는 경지에까지 이를 수 있다. 세계가 모두 내 염려 안으로 들어와 나의 가족이 되었기 때문이다. 이는 나를 포기하는 것이 아니라 나를 극대화하는 것이다. 우리에게 공감의 능력이 있음을 인정하는 것만으로 이 성인의 경지는 우리의 것이 될 수 있다고 맹자는 말한다.

나와 세상을 행복하게 하는 힘

우리는 아무도 혼자서 살 수 없다. 사랑하는 연인, 사랑하는 자식, 사랑하는 가족을 필요로 한다. 혹은 나를 사랑해 줄 연인, 나를 필요로 하는 자식, 나를 사랑해 줄 가족을 필요로 한다. 아무리 큰 권력을 누리고 아무리 큰 재산을 가진 사람이라도 자신이 사랑하고 자신을 사랑해 줄 사람을 필요로 한다. 그래야 행복하다고 느낀다. 우리 인간이 그렇게 생긴 존재이기 때문일 것이다. 사랑만이 우리의 삶에 생명을 준다. 맹자가 말한 타고난 착한 마음은 이러한 우리의 마음을 잡아낸 것이다. 우리는 우리 마음을 우리 몸 안에만 가둬 두지 못한다. 우리 마음은 사방으로 뻗어 간다.

맹자는 인간을 향해 뻗어 가는 마음과 물질을 향해 뻗어 가는 마음을 구별했다. 그리고 행복한 인간이 되기 위해서는 물질에 마음을 빼앗기지 말고 사람을 향해 그 마음을 발산하라고 얘기한다. 왜? 물질을 향한 나의 욕구는 점점 커질 뿐이어서 나는 어떤 만족도 얻지 못하고 결국에는 물질의 노예가 될 것이기 때문이다. 또한 물질은 유한하고 물질을 향한 인간의 욕망은 무한하기 때문에 타인과 적대적인 관계에 놓일 수밖에 없다. 우리를 공기처럼 둘러싸고 있는 타인들이 내게 달갑지 않은 존재라면, 우리의 삶은 오염된 공기 안에 있는 것처럼 답답할 것이다.

물질을 향한 마음도 쓰면 쓸수록 커지지만 사람을 향한 마음도 쓰면 쓸수록 커진다. 물질을 향하게 하면 모두 불행해지지만 사람을 향하게 하면 상황은 달라진다. 그 마음은 쓰면 쓸수록 스스로는 뿌듯해지며 타인은 따뜻해진다. 그 마음을 쓸수록 나의 외연은 커지니 나는 점점 큰사람이 된다. 그 마음이 커진다는 것은 내 염려 안으로 들어오는 사람들이 늘어난다는 소리이니 이 세상에 내 염려로 인해 따뜻해진 사람이 늘어났다는 소리이다. 그러므로 그 마음을 키움으로써 우리는 자신을 성장시키면서 동시에 세상을 우호적인 분위기로 넘치게 할 수 있다.

이렇게 산다면, 우리는 타인에 대한 배려 때문에 스스로를 홀시할 수도 있는 난감한 상황에 빠질 이유도 없고, 자기애 때문에 타인에 대한 배려를 제한할 필요도 없다. 자신을 가장 가치 있게 하려는 노력이 그대로 가족 사랑으로 나타나고, 사회에 대한 기여로 드러나고, 인류에 대한 애정으로 넘쳐 난다. 그러므로 성공적인 맹자의 학도라면 자신의 선과 세계의 평화가 단절 없이 일체를 이루고 있는 경지를 경험한다.

맹자가 진단했듯이 이러한 삶을 가로막는 것은 오감이 추동하는 욕망이다. 맹자의 시대가 그러했듯이, 오늘날에도 모두 욕망을 키우며 달려가고 있을 때, 거기에 동참하지 않으면 생명조차 부지하지 못할 위협을 느낄 수도 있다. 기본적인 물질이 우리의 행복에 필요하다는 것은 부정할 수 없지만, 물질을 둘러싼 경쟁이 반드시 우리를 행복하게 하는 것이 아니라는 것은, 경쟁의 바다 위에서 살고 있는 우리의 고달픈 삶이 증명한다. 수명은 점점 늘어나 우리에게 주어진 시간은 넘치는 것 같은데, 우리는 늘 쫓기듯 산다. 무엇을 위해 어디로 달려가고 있는 것일까?

우리는 정말로 남보다 더 좋은 것을 먹고, 더 좋은 것을 입고, 더 많이 가져야 만족을 느끼는 존재일까? 행복해지기 위해 항상 내 발 아래 타인을 깔고 있어야 하는 존재인가? 그렇다면 우리는 숙명적으로 불행할 수밖에 없다. 그러나 맹자는 인간의 그러한 면은 인간의 참모습이 아니라고 말한다. 그러한 모습 역시 인간의 한 부분이지만 인간은 그 이상의 존재이다.

가장 중요한 것은 인간으로서의 품위를 잃지 않고 사는 것이다. 자존심의 원천을 외부에 두면 필연적으로 타인과 투쟁에 돌입할 수밖에 없다. 인간관계는 이해관계에 따라 맺어질 수밖에 없다. 타인과 연대해야 하는 측은지심이 자기 안에 갇혀 버린다. 아무리 복잡한 인간관계를 맺고 있다고 해도 정말 그 사람은 자기 안에 고립되어 있는 것이다.

그러나 자존심의 근거를 자기 안에 갖게 되면 그 사람의 삶은 전혀 다른 것이 된다. 자신 안에 이미 보물을 품고 있으므로 그는 허전한 혹은 탐욕의 눈으로 사방을 둘러볼 필요가 없다. 그는 자신 안에 침잠함으로써 어떤 풍파에도 흔들리지 않을 수 있는 무게중심을 찾을 수 있다. 자신 안에 침잠한다는 것은 외부와 차단되는 것이 아니다. 오히려 밖으로 끊임없이 솟아날 샘의 원천을 찾는 것이다.

자신 안의 샘은 자신을 채우고 밖으로 흐른다. 밖으로 흐르면서 물은 다른 물들을 만난다. 그리고 그 물의 밑에는 각각의 근원이 있음을 알게 된다. 스스로의 것으로서 자신을 채웠던 충만감은 모두의 것이라는 것을 알게 된다. 자신이 선의 근원이듯이 타인 또한 그러하다. 자신이 위대한 존재이듯이 타인 또한 그러한 존재이다. 자신에게 침잠함으로써 깊어진 스스로에 대한 이해는 나를 타인에 대한 이해로 이끌고, 스스로 갖는 자부심은 타인에 대한 존중으로 이어진다.

욕망의 생활을 완전히 포기할 수는 없겠지만 가끔은 한번쯤 멈춰 서 볼 일이다. 잘못된 길을 달려가고 있을지도 모르니 말이다. 그렇게 멈춰 서서 스스로를 돌아보고 세상을 돌아보다, 문득 맹자가 얘기하는 인간의 길을 선택하고 싶어질지도 모를 일이다. 물질로 내 몸에 살을 붙이는 삶보다, 내 안에 있는 마음으로 세상을 풍요롭게 하는 삶이, 정말로 내 본성에 맞는 일이어서 나를 행복하게 하는 길이라고 생각될지도 모른다. 나를 행복하게 하는 데서 그치지 않고, 나의 힘으로 내 주위를 행복하게 하는 길이라는 데 생각이 미치면, 우리가 진정으로 원하는 것이 무엇인지 진지하게 숙고해 본 수 있을 것이다.

2. 성장의 과제

세상의 중심으로

근대를 기점으로 해서 우리의 세상은 그전과는 비교도 되지 않을 만큼 확대되었다. 피부색을 비롯해 뭔가 다르긴 하지만 오대양 육대주의 사람들이 동류(同類)임은 모두 동의하는 사실이 되었다. 또한 근대가 길어 낸 인간의 보편이성은 넓어진 세상에서 객관적 법칙을 찾아내는 능력으로 세상 전체를 파악할 수 있다고 자신한다.

개인의 감정에서 시작된 덕을 사회의 윤리로 삼기에는 세상이 너무 크고 복잡해졌다. 세계화가 피할 수 없는 길인 것처럼 얘기되는 현대에, 필요한 것은 세상에 대한 정보이며 세상을 파악하는 객관적 법칙이다. 또한 인간 사이의 갈등을 피하기 위해 필요한 것은 덕이 아니라 법과 같은 객관적인 규범이다.

그러나 왕래한 지 100년이 넘었지만 여전히 그들과 우리는 각자 다른 '상식'을 가지고 있다. 근대의 정신이 지구를 균질적인 것으로 만들리라고 예언한 사람들이 적지 않았지만, 그러한 전망이 언제 실현될지, 과연 실현될 날이 있을지 의심스럽다. 더구나 맹자가 얘기했듯이 우리 마음이 모두 공통점[心之同然]을 갖고 있는지 확신하기는 더 어려운 세상이 되었다.

이 세상이 아무리 넓고 복잡하다고 해도, 또한 내 마음과 관계없이 객관적 법칙에 의해 움직인다고 해도, 내가 눈을 감고 마음을 닫아 버리면 세상은 내게 아무런 의미가 없다. 물론 내가 눈을 감아도 세상은 그대로 있겠지만, 내게는 없다. 내 마음이 눈을 열어 그 빛으로 세상을 비춰야 비로소 세상은 내게 살아 있는 것으로서 선명한 색을 갖는다.

맹자는 세상을 존재하게 하고 생명을 부여하는 것은 내 마음이라고 말한다. 나에 의해 너와 내가 연결되고 세상이 연결된다. 세상을 연결하는 그 다리는 다른 누가 아니라 내가 놓는다. 세상이 내게로 열릴 것을 기다릴 것이 아니라 스스로 여는 것이다. 내가 내 앞의 사람을 따뜻한 눈으로 바라보고 그를 향해 미소 지으며 말을 걺으로써, 상대는 혼자라는 공포에서 벗어나고 세상에서 자신의 의미를 얻게 된다. 상대뿐만이 아니다. 나 역시 세상에서 고립되지 않으며 상대 이상으로 자신의 의미를 확인하고 내 안에 넘치는 가치로 충만해진다.

시대와 사회를 불문하고 어린아이에서 어른이 된다는 것은 인간관계가 넓어지는 것을 의미한다. 성장한다는 것은 넓어진 시야로 세상을 볼 수 있는 것이며, 그것은 내게 열린 세상이 넓어진다는 것이고, 결국은 내가 맺어야 할 인간관계가 확대되었다는 것이고, 내 마음의 능력이 커졌다는 것이다.

'원만하지 못한' 인간관계는 인생을 괴롭게 한다. 매일 얼굴을 맞대는 가정에서의 관계가 편안하지 못하면, 그보다 마음을 무겁게 하는 일은 없다. 친구들과 원만한 관계를 맺을 자신감을 상실한다면 학교에 가기 싫어진다. 깨어 있는 시간의 대부분을 보내는 학교가 외롭고 괴로운 곳이 된다면 인생이 어두워진다. 학교에서 인간관계 맺기를 제대로 연습하지 못하면 사회에 나가서는 더욱 어려워진다. 상사를 어떻게 대해야 할지, 동료를 어떻게 대해야 할지, 후배를 어떻게 대해야 할지 난감하기만 하다. 어떻게 해야 좋을지 모르니 표정은 점점 어두워지고 굳어진다. 남들이 보기엔 그저 무뚝뚝하고 어두운 사람일 뿐이다. 나를 싫어하나 보다라고 생각할지도 모른다. 그러면 그 쪽에서 오는 마음의 길까지 차단하게 되니, 고립되어 갈 조건은 점점 쌓여 간다.

 그러한 난관을 열어젖혀 줄 것은 내게 다가오는 타인이 아니라 바로 나이다. 나와 타인을 교감하게 하고 나아가 세상을 촘촘한 그물처럼 연결하는 것은 나의 마음이다. 열쇠는 내가 쥐고 있으므로 내가 열어야 한다. 그 마음의 유능하고 안정된 능력이 덕(德)이라면, 덕을 키우는 첫걸음은 세상으로 향하는 문을 열 힘을 바로 내가 갖고 있다는 것을 깨닫는 것이리라. 내가 바로 세상의 중심이며, 세상을 밝게 할 빛이며, 세상을 따뜻하게 할 온기임을 자각하는 것이리라. 사람의 냉담함에 쉽게 상처를 입는 우리는, 잘 모르는 사람 앞에서 두려움을 갖는다. 그러나 그 두려움은 상호 간의 것이다. 그래서 기다리는 것이 아니라 내가 열어야 한다는 것을 자각하는 것은 대단히 중요하다.

함께 성장하기

나는 내 마음을 키움으로써 나를 행복하게 하고 내 주위의 사람들을 행복하게 만들 수 있다. 그런데 사람들이 내 마음을 거부하는 일은 없을까? 내가 마음을 열고 멀리까지 내 마음을 미치게 해도 사람들의 마음이 닫혀 있다면 내 마음은 갈 곳이 없다.

　마음은 모든 것을 움직이는 능력이 있다고 맹자는 믿었다. 즉 내가 마음을 열면 다른 사람의 마음에 다가갈 수 있다고 믿었다. 그 이면에는 내가 소통을 원하듯이 상대도 그러하리라는 믿음이 있다. 내가 진정으로 상대방에게 마음을 열었는데도 응답이 없으면 자신의 성심을 돌아봐야 한다고 맹자는 생각했다. 자신의 마음이 부족한 것이 아니라면 상대에게 내 마음이 가닿지 않을 리가 없다고 생각한 것이다. 이렇게 얘기할 수 있었던 것은 맹자가 인간이라면 모두 같은 본성을 갖고 있다고 생각했기 때문이다. 그러나 실제로 맹자처럼 난세를 살았던 사람이라면 자신의 마음이 응답되지 않는 상황은 수시로 맞닥뜨렸을 것이다. 이쪽에서 성심을 다해도 끝내 소통할 수 없는 사람이 왜 없겠는가. 맹자의 그 말은 그처럼 벽에 부딪히더라도 열어 가야 하며, 열어야 한다면 그것은 내가 해야 한다고 얘기하려던 것이었는지 모른다.

　근대 이성을 발굴해 낸 계몽주의자들은 인간이 독립된 실체라고 주장했지만, 실제로 인간이 혼자서 할 수 있는 것은 없다. 생명을 부지하는 일에서부터 인간으로서 자신의 가치를 확인하는 데 이르기까지 타인이 있어야 한다. 유학은 개인을 독립된 개체가 아니라, 관계의 총체로 규정했다. 사람은 세상이라는 그물의 한 코와 같아서, 세상 안에서만 그 의미를 갖는다. 나는 어머니의 딸이고, 오빠의 동생이며, 언니의 동생이자 여동생의 언니이고, 남동생의 누니이다. 남편의 아내이고, 아들의 엄마이고 딸의 엄마이다. 시어머니의 며느리이며, 시동생의 형수이며 시누이의 올케이다. 누군가의 이웃이기도 하고 직장 동료이기도 하며, 누군가의 상사이고 누군가의 부하 직원이다. 개인이 이성을 가진 독립된 실체라고 주장하더라도 이러한 연관 없이 개인이 사회 안에서 의미 있는 존재일 수 있을까?

인간이 상호의존적인 존재라는 것을 인정한다면 그 의존을 실제로 매개하는 마음의 능력도 인정해야 할 것이다. 나의 세계는 나를 둘러싼 겹겹의 관계로 이루어진다. 그 안에서 동일한 관계는 없다. 각각의 사람과 나는 각각 다른 마음으로 교류한다. 어머니와의 관계가 다르고, 딸과의 관계가 다르고, 직장 동료와의 관계가 다르다. 딸이 둘이 있다면 딸 각각과의 관계도 다르다. 백 명을 만난다면 백 명과의 교제에서 오고 가는 마음은 다 다르다. 이러한 인간관계를 어떻게 유능하게 맺어 갈 것인가?

그 답은 물론 덕이다. 덕은 키워야 하는 것이다. 나를 키우는 토양은 사람들이 만들어 놓은 관계의 그물이다. 나는 덕의 싹을 가지고 있지만, 그것을 키우는 데 무엇보다도 효과적인 것은 실제로 그러한 덕으로 관계를 맺고 사는 사람들 속에서 사는 것이다. 어린 내게 그들은 먼저 말을 걸어와 준다. 그들에게 응답하면서 내 안의 싹은 자란다. 덕을 키우는 것은 자신의 감성을 키우는 것과 동시에 사회에서의 관습을 배우는 일이다. 덕이란 감성과 관습이 서로 얽혀서 형성된 내 인격이다.

어느 정도의 마음으로, 그리고 어떤 방식으로 그 마음을 표현하는지에 대해, 한 사회는 장시간에 걸쳐 그 적절한 형식을 만들어 냈다. 개인은 그 사회 안에서 성장하면서 자신의 인격을 형성해 간다. 내가 세상의 중심이라는 것은 변함이 없지만, 그 세상은 오랜 세월 수많은 사람의 경험의 축적 위에 서 있다. 나의 성숙을 위해서는 너의 성숙도 필요하지만, 그 이전 사람의 노력이 있었기 때문에 가능하고, 이는 또한 나의 자취가 앞으로 살아갈 사람들에게 관습이라는 환경으로 남는다는 것을 의미한다.

그러므로 우리가 사는 이 환경 자체가 교육의 장(場)이다. 우리는 그 안에서 학생이면서 동시에 교사이다. 서로를 성장시키는 문제에서 우리는 상호 책임이 있다. 그 상호 책임의 연쇄는 시대를 넘어선다. 우리는 우선은 나를 위해서, 그리고 내가 사랑하는 사람을 위해서, 그리고 앞으로 살 후손들을 위해서 서로 좋은 상대가 되어야 한다.

좋은 상대가 된다는 것은 좋은 엄마, 좋은 아들, 좋은 친구, 좋은 상사, 좋은 이웃, 좋은 동료가 된다는 것이지만 결국은 그 모든 역할들은 스스로에게 집중하는 삶에서 자연스럽게 나온다. 우리가 자신을 위해서, 이웃을 위해서 할 일은 자신에게 몰두해서 자신의 삶을 사는 것이다.

자신에게 몰두한다는 것은 누구를 위해 사는 것이 아니라, 자신을 위해 사는 것이다. 자신을 자랑스럽게 하고 행복하게 만들도록, 스스로의 주인이 되어 자신의 일을 판단하고 책임을 다하는 것이다. 진지하게 자신을 계발하고 성실하게 자신의 삶을 꾸려 가는 모습은 그대로 자식에게 좋은 역할 모델이다. 화기애애하면서 서로를 존중하는 현명한 결혼생활 역시 그러하다. 이기심을 키우는 대신 측은지심을 키우며 이웃을 확대해 가는 사회생활 역시 그러하다. 자신에게 몰두한다는 것은 스스로 용납할 수 있는 좋은 사람이 되는 것이다. 그것이 좋은 상대가 되는 유일한 방법이다.

김홍도, 「무동」(舞童), 조선 18세기 말.

하늘을 우러러 한 점 부끄러움이 없도록 자신의 도덕성을 키운 맹자 같은 사람이, 오늘날 우리 옆에서 같이 산다면 그는 어떤 이웃일까? 혹 그는 개인적인 욕망에 충실한 이웃들을 행여 위에서 내려다보는 사람은 아닐까? 그렇다면 그는 환영받지 못할 사람이다. 자신의 도덕성을 자랑하며 자신을 세상에서 분리시켜 혼자 우뚝 서려고 한다면 그의 도덕성은 이미 탈선한 것이다. 그는 가짜 맹자이다. 맹자의 도덕성이란 '함께 느낌'일 뿐이다. 그는 어떤 종류의 욕망이나 고민에 대해서도 예민하게 이해하고 공감하는 사람이다. 어떤 욕망이나 고민도 무시되거나 멸시되지 않을 것이다. 일곱 살 아이에게는 일곱 살 이웃이 되고, 일흔 살 노인에게는 일흔 살 노인이 되는, 맹자는 그런 사람일 것이다.

2_환영할 만한 보수주의자의 모델*

유학은 정치 이념으로 작용하여 그 영향력을 세상 끝까지 미치는 것을 목표로 했으며, 실제로 동아시아에서 오랫동안 그러한 역할을 해왔다. 세습되는 군주가 있고 맹자와 같은 유학적 엘리트가 군주를 유덕하게 만들어 군주와 함께 덕에 의한 정치를 하는 것이 그들의 이상이었다. 그 정치제도는 약 100년 전까지 중국이나 한국에서 현재의 것이었다. 그러나 주권재민이라는 근대성의 강을 건넌 지금, 그 정치제도 그대로가 힘을 발휘할 수는 없다.

그렇다면 유학은 정치 영역에서 더 이상 의미 있는 역할을 할 수 없을까? 꼭 그런 것은 아니다. 물론 옛날 그 방식 그대로의 정치이론이 될 수는 없다. 그러나 여전히 그 신념을 지키면서 정치적 영향력을 발휘할 수는 있다. 유학의 가치를 지금의 현실에 적용한 보수주의로서 말이다.

* 이 장은 『중국학논집』 제1집(인천대학교 중국학연구소, 2007년 12월)에 '한국 보수주의의 모델로서 맹자'라는 제목의 논문으로 발표된 것을 토대로 했다.

보수주의는 자유주의, 사회주의와 함께 서양 근대에 등장한 정치 이데올로기이다. 자유주의와 사회주의는 국가와 개인의 관계를 보는 시각에서 차이를 보이지만 둘 다 역사의 진보를 믿는 '진보'의 이념이다. 보수주의는 진보 관념을 부정하면서 전통에 대한 존중을 표명하고, 개인주의를 반대하면서 가족과 지역공동체를 중시한다.

보수주의는 보편 이성을 앞세워 세계를 균질의 문명화 대상으로 삼은 근대정신에 반대하며 자신들의 특수한 전통을 옹호한다. 그 점에서 각지의 전통과 관련된 보수주의는 그들의 고유한 전통과 문화만큼 고유성을 갖는다. 그렇다면 한국의 보수주의는 무엇보다도 한국의 전통에 대한 애착을 보일 것이고, 한국의 역사를 생각하면 그것은 유학이 될 것이다. 맹자의 정신이 여전히 정치적 영향력을 행사할 수 있다면 그것은 바람직한 보수주의의 모델을 제공하는 일이라고 생각한다.

1. 한국의 보수주의로서 유학

근대 서양의 보수주의

근대의 정치사상으로서 보수주의는 에드먼드 버크(Edmund Burke)가 『프랑스혁명에 관한 고찰』(*Reflections on the Revolution in France*, 1790)에서 프랑스혁명을 비판한 데서 기원한다. 버크 이후 200년 동안 보수주의의 중심 주제는 버크가 이 글에서 다룬 주제에서 벗어나지 않는다는 점에서, 버크의 보수주의 정치철학은 근대 보수주의의 근간이라고 할 수 있다.

보수주의는 프랑스혁명으로 상징되는 전통과의 단절, 그리고 계몽주의가 내세운 개인 이성과의 대결 속에서 자신의 정체성을 형성했다. 진보 신앙이, 인간 이성의 발견·민주주의·산업의 발전 등을 어둠 속에서 빛을 비춰 주는 해방이라고 보았다면, 보수주의는 그것들이 인간을 불행하게 하고 사회를 병들게 하는 측면에 주목했다.

개별 인간의 이성은 근대의 초석이다. 이성을 가진 존재로서 인간은 신의 지배에서 벗어나 자율성을 획득했다. 가족, 수도원, 길드 등 모든 단체들이 인간의 자율성을 억압한 것으로 비판되었다. 사회계약론은 모든 정치권력은 개인의 이성에서 나온다고 선언했으며, 민주주의는 근대정신을 대표하는 가치가 되었다. 공리주의자들 역시 모든 선한 것은 개인의 이성에서 나온다고 선언했다. '행복을 가져오는 계산'에 의해 보완된 이성은, 서재에 앉아서도 인류 전체를 위해 입법할 수 있다고 자신할 수 있게 되었다.

그러나 보수주의자들에게 계몽주의자들이 말하는 이성이란 인간이 가진 능력의 일부분일 뿐이다. 자기성장과 발전을 위해서 인간은 순수한 논리뿐 아니라, 감각과 경험에서 나온 판단을 필요로 한다고 그들은 믿는다. 그리고 그러한 판단력은 전통 속에 존재하는 권위와 지혜의 요체를 습득함으로써 함양된다. 그들이 보기에 개인은 자신을 성장시켜 줄 전통과 공동체가 없다면 불완전하고 나아가 무능력한 존재이다.

보수주의자들이 보기에, 공리주의는 평등하고 비슷한 수많은 인간 군상이 사소하고 하찮은 쾌락을 획득하려고 끊임없이 갈망하는 것을 합리화했다. 보수주의자는 민주주의에 사회의 다양성을 획일화하고 평등주의적인 주형에 넣으려는 전체주의의 위험성이 도사리고 있음을 감지했다. 민주주의는 인민을 평준화시킴으로써 대중을 만들어 내고, 소심한 동물들의 무리로 전락한 대중은, 자신들을 부드럽게 보호할 수호자이며 전제자인 정부를 낳을 것이라고 예견한 것이다.

보수주의자들은 개인은 산술적으로 평등한 단위가 아니라 사회집단의 구성원으로서 의미 있는 존재라고 믿는다. 고립된 개인은 이성적 주체가 아니라 불완전한 존재이다. 개별 이성의 불완전함을 보완해 줄 것은 역사이며 역사 속에서 형성된 전통이었다. 보수주의자들은 역사적으로 축적되어 온 전통과 기율만이 공동선(Commom Good)을 산출하며 개인을 함양할 수 있다고 믿었다. 또한 가족, 교회, 지역공동체와 같은 중개적 결사가 개인과 국가를 중개하고 국가권력에 대항하는 존재로서 건재해야만 민주주의는 전체주의가 되지 않을 수 있다고 주장했다. 그들이 보기에 절대권력에 대한 저항의지조차도 추상적인 권리 관념에서 나오는 것이 아니라 점진적으로 인민의 마음속에 구축되어 온 것이었다.

버크는 폭력적으로 문명을 파괴함으로써 과거를 부정하고 추상적인 이성에 근거해 전혀 새로운 체계를 설립하려는 프랑스혁명의 정신이 영국에는 영향을 미치지 않기를 바랐다. 영국은 대헌장(Magna Carta)에서 권리선언에 이르기까지 선조들로부터 전해져 자손들에게 물려줄 유산을 갖고 있으며, 자유와 권리 역시 그러한 관습적 전통에서 물려받은 것이어야 한다고 생각했다. 관습적인 귀족의 권리를 확인한 13세기의 문서인 대헌장이, 17세기 왕권과 의회의 대립에서 국민의 권리를 옹호하기 위한 전거로 사용되듯이, 이들에게 모든 권리는 과거의 관습에서 축적되어 온 것이었다. 자유와 권리는 과거와 단절되어 얻어지는 것이 아니었다. 이들에게 자유와 권리도 질서와 덕성과 더불어 존재하는 것이었다.

자유가 개인과 가족의 재산을 보호하는 것이라면, 평등은 불평등하게 분배된 물질적·비물질적 가치를 재분배하거나 평준화하는 것이다. 보수주의는 17세기 영국이 최초로 성취한 헌법적 평등을 제외한 다른 형태의 평등은 자유를 위협하는 것으로 받아들였다. 이들은 개인의 정신적·육체적 능력은 선천적으로 다르며 이러한 능력의 다양성을 법과 통치로 보완하는 것은, 개인과 집단의 자유, 다양한 기회의 자유를 위협하는 것으로 받아들였다. 이들에 의하면 복지 원조는, 국가의 적선에 의해서가 아니라 중간결사체의 유대와 상호부조에 의해 이루어져야 한다.

정치·경제·철학 모든 면에서 보수주의는, 개인과 국가를 매개하는 공동체의 중요성을 강조한다. 토지에 기반을 둔 공동체 사회를 해체시킨 산업혁명과 자본주의, 수동적 대중을 만들어 내고 급기야 자비로운 전체주의로 귀결될 위험성을 품은 민주주의, 추상적이고 불완전한 이성만을 앞세우며 인간이 성장할 공동체를 부정하는 합리주의, 보수주의자에게 근대의 정신은 인간의 삶을 파괴하는 부정적인 것이었다. 그들은 인간의 삶을 지키기 위해 그 삶의 토대가 되어

온 역사와 전통을 옹호했으며, 그 전통 계승의 주체인 중간공동체를 지키고자 했다. 즉 보수주의는 사회질서 내에서 중간집단을 무너뜨리려고 위협한 국가주의와 개인주의에 대한 적대감에서 탄생했다.

진보의 기치를 내걸었던 근대화는 그 태생부터 자기모순을 잉태한 것이었다. 해방의 근대는 모두의 해방이 아니라 일부의 해방이었고 일부의 해방을 위해 나머지 사람들의 희생을 필요로 했다. 산업화의 그늘 속에서 도시 빈민들은 과거 농촌에서보다 상대적으로 더 가난해졌고, 양극화는 세계적 차원에서 심화되고 있다. 전체 생산량은 과거와는 비교도 안 되게 증가했지만 빈민과 실업자도 점점 증가한다. 보수주의자들이 염려했던 대로 대중이 자신들을 돌봐 줄 친절한 독재자를 자신들의 목자로 선출할 가능성은 점점 높아진다.

그 안에서 합리적인 이익 추구의 주체이어야 할 인간은, 실제로는 생산력으로 그 가치가 가늠되는 존재로 왜소화되고, 그 생산체제에서 밀려나면 기생인간으로 전락한다. 그뿐만이 아니다. 이미 제어기능을 상실한 생산력의 증대는 숨 쉬는 것조차 버거운 탁한 세상을 만들고 있다. 그 자랑스러운 이성의 주체는 어디에 갔으며, 해방된 개인은 어떻게 되었는가?

진보주의자들의 해방은 과연 인간을 행복하게 만드는 것인가 하는 보수주의자들의 의문은 이제 보수주의자들만의 것이 아니게 되었다. 문명과 근대화에 대한 불행한 경험들은 이전에는 불변의 가치라고 믿었던 근대와 진보에 대한 반성을 촉구했다. 그 근대를 거부했던 보수주의자들에게는 불행을 예감한 본능적 촉각과 함께 불행을 저지할 만한 어떤 묘책이 있는 것일까? 보수주의자들의 염려와 제안은 근대에 대해 반성하는 일에 축적된 조언을 줄 수 있을 것이다.

우리의 보수주의로서 유학

근대 서양의 보수주의자들에게 좋은 사회의 모델은 과거이며 특히 중세적 과거이다. 유학자들에게 좋은 사회의 모델은 맹자가 왕도정치의 원형으로 자리매김해 놓은 삼왕(三王)의 시대이다.

시민혁명과 산업화는 근대의 특징적 사건이며, 개인주의와 공리주의의 대두 역시 그러하다. 그러나 실제로 근대의 특징이라는 것은 지구 전체에 미친 전면적이고 비약적인 변화의 폭에 있을 것이다.

서구의 근대정신은 과거와의 단절을 선언했고, 특히 우리의 근대는 격렬한 전통 부정을 동반했으므로, 우리에게 근대는 그전의 시대와는 깊은 심연으로 갈라진, 과거와는 질적으로 다른 시대라는 생각이 지배적이다. 그러나 근대 이후가 그 이전과 질적으로 다른 전혀 새로운 어떤 것이라고 단언할 근거는 무엇인가? 단절은 있었지만 완전한 단절은 없었다. 그 변화가 그 이전에 누누이 있었던 변화와 질적으로 다른 것이라는 통념은 재고되어야 한다.

고대에도 산업의 발달이나 개인주의, 공리주의의 출현이 없었던 것은 아니었다. 맹자가 살았던 중국의 전국시대에도 생산의 증가로 인한 상업의 활성화, 그로 인한 신분이동을 비롯한 사회변동, 그에 동반한 개인주의와 공리주의가 만연한 시대였고, 맹자는 그러한 변화를 자신이 해결해야 할 문제 상황으로 인식했다.

부국강병을 원하는 제후의 욕구에 가장 잘 부응한 법가는, 국가 이외의 모든 공동체를 사적인 집단으로 치부하여 해체하고 개인을 국가가 직접 지배하고자 했다. 인간을 이익을 추구하고 해로움을 피하는 존재로 파악하여, 국가가 제공할 수 있는 이익과 손해로 개인들을 컨트롤하려고 했으며, 국가가 제공하는 이 이익과 손해는 아버지를 고발하는 아들을 탄생시켰다. 통상적 전쟁과 이익을 좇아 인간의 본질을 잃고 사는 세상이 싫어, 세속의 사회를 부정하면서 정신적으로 개인적 자유를 추구하고자 했던 양주 일파는 법가와는 다른 의미에서 맹자의 적이었다. 이들은 공동체의 존재를 부정하고 개인주의를 주장하는 자들이었다. 성실한 일꾼들의 공동체를 지향하는 묵가 집단의 문제점은 그들이 평등을 지향한다는 것이었다. 맹자에게 그들이 주장하는 평등은 인간의 자연스런 성정인 사랑의 층차를 무시하는 것이었다.

평등주의를 거부하고, 개인이 아니라 가족이 사회의 단위라고 생각하며, 역사의 진보를 믿지 않는다는 점에서, 유학은 근본적으로 근대 보수주의의 이념과 닮았다. 맹자는 인간 본성의 선함을 주장하지만, 그것은 사회 안에서 성숙되어야 할 것이다. 개인이 성취해야 할 인격으로서 덕은 역사적으로 형성된 관행을 공유하는 공동체 안에서 형성된다.

맹자가 실재했다고 믿었던 3대의 이상향, 그리고 앞으로 이룩하고자 구상했던 유교국가의 이념은, 그것이 프랑스혁명이라는 근대의 가치를 비판하는 것이 아니라는 점에서 근대의 보수주의와는 다르다. 단적으로 맹자는 대중민주주의의 도전을 받지 않았다. 그러나 유학은 맹자의 구상에서 끝난 과거의 이념이 아니다. 유학은 조선 왕조가 막을 내린 20세기 초까지도 국가 이념으로 기능했다. 과학과 민주로 표상되는 근대정신과 공존하기 위해 자기 혁신을 도모했던 유학은 '현대 신유학'이라는 이름으로 불리기도 한다. 그것이 얼마나 성공적인 기획이었는지는 차치하고, 유학이 이 땅의 전통으로서 여전히 현재적이라는 것은 분명하다.

근대가 의심할 수 없는 가치가 아니라는 인식을 공유하게 되었다면, 전통에 애착을 가지고 근대를 거부했던 이른바 보수주의에 대해서도 좀더 유연한 마음으로 접근할 수 있을 것이다. 특히 우리는 급격한 근대화를 겪으면서 근대 문명에 대해 반성할 수 없었던 만큼 전통에 대해서도 정당하게 대우하지 못했다. 건설적으로 반성할 여유도 없었고 공평하게 공과를 따질 정신도 없었다. 그저 서구인들의 비방에 편승해 자신의 전통에게, 근대화를 가로막은 원흉으로 유죄 판결을 내리고 골방에 가둬 버렸다. 그러나 짧게는 수백 년 길게는 수천 년 동안 우리 삶에 관여해 왔던 유학은 쉽게 골방에 갇힐 수 없었다. 화살처럼 쏟아지는 지탄 속에서 유학은 골방에서 삐져나와 때로는 자신을 왜곡하면서 살아남았다.

유학의 명맥을 이으려는 사람들이 선택한 왜곡이라 할 만한 변신은, 윤리와 정치가 분리된 근대적 환경 속에서 정치영역에서 발을 빼고 윤리적 이론만으로 자신을 재규정하는 형태로도 나타난다. 그러나 그보다는 유학이 자유와 평등을 지향하는 민주정신이라고 주장하는 쪽이 더 적극적이고 보다 일반적인 경우이다.

　유학은 민주주의와 양립할 수도 있다. 그러나 유학은 적극적으로 자유와 평등을 지향하는 진보의 이념일 수는 없다. 유학은 본성적으로 보수적이다. 오히려 유학이 바람직한 보수주의의 콘텐츠가 되어, 현대의 정치 이념으로서 자신들의 신념을 피력하고 그것이 진보주의가 초래하는 부정적인 결과들을 완화시키는 건설적인 역할을 할 수 있다면, 이는 오히려 유학의 현대적 활로가 될 수 있다. 유학은 현실을 직면하고 그 현실을 충분히 숙고하면서 행복한 인간생활에 대해 고민하고 당당하게 조언하는 사려 깊은 집단으로 변신할 수 있을 것이다.

　물론 유학이 보수주의라는 이름을 기꺼이 달기에는 보수주의라는 이름이 너무 더럽혀져 있는 것이 사실이다. 보수주의라는 말이 태생했을 때의 함의에서 변해, 기존의 체제를 변화시키는 것에 대해 거부를 표시하는 사람들에게 붙여지면서 실제로 그 말은 고정된 지시 대상이 없는 말로 사용되는 실정이다. 자유주의가 진보의 이름으로 불리다가, 자유주의와 자본주의가 불평등을 심화하게 되자 공평한 분배와 복지를 주장하는 사람들이 진보의 이름을 뺏어 오면서 자유주의가 보수의 이름으로 불리는 식이다. 여기에다 실제로는 내세울 만한 정치 이념은 없이 단지 기득권을 수호하려는 수구의 행태가 보수주의라는 이름으로 불리기도 한다. 특히 우리나라의 경우에는 북한에 대한 태도의 차이로 보수와 진보가 나뉘기도 한다. 그래서 부정적으로 보수주의가 사용될 때는 '수구'와 거의 같은 의미로 회자되며, 스스로 자랑스럽게 보수임을 내세울 때에는 십중팔구 '반공' 주의자임을 표명하고자 하는 경우이다.

그 이름은 어떤 것이든 좋다. 어쨌든 유학은 자신의 본래적 성격을 발휘하면서 현대에도 그 정치적 힘을 발휘할 수 있다는 것이다. 기득권을 수호하려는 이기적인 목적에서가 아니라, 혹은 북한을 적대한다는 특정한 이유 때문이 아니라, 좋은 삶에 대한 자신들의 신념 때문에 전통과 공동체를 보존하고 역사적으로 형성된 도덕적 가치를 수호하고자 하는 사람들은 우리 사회에도 있다. 그들이 자신들의 신념을 스스로 실천하고 또 그 영향력을 확대하고자 한다면 스스로의 입지에 대한 자기 정화가 필요할 것이다.

그러한 사람들에게 맹자는 좋은 모델이다. 좋은 삶에 대한 청사진과, 그를 성취하기 위한 자기에 대한 집중, 그리고 정치적 지향, 권력으로부터 자율성을 획득하려는 정신과 전략 등, 맹자는 최소한 우리에게 하나의 모델을 보여 줄 것이다. 우리가 그 삶을 선택할 수도 있지만, 우리가 다른 삶을 선택하더라도 그 선택을 좀더 신중히 하도록 자극해 줄 것이다.

2. 유학자의 긍지와 책임감

덕의 불평등

측은지심은 타인의 감정에 공감하는 마음이다. 요즘에 쓰는 말로 바꾸면 사랑에 가장 가까울 것이다. 타인의 아픔을 나의 아픔처럼 느껴 그 아픔의 원인을 제거하고 안락하게 해주고 싶은 마음이니 사랑이 아니겠는가. 사랑은 필연적인 관계가 없는 별개의 개체를 연결하는 마음의 끈이다.

그런데 공감이라고 하면 타인의 기쁨과 슬픔을 모두 함께 느끼는 것이어야 할 텐데, 왜 맹자의 사랑은 슬픔의 공감으로 대표될까? 그것은 그의 측은지심이 주로 군주를 비롯한 통치자들의 몫이었기 때문일 것이다. 유학은 도덕적으로 뛰어난 선각자들이 주체가 되는 정치이론이다. 도덕적 엘리트들이 자신의 능력과 그로 인한 사명감을 자각하고 그렇지 못한 백성들을 보살피자는 것이다. 보통 사람들의 관심은 자기 가족 건사하는 데서 벗어나기 힘들다. 유학자들은 도덕적 성장을 모든 사람들에게 기대하는 것, 즉 모든 사람들에게 측은지심을 확대하도록 기대하는 것이 어렵다고 생각했다. 그래서 자신들과 같은 도덕의 전문가가 필요하다고 생각했다. 정치적 지도자에게 요구되는 공감의 능력이라면, 그것은 보살핌을 받아야 할 백성들의 궁핍이나 곤궁에 대한 것이리라. 그래서 상대의 불행에 대해 공감하는 측은지심이 사랑의 실질적 내용이 되었을 것이다.

유학은 도덕적 엘리트에 의한 독재를 구상했다. 그러므로 유학은 민주주의와 거리가 먼 것처럼 보인다. 그 때문에 민주주의를 추구해 온 근대 이후, 유학은 폐기해야 할 것으로 비난받았다. 그러나 민주주의에 대한 서양 보수주의의 비판과 현실에서 작동하는 민주주의를 고려하면, "민주주의와 거리가 멀다"라는 딱지만으로 모든 가치판단을 끝낼 수는 없다. 현실에서 작동하는 민주주의는 대의민주주의이다. 권력의 주체라는 개인이 실제로 할 수 있는 정치 행위는 '한 표'를 던지는 것뿐이다. 그것이, 보수주의가 염려한 대로 전체주의로 갈 위험성이 도처에 도사리고 있다는 것은 역사가 증명하는 사실이다. 우리는 계몽주의자들이 주장하는 것처럼 이성을 가진 존재라서 실수 없이 모든 일들을 판단하고 처리하는 유능한 개인이 아니다. 우리는 우리의 정치적 권리를 지키기 위해 늘 정치적 사안에 관심 갖고 그 결정에 우리의 의사를 반영할 수 있을 정도로 권리의식을 유지하지 못한다. 유능하거나 유덕하거나, 어쨌든 적절한 사람들이 알아서 처리해 주기를 기대한다. 그러나 유일하게 정치권을 행사하는 선거에서조차, 자신의 명료한 이성을 사용하는 일은 쉬운 일이 아니다.

맹자는 정신노동을 하는 사람과 육체노동을 하는 사람을 구별했고, 유학을 정치 이념으로 받아들였던 역대 정권은 계급사회였다. 그러나 유학이론 자체가 계급을 움직일 수 없는, 자기이론의 본질로 삼은 것은 아니다. 그들에게 분업의 조건은 도덕성이고, 도덕성의 바탕은 누구에게나 평등하게 주어져 있으며 그것을 현실화하는 것은 후천적인 노력 여하에 달려 있다. 본질적으로 사회의 계층은 개방적인 것이며 그 사이의 이동이 가능하다. 그렇다면 유학의 정신이 성별, 종교, 신분의 차별을 금지하는 근대 국가 헌법과 공존하지 못할 이유는 없다.

평등에 대한 서양 보수주의의 반감은 재산과 그 재산 운용의 자유의 문제와 관련되었다. 그들은 국가 차원에서 부를 재분배하는 것이 사회구성원의 자유를 침해하는 것이라고 반대한다. 그들은 국가가 가문이나 교회와 같은 공동체의 재산권을 존중할 것을 요구하며 자선이 필요하다면 그 공동체 안에서 실행되어야 한다고 생각한다.

실제로 우리 헌법은 차별대우를 금지하는 법 앞의 평등을 규정하고 경쟁기회의 평등을 보장하지만, 경쟁 결과 벌어지는 차이에 대해서는 인정한다. 전근대에 불평등이 계급과 신분에 의한 것이었다면, 지금의 불평등은 경쟁 결과의 불평등에서 빚어진다. 경쟁의 평등이 보장된다고 하더라도 경쟁하는 조건은 불평등할 수밖에 없다. 한국 사회에서 가장 많은 사람들의 관심과 노력이 집중되는 대표적인 경쟁터는 대학입시이다. 그 시험은 누구나 평등하게 치를 수 있다. 그러나 사람의 지능은 선천적으로 평등하지 않다. 대학입시에 필요한 온갖 사교육을 제공해 줄 부모를 선택할 평등권도 없다.

오늘날의 불평등은 거의 부의 불평등에서 온다. 부모의 불평등한 부는 교육의 불평등으로 이어지고 교육의 불평등에 의해 부와 가난이 세습된다. 자신들의 부를 동원하여 자식들에게 좋은 교육의 기회를 부여하고 능력을 향상시키기 위해 노력하는 부모를 비난할 수는 없다. 민주주의 국가에 사는 우리는 다만 국가가 헌법의 정신대로 교육의 기회균등을 실현하여 불평등의 세습을 완화하고 막아 줄 것을 기대할 뿐이다. 그러나 우리는 부와 권력에 의해 평등한 교육기회가 침해되는 것을 막아 줘야 할 공교육이 나날이 무기력해져 가는 것을 보며 교육기회의 평등이란 얼마나 허울 좋은 이상인지를 절감할 뿐이다.

부에 의한 불평등은 가족 안에서도 피할 수 없다. 평균수명이 80

세를 넘나드는 지금, 대학생들은 휴학을 거듭하며 졸업을 늦추고, 미혼남녀는 결혼을 늦추며 부모 되는 시기를 미룬다. 웬만해선 30세 이전에 경제적으로 독립하기 어렵다. 아직도 우리나라의 많은 집안에서 대학교, 대학원, 결혼 준비까지 부모들의 경제력에 의존해서 해결한다. 그런데도 만 20세가 되면 법적으로 성인이 되어 부모 허락 없이 모든 일들을 결정할 수 있다. 선거권은 그보다 어린 나이에 취득한다. 경제적으로는 여전히 부모에게 의존해 있는데도 말이다. 기본적인 경제생활을 영위할 능력도 없으면서, 자신의 보호자인 부모와 평등하다고 주장할 수 있을까? 이 사이에 어떤 의미의 평등이 가능할까?

유학적 사회에서의 불평등 역시 현실적으로 이러한 경제적인 문제였을 것이다. 토지에 정착해서 사는 농경사회에서 토지의 소유자인 아버지와는 어떻게 해도 평등해질 수 없다.

그러나 유학이 불평등을 정당화하는 논리는 계급도 아니고 경제도 아니었다. 그들은 덕의 불평등을 말한다. 자연의 순환과 함께 하는 농업의 성격상, 오랜 경험은 그대로 산업에서의 능력이다. 순조로운 자연의 순환과, 때때로 발생하는 이상 현상에 대처하는 데에는, 자연의 운행을 넓은 폭으로 볼 수 있는 안목이 필요하고, 그러한 안목은 세월을 쌓으면서 얻어진다. 노인은 토지의 주인이어서가 아니라 깊은 지혜를 가진 사람이어서 젊은이와 평등하지 않다.

그들은 도덕적인 능력에 따라 사람들이 할 일이 다르다고 생각했으며, 그 점에서 사람이 평등하지 않다고 생각했다. 지금은 물론 농업이 주된 산업이 아니다. 그러나 우리의 치기 어린 10대를 생각해 보라. 혼란스러웠던 20대를 생각해 보라. 30대인 지금의 당신과, 혹은 40대인 지금의 당신은 20대의 당신과 평등한가? 인격적으로 말이다. 물론 우리가 인격적으로 성장하는 삶을 살지 않았다면 퇴보했을 수도 있다. 그러나 순탄하게 성장해서, 자식을 책임져야 할 부모가 되고 직장에서의 업무를 책임져야 할 사회인이 되었다면, 그들의 현재는 과거의 자신과 평등하지 않을 것이다. 어린 묘목이 할 수 있는 것과 아름드리 그늘을 드리운 나무가 할 수 있는 일은 다르다. 유학은 그러한 불평등을 주장한다.

그들이 궁극적으로 말하려는 것은 이것이다. 자신들은 남들보다 더 예민하게 타인에 대해 측은함을 느끼고, 또 이 마음을 어떻게 무리 없이 발휘하는지를 공부해 왔으므로, 우리들은 다른 사람들을 위해, 이 사회를 위해 남보다 더 많은 일을 하고 싶다고. 이러한 불평등이라면 재산에 의해 형성된 불평등보다야 기꺼이 납득할 수 있지 않은가.

도덕성에 근거한 자부심과 헌신

유학자들이 갖는 자부심은 그 한계를 긋지 않는다. 이들은 자신들의 마음이 우주에 가득 차면 우주와 자신이 동급의 가치를 갖는다고 생각했다. 이들의 자부심은 이러한 측은지심에 근거한 것이므로 진정한 유학자라면 그들은 자기 한 몸의 이익, 자기 가족의 이익이라는 사적인 관심은 이미 진즉에 넘어선 사람이다.

이들은 자신들이 키운 자기 본성, 즉 측은지심 넘치는 마음을 실천하기 위해 세상일에 적극적으로 참여하고자 한다. 세상 사람들의 불행을 자신의 불행처럼 느끼기 때문에 아무 일도 하지 않는다면 스스로도 행복할 수 없다. 그러므로 이 사람들의 사회 참여는 자신들의 본성에 의한 것이며, 그들의 정당성과 자존심을 유지해 주는 것은 그들의 도덕성이다. 그러므로 공무원이 되거나 국회의원이 되더라도 사적인 이익을 위해서 직권을 남용하는 일은 없을 것이다.

맹자가 오늘날에 살아 있다면 그는 무엇을 하며 살까? 그는 구의원에서 시작해 시의원을 거쳐 국회로 진출할 수도 있다. 혹은 동사무소 공무원으로 시작해 급이 더 높은 공무원으로 승진해 갈 수도 있다. 혹은 시민단체의 구성원이 되어 이라크 파병에 반대하거나 자유무역협정에 반대할 수도 있다. 혹은 올바른 교육정책의 실현을 위해 운동할 수도 있다. 어떤 위치에 있든 그의 대략의 행동은 예상할 수 있다.

국회의원이 된다면 그가 내거는 공약은 자존감 있는 아이로 성장시키기 위한 교육정책, 끝까지 자존감 있는 사람으로 죽을 수 있는 노인정책에 집중되지 않을까? 그는 경쟁을 조장하여 외적 발전을 꾀하는 것보다는 내면을 성장시킴으로써 자기발전을 도모하는 삶을 좋은 삶이라고 여길 것이다. 그러므로 그 어느 부분보다 교육에 주력할 것이다. 이 산업사회를 유능하게 살 경쟁력 있는 인재를 양성하기보다는 항상 자신의 삶을 반추할 수 있는 주체적인 사람으로 키워 내는 데 힘쓸 것이다. 자신을 돌아볼 겨를도 없이 경쟁에 내몰리며 유용한 사람이 되는 것이 결코 행복한 삶을 보장하지 않는다고 믿기 때문이다. 너무 이른 나이에 뛰어든 경쟁에 적응하지 못하는 가련한 아이들 때문에 많은 부모들이 대안학교를 찾고 있다. 그들이라면 맹자가 의원으로 있는 지역 학교에 기대를 걸 수도 있지 않을까?

또한 그는 노인을 퇴물 취급하는 세상에 맞서기 위해 노력할 것이다. 옛날 농경사회에서의 권위를 갖지 못하지만, 인간관계에서의 경험은 여전히 가치 있는 것으로 존중되어야 한다. 당장 눈에 보이는 생산에 기여하지 않는다고 해도, 그들의 젊은 날의 노동이 현재의 사회를 있게 했다. 모든 사회구성원이 시간의 문제일 뿐 모두 노인이 될 수밖에 없다. 생산성의 관점에서 노인을 천대하는 것은 자신의 미래를 천대하는 것이다. 국회의원 맹자는 인간의 전 생애가 어떤 다른 기준에 의해 그 가치가 평가되는 것이 아니라 그 자체로 존중받아야 하며, 모든 산업은 인간을 위해 존재함을 강조할 것이다. 우리는 노인들을 흔히 보수적이라고 비난하듯이 말하는데, 노인을 위해 내건 공약에 매혹되어 그러하다면 누가 이들을 보수적이라고 비난할 수 있겠는가.

효율이 아니라 누구나 인간답게 사는 세상을 꿈꾸는 그는 청년실업을 줄이는 데도 적극적일 것이다. 그는 안정된 생업이 인간성을 잃지 않고 사는 데 최소한의 조건임을 분명하게 알고 있다. 그는 인간을 완성품으로 보지 않으며, 완성된 인재가 될 것을 개인에게 요구하지도 않는다. 일의 효율과 생산성을 목표로 하지 않는다면 일자리는 누구에게나 주어질 것이며, 사회의 재교육은 가장 활발한 정책 활동 중의 하나일 것이다. 고등교육을 받으면서도 가까운 미래의 생업 걱정에 얼굴 필 겨를이 없는 젊은이들에게도 이들은 꽤 많은 표를 얻지 않을까?

물론 그의 주장이 모든 사람들을 설득시킬 수는 없을 것이다. 그러나 이미 절대적 빈곤을 벗어난 오늘날, 적지 않은 사람들이 맹자의 의견에 동조하리라. 양극화의 심화가 산업 발전을 알려 주는 지표가 되어 버린 오늘날, 경제적 성장을 목표로 하지 않는 보수주의는 경제 성장을 지상 목표로 했던 때와는 다르게 받아들여질 수 있다.

자신의 삶에 의해 자신의 도덕성을 증명하는 그러한 보수주의자가 있다면, 우리는 그를 신뢰할 것이다. 그 사람의 자존심이 그의 도덕성에 의지하는 것임을 알고 있으므로 그는 거짓말하지 않을 것이라고 믿는다. 그의 생각에 동의하거나 동의하지 않거나 우리는 그를 통해 우리가 선택할 것이 어떤 것이라는 것을 선명하게 알게 될 것이다. 이들의 의견이 국가정책에 전면적으로 반영되기 어렵다 하더라도, 이들의 치열한 염려는 좀더 신중한 결론을 이끌어 내는 데 기여할 것이다.

생활에서 교육, 정치에 이르기까지 전면적으로 사회를 통제했던 과거와 달리, 오늘날 맹자의 정신을 이어받은 보수주의자들은 재산과 신분에 의해 지지되던 그 권위를 잃었다. 그들에게 남은 것은 도덕적 인간으로 갖는 자존감과 모든 인간을 숭고한 삶으로 이끌어야 한다는 신념, 그리고 그를 위한 헌신이다.

맺음말 _ 맹자와 사이좋게 지내기

초등학생이었을 때부터 책 읽기를 좋아했다. 중고등학교에 다니면서도 좋아하는 장르를 바꿔 가면서 꾸준히 책을 읽었다. 그런데 그때 내가 읽은 꽤 많은 책들은 거의 '서양'의 책들이었다. 초등학교 때 읽었던 세계문학전집인가 하는 이름의 50권짜리 시리즈 안에, 동양과 관련된 것은 채 다섯 권도 되지 않았다. 국어시간에 읽어야 했던 심훈의 『상록수』나 이광수의 『무정』 말고는, 중고등학교 때 읽었던 책들은 거의 유럽책의 번역서였다. 지금 생각하면 심상치 않은 일인데, 그때는 이상하다는 생각도 하지 못했다.

'동양'의 고전을 읽기 시작한 것은 대학을 반 이상 다니고 난 뒤였다. 그러나 그때 동양의 책들을 대할 때의 태도는 내가 서양의 책들을 대할 때처럼 우호적이지 않았다.

한국의 근대는 정말로 근대 이전과 심연을 사이에 두고 벌어져 있는 것처럼 보인다. 의식주 생활, 정치·경제, 교육, 가치관, 모든 것들이 그 이전의 시대와 판연하게 달라졌다. '새 것'은 '좋은 것'이며,

과거의 것은 단순히 '옛날의 것'이 아니라, 옛날 것이어서 '나쁜 것'이고 그래서 '버려야 할 것'이라는 분위기는 여전히 만연하다. 서양 고전의 번역서는 누구나 익숙한 한국어로 느끼며 읽을 수 있지만, 동양 고전의 번역서는 아는 사람들이나 이해하는 이상한 용어 투성이다. 동양의 것은 바다 건너온 지 얼마 되지도 않은 것들보다 훨씬 더 낯선 것이 되었다.

그러나 이상했다. 그처럼 자신들의 전통을 거부하면서 이미 근대인이 된 한국인의 의식은 왜 서양인과 꼭 같지 않을까? 그들의 소설에서 혹은 영화에서 보듯, 독립적이고 솔직하고 예의 바른 서양 사람들과는 달리, 내가 한국 땅에서 매일 마주하는 사람들은 권위적이면서도 쉽게 상처 입고, 위선적이면서도 무례했다. 나 자신 또한 그 품평에서 자유롭지 못하다는 사실 때문에 사는 게 어두컴컴했다. 내 머릿속에는, 그리고 내 주위의 한국 사람들 머릿속에는, 도대체 무엇이 들어 있기에 이렇게 의식이며 생각이 중구난방일까 하는 궁금증으로 동양철학을 공부하게 되었다. 그러니 고운 눈으로 동양의 책들을 봤을 리 없고, 덕분에 지금까지도 주로 하고 있는 일이 전통 비판이다.

그런데 특히 근대라는 시대에 전통이 처한 운명에 대해 공부하다 보니, 우리가 전통에게 부당한 짓을 하고 있다는 생각이 계속 들었다. 전통이라는 것은 여전히 우리 뱃속 저 아래쪽에 묵직하게 자리 잡고 있는데, 우리는 그것에 똥칠을 하고 이제 우리와는 상관없는 것이라고 없는 셈 치고 싶어 한다. 스무 살 청년이 지금까지 자신의 인생이 실패한 인생이라고 판단하고 과거와 단절하려 한다면 그 일의 성공 가능성은 어느 정도일까? 가능성이 있기나 한 것일까? 3kg 남짓으로 태어난 아이를 그만큼 키운 것은 그 땅의 음식물과 그 땅의 문화이다. 현재의 그는 지난 역사의 축적물이다. 그가 과거를 벗어날 수 있을까?

 동시에 이루어진 근대 문명의 수입과 전통 학대의 경험은 우리에게 트라우마로 남아 있다. 우리는 건강하지 않다. 자신의 일부를 천대하면서 어떻게 건강한 몸이기를 바라겠는가. 자신을 무시하는 타인에게 동조하여 자신을 학대하는 사람이 어떻게 건강할 수 있겠는가. 남의 것을 넘보면서 그것을 정당화하려고 남의 것을 무시하는 태도를 선택한 자들의 솔직함과 예의 바름은 얼마나 그 이름에 어울리는 것이겠는가. 그 모든 것을 배우려는 사람들의 마음은 얼마나 꼬이고 꼬이겠는가.

 현재의 자신이 마음에 안 들어 다른 사람이 되고 싶다면 현재의 자신을 아는 일이 선결과제이다. 무엇이 나를 만들었는가에 대한 반성은, 두려움 속에서 혹은 자격지심 속에서 자신을 부정하던 때와는 달리, 자신을 상승시키는 데로 이끌 것이다. 자신의 일부분인 과거를 부정하는 대신 자신이 역사에서 얻은 것을 인정하는 겸허함과, 또한 그것과 어느 선에서 결별해야 하는지에 대한 판단력을 얻을 수 있을 것이다.

 혹은 그러한 마음으로 다시 전통을 마주하다 보면, 전통은 낡은 것이어서 버려야 할 것이 아니라, 땅속에서 수 년 묵은 김치처럼 톡

쏘는 맛을 내며, 여전히 우리에게 생생하게 말을 걸어오는 것으로 느끼는 경험을 할 수도 있다. 우리의 의식을 어지럽게 만든 것은 전통 자체가 아니라 근대 문명 앞에서 주눅 들어 전통을 학대했던 그 특수한 경험이기 때문이다.

『맹자』와 유학의 이론이 권력의 이론이 되면 위선자를 양산하는 사회가 되기 쉽다는 것은 역사가 보여 주는 대로이다. 인간이 갖는 당연한 욕구에 대해서도 부끄러워하며 서로 욕구가 없는 척하고 사는 사회가 되기 쉽다. 없을 수 없는 욕구는 책임감을 가장한 권력욕이 되어, 그런 척할 줄 모르는 순진한 사람들을 구박하며 착취하기 십상이다. 서양 근대 문명의 위력 앞에서 자신들의 과거를 통탄했던 사람들이 원흉으로 지목했던 것은 그러한 폐해를 낳은 유학의 성격이었다.

그러나 이 이론이 오늘날 권력의 이론이 될 가능성은 거의 없다. 유학은 사람들이 땅을 중심으로 대가족을 이루고 그 땅에서 경제활동을 하는 농업사회에서나 사회통합의 힘을 발휘할 수 있는 이론이다. 권위와 권력의 토대가 될 땅을 잃고 경제권을 잃은 유학은, 기껏해야 소수의 신념에 머물 수 있을 뿐이다. 그러니 유학에 대한 경계의 마음은 필요 없는 때이다.

맹자는 물질이 아니라 마음이 사람에게 자신감을 갖게 하고 사람을 행복하게 한다고 생각했다. 돈이 많으면 많은 대로 적으면 적은 대로 그것은 그대로 받아들이지, 돈을 벌기 위한 삶은 살지 말라고 말한다. 마음이 가진 가치에 비하면 돈 따위는 아무것도 아니기 때문이다. 돈을 추구하는 생활은 오히려 그 귀중한 마음을 병들게 하기 때문이다. 가난한 사람들이 들으면 싫은 사람이라고 하기 쉽다.

그런데 상대적으로 가난한 사람은 있더라도 생존 자체에 위협을 느끼지 않을 정도의 사회제도가 갖춰진 사회라면, 사람들은 각기 다른 행복관을 가져도 좋지 않을까. 누군가는 분명 많은 재산을 갖는 것이 행복이라고 생각하겠지만, 그렇지 않은 사람들도 있을 것이다. 그래서 가진 돈의 차이가 나더라도, 가난한 사람이 '그래, 돈 많아서 행복하게 살라고 해' 하고 어쩌면 너그럽게, 어쩌면 비웃는 듯이 부자들을 용인해 줄 수 있는 그런 사회이어도 되지 않을까.

우리는 이미 너그러운 마음으로 맹자와 마주해도 될 만한 환경에서 살고 있다. 어떤 것도 절대적 가치를 주장하지 못하는 오늘날, 최소한 좋은 삶의 모델을 제공해 주는 것만으로도 맹자가 우리에게 주는 의미는 충분하다고 생각한다. 왜인지는 모르겠지만 다양성을 인정하는 데 인색한 우리 땅에서, 주류가 아닌 이러한 삶의 방식은 많이 소개될수록 좋을 것이다. 옛날에는 자신과 다른 것을 이단이라며 용납하지 않았던 맹자의 정신이 지금은 마이너 중에서도 마이너가 되었으니, 이제는 한껏 띄워 주어도 좋지 않겠는가.

사실 『맹자』는 너무 반듯한 사람의 이야기이다. 성인이 되고자 하는 사람의 이야기이다. 우리는 그를 닮기 어려울지도 모른다. 그리 되고 싶은 생각조차 안 들지도 모른다. 그러나 그렇다고 해서, 온 마음과 몸을 다해 그러한 삶으로 비상하려는 사람을 미워하는 건 이상한 일이다.

설사 그가 우리와 다른 사람이라고 하더라도, 그것 때문에 의미 없는 사람일 수는 없다. 우리는 우리와 생각이 같은 사람만을 좋아하는 것이 아니다. 오히려 우리에게 영향을 주고 우리를 성장하게 하는 사람은 나와 다른 생각을 가진 사람들이다. 그 사람이 자존심 강하고, 그런데 그럴 만한 근거가 있고, 또 그래서 누구 앞에서도 주눅 들지 않고 당당했던 사람이라면, 그 사람이 어떤 생각을 갖고 있든지 그 사람의 얘기는 들어 볼 만하다고 생각한다. 거기다 솔직하고 쾌활한 사람이라면 정말 좋은 이야기 상대이다. 맹자가 바로 그런 사람이다. 그런 사람과 이야기하다 보면 조금은 그를 닮게 될지도 모른다. 그리하여 그를 따라 고상한 인간으로 비상하려 날갯짓을 시작하게 될지도 모를 일이다.

부록

맹자의 성선설
『맹자』와 원목차

맹자의 성선설

1. 성선에 대한 논증

맹자는 성선설을 주장한 사람으로 유명하다. 본성은 팔다리처럼 인간이 태어나면서부터 갖춘 것이다. 그런데 팔다리야 특별한 사람 빼고는 거의 모든 사람이 갖고 태어난다는 것을 우리의 두 눈으로 확인할 수 있지만 착한 마음이야 어디 그런가? 더구나 모두 태어날 때부터 착한 마음을 가진 사람들이라면 이러한 싸움과 전쟁은 어떻게 설명할 것인가? 맹자는 시체가 산을 이루고 핏물이 내를 이루었다는 그 전쟁의 시대에 인간의 마음은 선하다고 외쳤다. 도대체 그 말을 어떻게 믿으란 말인가?

    맹자 역시 자신의 말이 쉽게 받아들여지리라고 생각하진 않았다. 또한 현실적으로는 모든 사람이 선하다고 하기 어렵다는 것도 인정한다. 그러나 그 사람이 타고난 바탕은 선하며, 인간이 마음만 먹으면 얼마든지 그 바탕을 드러내서 선해질 수 있다는 것이 성선설의 내용이다. 이렇게 현실과는 괴리가 있는 선하다는 본성을 증명하기 위해, 정말로 누구나 선한 본성을 타고났으므로 자신의 본성을 살려 내기 위해 노력해야 한다는 자신의 주장을 설득하기 위해, 맹자는 여러 가지 설명을 시도했다.

양지와 양능

맹자는 혈육 사이에 흐르는 사랑과 같은 연대감으로 이 세상 전체를 연결시키겠다는 이상을 가지고 있었고, 그것을 왕도정치라는 정치적인 이념으로 내걸었다. 그에 의하면 이 세상 구석구석까지 퍼질 사랑의 출발점인, 이 세상에서 가장 진한 사랑은 부모와 자식 사이의 사랑이다. 맹자는 아버지를 사랑하고 형에게 공손한 것은, 배우지 않아도 할 줄 알고 생각하지 않아도 알 수 있는 천부적인 능력이라고 주장했다. 맹자의 주장이라고 하지만, 이것은 오늘날에도 쉽게 부정하기 어려운 이념이다. 맹자는 그것을 타고난 지능, 타고난 능력이라는 의미의 양지(良知), 양능(良能)이라고 불렀다.

> 사람이 배우지 않아도 할 수 있는 것은 타고난 능력(良能)이고, 생각하지 않아도 아는 것은 타고난 지능(良知)이다. 두세 살 난 어린아이는 누구나 어버이를 사랑할 줄 알고, 커서는 윗사람을 공경할 줄 안다. 어버이를 친애하는 것은 인(仁)이고 윗사람을 공경하는 것은 의(義)이다. 그렇게 할 수 있는 것은 다른 이유 때문이 아니라 모든 사람들이 인과 의를 보편적으로 지니고 있기 때문이다.
> (「진심 상」 15)

맹자에게 아버지에 대한 아들의 친애, 형에 대한 동생의 공손은 이 사회의 질서를 유지하는 근간이었다. 어버이를 사랑한다는 의미를 한자로 표현하면 효(孝)이고 윗사람에게 공손한 것은 제(悌)이다.

맹자는 위의 인용문에서처럼 효와 제를 각각 인과 의로 바꿔 불렀다. 인과 의는 천성의 착한 마음이 자라고 다져져서 정착된 덕이다. 맹자는 인(仁)의 실질은 어버이를 섬기는 것이고 의(義)의 실질은 형에게 순종하는 것이라고 말한다(「이루 상」 27). "요순의 도는 효와 제일 뿐이다"(「고자 하」 2)라고도 말한다. 『논어』에는 "효와 제는 인(仁)의 근본이다"(『논어』 「학이」 2)라는 말을 비롯해, "집 안에서는 효하고 집 밖에서는 제하다"(『논어』 「학이」 2)라는 말들이 등장한다. 효와 제는 『논어』에서 논의된 핵심적인 덕목이었다. "효와 제는 인의 근본이다"라는 구절은 "사람이 효하고 제하면서 윗사람의 권위를 무시하는 사람은 드물다"는 구절 뒤에 이어진다. 주대처럼 천자와 제후, 천자의 가신들, 제후의 가신들이 모두 혈연관계로 맺어진 집단에서는, 부모에 대한 복종, 그리고 집안의 손윗사람에 대한 복종은 그대로 집안과 사회를 평온하게 유지할 수 있는 기반이었다.

『논어』에서는 효와 제를 인(仁)이라는 하나의 덕목으로 표현했다. 공자는 효와 제라는 가족 안의 윤리만으로 사회질서까지 포괄할 수 있으리라고 기대했다. 공자가 목격한 주대의 종법사회는 혈연에 의해 맺어진 사회였기 때문이다. 그러나 맹자가 살았던 시대는 이미 혈연관계를 벗어나서 인간관계가 다면적으로 확대된 시대였다. 가족윤리를 벗어난 보편적인 이념이 필요했다. 근본적으로 효·제와 내용이 다른 것이 아닐지라도 보편성을 담보하는 이름은 필요했다. 맹자는 효와 제를 포괄하던 인 개념에게 효만 배당하고, 제의 덕에는 의라는 이념을 배당했다. 효가 부모에 대한 사랑이고 제가 형에 대한 공손함이라면, 인은 이 세상 사람에 대한 사랑이며 의는 사회의 상급자에 대한 복종이다. 효와 제가 가족관계에서의 덕목이라면 인과 의는 시대와 장소를 초월해서 적용되는 보편적인 덕목이다.

사람이 누구나 부모를 사랑하고 자기 형을 존경하는 현상은, 즉 누구나 효와 제라는 일상적인 감정 혹은 태도를 지녔다는 사실은, 인과 의라는 보편적인 덕이 우리에게 존재한다는 것을 현실에서 보여주는 생생한 증거였다. 인과 의라는 보편적 덕은, 부모를 사랑하고 형을 사랑하는, 누구나 언제 어디서나 일상에서 경험하는 그 '사실'로 증명된다. 즉 아버지에 대한 사랑과 형에 대한 복종은, 맹자가 주장하는 본성이 선하다는 눈에 보이는 증거였다. 맹자의 생각에는, 효와 제가 천성적인 것임을 부정하지 않는다면, 만인에 대한 사랑인 인과 올바름을 추구하는 정의감인 의 역시 천성적인 것이 아니라고 하지는 못할 것이었다.

그런데, 인은 측은지심이 발전한 것이고 의는 수오지심이 발전한 것이다. 측은지심과 효는 어떻게 연결되며 수오지심과 제는 어떻게 연결될까?

맹자에게 측은지심은 타인에 대한 관심과 사랑의 표현이다. 타인의 고통을 함께 느끼는 감정이다. 함께 느끼는 일이라면, 자신과 가장 오랜 시간 가장 좁은 공간에서 함께하는 부모만 한 존재는 없을 것이다. 그러므로 현실에서 인의 마음은 자신이 태어났을 때부터 가장 가깝게 있었던 부모에 대한 사랑이 그 출발점이 된다.

의 역시 마찬가지이다. 형에 대한 복종은 집안에서 많은 형제들 사이에 질서를 유지하게 하는 덕목이다. 형을 형으로 대접하지 않고 불손하게 군다면 그는 집안의 평화를 깨는 인물이 될 것이다. 패륜아로 찍혀 쫓겨날지도 모른다. 그러나 자기 형에게 불손하게 굴고 큰형이 누리는 특권을 넘본다는 것이 얼마나 부끄러운 일인지 아는 공손한 아우라면, 그는 사회에 나와서도 자신의 자리를 지키면서 윗사람을 공경할 것이다.

효와 제가 이렇게 작용하는 것이라면, 그리고 그것이 바로 인과 의의 작용으로서 전 사회에서 발휘되는 것이라면, 효·제, 인·의만 있다면, 사회 안의 모든 사람과 연대하고, 또 그렇게 모인 사람들 사이에 질서를 부여하는 일이 가능할 것이다. 그러므로 현재의 스스로가 착하지 않다고 생각하는 사람이라도, 어렸을 때 부모를 사랑하고 형을 따르던 그 마음을 다시 살려 내고 키운다면, 이 넓은 세상은 다시 가족과 같은 연대감으로 평화롭게 될 것이다.

불인지심

'불인지심'(不忍之心)은 남의 불행을 마음 편하게 그대로 보아 넘기지 못하는 마음이다. 측은지심과 다르지 않은 동정심 혹은 연민의 마음이다. 맹자는 『맹자』 안 두 곳에서 불인지심에 대해 언급하면서 이 마음을 통해 인의예지가 천성적인 것임을 증명하고자 했다. 한번은 앞에서도 몇 번 언급된 제선왕의 일화에서 등장한다. 맹자는 눈앞의 소를 풀어 준 그 마음이 불인지심이라고 말한다. 그 마음이 또한 불인의 정치를 실현하는 바탕이 된다.

제선왕 : "나 같은 사람도 백성을 잘 보호할 수 있겠습니까?"
맹자 : "그렇습니다."
제선왕 : "어떤 근거에서 내가 할 수 있다고 말씀하십니까?"
맹자 : "제가 호흘(胡齕)이라는 신하에게서 다음과 같은 말을 들었습니다. 왕께서 대청에 앉아 계시는데 소를 끌고 그 아래를 지나가는 사람이 있었습니다. 왕께서 그것을 보시고 '소가 어디로 가느냐?'고 물으니 그 사람은 피를 받아 종에 바르는 의식을 하려고 한다고 대답했다 합니다. 그러자 왕께서는 '그 소를 놓아주어라. 나는 그 소가 두려워 벌벌 떠는 것이 마치 아무 죄도 없이 사지로 끌려가는 것 같아 차마 볼 수 없구나'라고 했다고 합니다. 그래서 그 사람이 '그렇다면 그 의식을 그만둘까요?'라고 묻자 왕께서는 '어떻게 그만둘 수가 있느냐? 양으로 바꿔라'라고 하셨다는데, 그런 일이 있었습니까?"
제선왕 : "그런 일이 있었지요."
맹자 : "그런 마음이라면 통일된 천하의 왕이 되기에 충분합니다. 백성들은 모두 왕께서 소 한 마리가 아까워서 그랬다고 하지만, 저는 왕께서 끌려가는 소의 모습을 차마 볼 수 없어 그러셨다는 것을 잘 알고 있습니다."(「양혜왕 상」 7)

이렇게 누구나 경험할 수 있는 동정심, 이를 맹자는 인이 천성적으로 우리에게 있는 증거라고 주장했다. 특히 소는 배려하면서 양에 대해서는 그렇지 못했던 제선왕의 행동에 대해 맹자는 "소는 직접 눈으로 보았지만 양은 보지 못했기 때문"이라고 설명한다. 이는 감정으로서의 불인지심이 어떻게 자극되면서 어떻게 성장해 가야 하는지를 보여 주는 중요한 정보이다. 불인지심을 손상시키지 않고 발휘하는 사람이면, 그 마음을 가까운 사람에서부터 점점 확장시켜 결국에는 세상 끝까지 미쳐, 온 세상 사람을 사랑할 것이다. 묵자가 주장하듯이 누구나 똑같이 사랑하는 것이 아니라, 자기에게 가까운 사람을 보다 사랑하는 방식으로 사랑할 것이다.

두번째 불인지심에 대한 언급은 우물에 빠지려고 하는 아이 이야기에서 등장한다. 누구나 어린아이가 우물에 빠지려고 하는 것을 보면 그 아이가 면식 없는 남의 아이라 해도, 순간적으로 큰일 났다고 느끼며 반사적으로 그 아이를 구한다는 예를 든 뒤, 맹자는 "이로 보건대 측은지심이 없으면 사람이 아니며"라는 결론을 끌어낸다.

사람은 누구나 남의 고통을 외면하지 못하는 마음〔不忍人之心〕을 가지고 있다. …… 사람들이 누구나 남의 고통을 외면하지 못하는 마음이 있다는 것은 다음과 같은 근거에서이다. 만약 지금 어떤 사람이 한 어린아이가 우물 속으로 빠지려는 것을 본다면, 누구라도 깜짝 놀라 측은하게 여기는 마음을 가지게 된다. 그것은 어린아이의 부모와 친분을 맺기 위해서도 아니고, 마을 사람과 친구들로부터 어린아이를 구했다는 칭찬을 듣기 위해서도 아니며, 어린아이의 우는 소리가 듣기 싫어서 그렇게 하는 것도 아니다. 이로 볼 때, 측은지심이 없으면 사람이 아니고, 수오지심이 없다면 사람이 아니며, 사양지심이 없다면 사람이 아니고, 시비지심이 없다면 사람이 아니다. 측은지심은 인의 단서이고 수오지심은 의의 단서이며 사양지심은 예의 단서이고 시비지심은 지의 단서이다. 사람이 이 네 가지 단서를 가지고 있는 것은 그가 사지를 가지고 있는 것과 같다.(「공손추 상」6)

그런데 맹자는 우물에 빠지는 어린아이의 예에서 측은지심인 인뿐만 아니라, 의와 예, 지에 대해서도 그것들이 없으면 사람이 아니라는 명제를 끌어낸다. 즉 불인지심에서 인의예지로 비약을 한다. 거기에서 더 나아가 인의예지가 없으면 인간이 아니라고 말한다. 즉 불인지심의 존재 확인에서 '인의예지가 인간의 본질이다'로 비약한 것이다. 그러면서 맹자는 사람이 본질적으로 사단을 갖는다는 것은 인간이 양팔과 양다리의 사지를 갖는 것과 마찬가지라는 비유를 한다. 사지처럼 자연스럽고 또 정상적인 인간이 되는 데 필수적이라는 의미를 표현하려고 한 것이다.

이렇게 맹자는 우물에 빠지는 어린아이에 대한 반응에서 불인지심을 이끌어 내고, 그로부터 인의예지는 인간의 본질이라는 결론을 이끌어 냈다. 이는 맹자가 의도했듯이 누구저으로 증낭될 수 있는 문제도 아니고, 맹자의 논리 자체도 허술하다. 그러나 사람들에게 갖는 호소력은 무시하지 못할 정도로 크다.

물에 빠질 것 같은 어린아이를 보고 무심할 수 있다고 우길 사람은 없을 것이기 때문이다. 우리가 사방에서 경험하는 감정을 기초로 전개되었다는 점이, 맹자 이론의 힘일 것이다.

인간의 종적 특성

신발 만드는 사람은 세상 사람들의 발 크기를 하나하나 재지 않아도 대강 어느 정도라는 것을 예상하고 신발을 만들어 팔 수 있다. 옷이나 모자를 비롯해 인간이 착용하도록 만든 모든 것들이 마찬가지이다. 인간의 체격은 일정한 범위 내에 있기 때문이다.

이 세상에 요리의 대가, 혹은 음악의 대가, 미술의 대가라고 불리는 사람들이 있다. 사람들이 공통적으로 인정하는 좋은 맛, 좋은 소리, 좋은 형상 또는 색채가 있다는 소리이다. 맹자는 이런 사실들에서, 같은 유(類)의 존재들은 동일한 기호를 가지고 있다는 명제를 이끌어 낸다. 물론 사람들 사이에 조금의 차이는 있을 수 있다고 맹자도 인정한다. 그러나 그 차이가 사람과 개 사이의 차이처럼 차이가 나는 것은 아니다. 즉 맹자가 하고 싶은 말은 인간은 인간으로서 갖는 종적 특징이 있다는 것이다. 신발의 예나 미각, 청각, 시각의 예로부터 맹자의 말을 어느 정도 수긍할 수 있을 것이다.

대개 종류가 같은 것은 서로 닮게 마련이다. 사람의 경우만 유독 그렇지 않다고 의심할 수 있겠는가! 성인도 나와 같은 부류의 사람이다. 그러므로 용자(龍子)는 '발의 크기를 모르고서 신발을 만들더라도 나는 그것이 삼태기같이 되지 않으리라는 것을 안다'고 했는데, 신발이 서로 비슷한 것은 세상 사람의 발 크기가 같기 때문이다. 사람의 입은 맛에 대해 동일한 기호를 가지고 있는데, 미각이 뛰어난 요리사 이아(易牙)는 우리가 좋아하는 맛을 먼저 체득한 사람이다. 만일 맛을 느끼는 미각의 본성이 개와 말과 내가 다르듯이 사람마다 다르다면, 천하 사람들이 어떻게 이아처럼 맛에 뛰어나기를 바라겠는가? 맛에 대해서는 세상 사람들이 모두 이아처럼 되기를 바라는데, 이는 천하 사람의 미각이 서로 비슷하기 때문이다.(「고자 상」 7)

인간의 감각에 공통된 기호가 있다는 주장에서 맹자는 다시 한 걸음 더 나아가 정말로 하고 싶은 말을 한다. 감각기관이 그렇게 다 동일한 기호를 갖는데, 마음이라고 예외겠는가! 라고. 요리의 대가는 맛의 정수를, 음악의 대가는 소리의 정수를 파악하고 다룰 줄 아는 사람이듯이, 마음 분야 역시 그 정수를 누구보다 먼저 체득하고 다룰 줄 아는 사람이 있다고 한다. 맹자는 그 사람이 바로 성인이라고 말한다. 성인은 사람의 마음이 공통적으로 좋아하는 것을 먼저 확실히 파악하고 자기 몸으로 체현한 사람이다. 성인의 마음이 좋아하는 것, 즉 인간들의 마음이 공통적으로 좋아하는 것은 리(理)이며 의(義)라고 한다.

그러므로 사람들의 미각은 맛에 대해 동일한 기호를 가지고 있고, 귀는 소리에 대해 동일한 청각을 가지고 있으며, 눈은 색에 대해 동일한 미감을 가지고 있다고 할 수 있다. 마음에만 유독 동일한 것이 없겠는가? 마음의 동일한 것은 무엇일까? 그것은 리이며 의이다. 성인은 우리들 마음의 동일한 바를 먼저 체득한 분이다. 그러므로 리나 의가 우리 마음을 기쁘게 하는 것은 동물의 고기가 우리 입을 기쁘게 하는 것과 같다.(「고자 상」7)

이는 인간의 감각이 갖는 공통적인 기호를 근거로, 마음 역시 유사한 것이라고 추측하고 내린 결론이다. 사실은 음식이나 음악, 미술 모두에 대한 기호는 장소와 시대에 따라 달라진다. 그 차이가 다른 종(種) 사이의 차이만큼 심하지 않다고 해서 공통적인 것이라고 인정할 근거도 없다. 그러므로 인간의 감각이 공통적인 기호를 갖는다는 전제도 참이라고 인정하기 어려운 명제이다. 마음이 좋아한다는 리와 의에 대해서도 그렇다. 그것은 객관적인 올바름, 도리인데, 그 올바름의 기준 역시 역사가 증명하는 대로 시대와 장소에 따라 다르다.

공통의 기호가 있다고 인정한다고 해도 문제는 있다. 맛있는 음식을 좋아하는 것과 올바름을 좋아하는 것은 분명히 다르다. 사람들이 맛있는 것을 좋아하듯이 올바름과 도리를 좋아한다면, 이 세상에 존재하는 모든 불의(不義)와 무리(無理)는 더욱 설명하기 어려워진다. 그렇게 자연스러운 것으로서 본능적으로 좋아하는 것인데, 왜 그것에 눈을 감는 일이 생긴단 말인가!

성선을 증명하기 위한 맹자의 이 유비논법은, 듣는 사람들이 깊이 따지지 않고 사람들의 감각에 공통된 기호가 있다고 인정한다면, 효과가 있었을 것이다. 맹자는 자신의 형이상학적 주장을 이런 식으로 생활 속의 비근한 예들을 들어 가며 사람들에게 납득시키려고 노력했다.

2. 고자와의 논쟁

맹자와 본성에 대해 논쟁한 고자(告子)라는 논객은, 그의 이름이 『맹자』 일곱 편 가운데 한 편의 편명이기도 할 만큼 맹자의 중요한 논쟁 상대였다. 고자의 기본 입장은, 본성은 타고난 본능을 가리키는 것으로 그 자체로는 선하다고도, 악하다고도 할 수 없다는 것이다. 이는 우리가 현실에서 경험할 수 있는 인간의 생물학적 특성을 본성으로 인정하고 그것에 근거해서 윤리적 가치를 도출해 내려고 하는 자연주의 윤리설의 전형이다. 사람들이 가장 쉽게 납득하는 상식적인 견해라는 점에서도 맹자가 대적하기에 가장 어려운 상대였을 것이다. 이 주장은 무엇보다 인간 자체의 가치를 인정하지 않는다는 점에서 유가와 대척점에 서 있다. 고자의 본성론에서는 인간 사이에서 통용되는 가치가 있다면 그것은 사회적 유용성의 차원에서 창출된 가치라고 했기 때문이다.

『맹자』에 실려 있는 고자와의 논쟁은 맹자 쪽에서 기록한 것이므로 맹사가 언제나 승리한 것처럼 그려졌는데, 기본적으로 논리적인 토론이 될 수 없는 성질의 주제이고, 실제로도 논리적인 논쟁은 아니었다. 고자와 대면했을 때의 실제 분위기나 승부가 어땠는지 알 수 없지만, 맹자는 때로는 비논리적이고 강압적으로 상대방의 입을 막는 식으로 논변을 마무리하기도 했다. 맹자나 고자 모두 자신들이 세상과 인간을 보는 태도를 표명하는 것이므로 설득하고 납득할 수는 있지만, 이기고 질 성질의 논쟁일 수는 없었다. 결국 맹자가 한 일은 고자를 상대로 본성은 선하다는 자신의 형이상학적 견해를 반복해서 역설한 것이었다. 그러므로 고자와의 논쟁을 통해 맹자와 고자가 각각 어떤 입장이었는지를 확인할 수 있다. 또한 고자를 논박하는 일이 왜 그토록 중요했는지도 짐작할 수 있다.

타고난 것이 본성이라는 주장

고자의 기본 입장은 인간이 타고난 생물학적 특성 그대로가 본성이라는 것이다. 그것에 대해 맹자와 고자는 다음과 같은 대화를 주고받았다.

> 고자 : "타고난 것을 본성이라고 한다."
> 맹자 : "타고난 것을 본성이라고 하는 것은 흰 것을 희다고 하는 것과 같은가?"
> 고자 : "그렇다."
> 맹자 : "흰 깃털의 흼은 흰 눈의 흼과 같고, 흰 눈의 흼은 흰 옥의 흼과 같은가?"

고자 : "그렇다."

맹자 : "그렇다면 개의 본성이 소의 본성과 같고 소의 본성이 사람의 본성과 같단 말인가?"(「고자 상」3)

"타고난 것을 본성이라 한다"는 고자의 주장에 맹자는 마지막으로 "그렇다면 개의 본성이 소의 본성과 같고 소의 본성이 사람의 본성과 같단 말이냐"는, 거의 으름장 같은 말을 던져 버림으로써 고자의 입을 막은 것 같은 분위기를 연출했다. 그러나 맹자의 이 마지막 질문은, 고자가 긍정한 "흰 깃털의 흼은 흰 눈의 흼과 같고, 흰 눈의 흼은 흰 옥의 흼과 같다"는 명제와 같은 구조의 문장이 아니다. 의도적인지 여부는 알 수 없지만 맹자는 교묘하게 왜곡된 질문을 던져 고자를 얼떨떨하게 만든 것이다. "흰 깃털의 흼과 흰 눈의 흼은 같다"는 문장과 같은 구조의 질문이 되려면, "개의 본성의 '본성'은 소의 본성의 '본성'과 같고, 소의 본성의 '본성'은 사람의 본성의 '본성'과 같단 말인가?"로 물었어야 했다. 그 질문이라면 고자는 주저 없이 그렇다고 대답했을 것이다. '흼'이 깃털이나 눈과 결합한 독립된 속성이라면 두번째 문장에서는 '본성'이 그렇기 때문이다. 그 '본성'을 고자는 '타고난 것'이라고 규정했던 것이다. 소나 개나 사람이나 본성은 타고난 것이다. 고자는 개든지 사람이든지 타고난 것을 본성이라고 한다고 한 것이지, 개가 타고난 것과 사람이 타고난 것이 같다고 한 것은 아니다.

인산이 타고난 것에는 여러 가지가 있을 것인데, 거기에는 감각적인 욕구도 포함된다. 그러나 그것뿐이라면 인간은 개와 소나 별 차이가 없을 것이다. 고자 역시 인간과 짐승이 별 차이가 없다고 생각하지 않았다. 누구나 경험하듯이 인간은 소나 개와는 다르기 때문이다. 가장 큰 특징은 인간은 사회를 이루고 살면서 그 안에서 어떤 이유에서든 자신의 욕구를 컨트롤할 수 있다는 점이다. 고자는 욕망을 부정할 수 없는 인간의 특징으로 인정하고, 그러한 특성을 가진 인간이 사회를 이룰 때의 메커니즘에 대해 숙고하려고 했을 것이다. 순자처럼 예를 교육시킬 필요를 절감할 수도 있고, 법가처럼 사회의 질서를 위해 인간의 욕구를 이용하려 상과 벌을 신용 있게 시행할 수도 있을 것이다.

  윤리적인 면에서 볼 때 고자의 주장에서 중요한 것은, 윤리적 가치는 경험 이전에 존재하는 것이 아니라, 사회에서 인간에 의해 정해지는 것이라는 점이다. 즉 인간의 의지가 개입한 뒤에야 성립하는 것이라는 점이다. 그러므로 인간의 감각적 본능은 선악으로 평가하기 이전의 것이다. 선과 악은 사회적으로 결정되며, 인간의 의지적 행위에 의해 창출된다. 고자는 그것을 버드나무와 버드나무로 만든 술잔에 비유해 설명했다. 버드나무가 본성이라면 사람이 그 버드나무에 인위를 가해서 만든 술잔이 바로 의(義)라는 가치 혹은 질서가 된다.

  이에 대해 맹자는 술잔은 버드나무의 결을 살려 만든 것이지 그 결을 거슬러서 만든 것이 아니라고 반박한다. 그리고 그로부터 "사람의 본성을 거슬러서 인과 의를 행하는"(「고자 상」 1) 것이 아니라, 인과 의라는 가치는 본래부터 본성에 그 근거가 있기 때문에 인의의 실천이 가능한 것이라는 자신의 주장을 끌어낸다. 그러나 고자가 술잔에 비유했던 것은 인위의 결과라는 것이지 술잔이 반드시 의이고 선이라는 의미는 아니다. 맹자의 말대로 버드나무의 결대로 무엇인가를 만든다면 그것은 술잔만 되는 것이 아니다. 도적이 사람을 해치는 몽둥이가 될 수도 있고, 교사가 학생들에게 쓰는 사랑의 매가 될 수도 있다. 고자의 생각은, 그렇게 만들어진 모든 것은 인위의 결과로서, 그 결과를 가지고 좋은 것과 나쁜 것을 결정지을 수 있다는 것이다. 본성 자체는 자연으로서 윤리적인 평가의 대상이 아니며, 윤리적 평가가 가능하려면 인간 사회에서 세운 가치가 확인되고 그 가치를 기준으로 인간의 의지적인 행위가 선인가 악인가가 판단될 수 있다는 것이, 고자의 대략적인 생각이었을 것이다.

앞에서 인용한 맹자와 고자와의 논쟁에서 맹자가 고자에게 윽박지르듯이 던진 마지막 말은 정당한 것이 아니라고 했는데, 그래도 그를 통해 맹자의 입장을 이해할 수는 있다. 맹자는 인간이 감각적인 욕구를 가지고 있다는 점을 부정할 수 없었지만 그 점은 동물적인 특성일 뿐이며, 인간이라면 동물과는 다른 특성을 가진 존재라고 생각했다. 인간적인 특성을 놔두고 굳이 동물들과 어깨를 나란히 하여 타고난 것을 인간의 본성이라고 하는 이유가 뭔지 이해할 수 없었을 것이다. 그러므로 맹자가 "개의 본성이 사람의 본성과 같단 말인가"라고 윽박질렀던 것은 사실은 아주 터무니없는 것은 아니었다.

버드나무와 술잔의 논쟁에서 맹자의 입장은 너욱 명확하게 드러난다. 맹자가 말하고자 한 것은, 인간이 어떤 선한 행동을 했다면, 그것은 이미 있는 바탕을 살려서 그렇게 한 것이지, 아무 가능성도 없는데 그렇게 된 것은 아니라는 것이다. 즉 이 세상에 선함이라는 것이 있다면 그것이 어떤 것이든지 사람의 내면에서 나온 것이라는 점을 주장하려는 것이다. 그렇지 않고 고자의 주장대로라면, 가치라는 것은 결국 사회의 유용성밖에 없다. 정말 그것뿐이라고 주장한다면, 당시 현실에서 보듯이 개가 고깃덩어리를 쫓아 자신의 다리에 피가 흐르는 것도 모르고 달려들듯이, 인간 역시 부귀를 좇아 자신의 진정한 가치를 내동댕이치고 부귀를 위해 가리는 일 없이 다할 것이다. 겉으로 보기에는 화려하고 세련되어 보일지라도 그것은 스스로의 존엄성을 포기하고 욕망을 좇는 데 자신을 바친다는 점에서 맹자가 보기에는 개나 소와 다름없는 일이었다.

인은 내재적이고 의는 외재적이라는 주장

고자는 "식욕과 성욕은 본성이므로 인(仁)은 내재적인 것이지 외재적인 것이 아니며, 의(義)는 외재적인 것으로 내재적인 것이 아니다"라는 말을 했다. 이 말은, 인과 의라는 도덕적 가치의 유래 또는 원천에 대한 고자의 주장을 표현한 것이다. 즉 고자의 주장은, 인이라는 가치는 인간의 내면에서 나오는 것이지만 의라는 가치는 인간의 내면과는 관계없이 사회적으로 성립하는 것이라는 의미이다.

그런데 우선 짚고 넘어가야 할 것은, 고자가 맹자와 마찬가지로 인이라는 개념을 사용하고 있지만 고자가 생각하는 인은 맹자가 말하는 인과는 다르다는 사실이다. 고자가 말하는 인은 사람에 대한 사랑이 아니라 욕구의 대상에 대한 사랑이다. 즉 식욕과 성욕으로 대표되는 본능적인 욕구 또는 애호를 가리킨다. 한편 의는 사회의 질서로 나타나는 가치인데, 고자는 이것이 인간이 태생적으로 갖는 것이 아니라 인간의 외부에서 주어지는 것이라 생각한다. 그러므로 '인은 내재적이고 의는 외재적'이라는 명제는, 식욕과 성욕으로 대표되는 본성 자체는 선·불선이 없고 사회적 기준의 적용 후에 선·불선을 말할 수 있다는 고자의 주장을 다르게 표현한 것이라 할 수 있다. 인은 인간의 본능적인 욕구이고, 의는 사회에서 통용되는 가치 또는 질서이다. 고자에게 사회적 규범 혹은 가치는 인간의 본성과는 관계없이 성립한 것이다. 사회 안에서 성립되어, 학습의 방법이나 혹은 상과 벌을 시행하는 방법을 통해 개인의 행위를 지도하는 이념이 될 것이다.

맹자는 '인은 내재적인 것이고 의는 외재적인 것이다'〔仁內義外〕라는 고자의 주장을 반박하면서, 인은 내재적이라고 한 주장에 이의를 달지 않고 의가 외재적인 것이라고 주장한 점만 문제 삼았다. 즉 맹자는 고자가 말하는 인의 함의가 자신과 다르다는 것은 문제 삼지 않았다. 그래서 이 논쟁에서 주된 쟁점은 의가 내재적인 것인가 외재적인 것인가에 집중된다. 즉 의라는 사회질서는 인간 내부에 선천적으로 있는 것인가 아니면 후천적으로 외부에서 부여되는 것인가에 대한 논쟁이 된다.

고자가 사회적 질서를 가능하게 하는 의는 인위의 산물이라고 생각한 데 반해, 맹자는 그것 역시 인과 마찬가지로 내재적이라는 입장이다. 맹자가 볼 때 천성적이고 내재적인 의는 실생활에서 동생이 형을 공경하는 것을 보고 확인할 수 있다. 맹자는 누구나 형을 공경한다고 하면서 이 공경하는 마음 역시 인간의 본성에 원천을 둔 것이라고 주장했다. 형을 공경하는 마음은 나아가 사회의 연장자에 대한 마음으로 확장되어 사회의 질서를 저절로 가능하게 하는 힘이다.

형을 공경하는 그 마음이 의의 표현이라는 것에 고자 역시 동의한다면, 맹자와 고자의 논쟁은 형을 공경하는 마음이 내재적인 것인가 외재적인 것인가, 즉 천성적인 것인가 아니면 사회적인 학습에 의한 것인가에 관한 것이 된다. 맹자는 어린아이는 누가 가르치지 않아도 자기 형을 사랑하고 따른다(「진심 상」15)라고 주장했는데, 천성적이라는 이 형 사랑을 증명하려면, 교육이 전혀 없는 상태로 아이를 키우고 그 아이가 저절로 자기 형을 사랑하고 형에게 복종한다는 것을 보여 줘야 한다. 만약 교육이 전혀 개입하지 않은 상태로 아이를 방치했을 때, 그 아이가 형이나 연장자를 공경할 줄 모른다면 그것은 고자의 주장에 힘을 싣는 일이 될 것이다. 그러나 실험은 실행될 수 없다. 교육이 전혀 없는 상태란 어떤 사회생활도 없는 상태여야 하는데, 어떤 사회생활도 없이 아이가 생존하기란 현실적으로 불가능하기 때문이다.

결국 이 논쟁을 통해 우리는 본성과 사회적 질서에 대한 고자와 맹자 각각의 견해가 어떤 것인지 알 수 있을 뿐이다. 즉 이들은 자신들의 입장을 반복해서 주장했을 뿐, 논리적인 토론을 했던 것은 아니었다. 고자 측은 대상이 내가 공경할 사람인가에 따라 내가 공경하거나 하지 않는 것이므로 의는 외재적인 것이라는 논지를 펼쳤고, 맹자 측은 불고기는 내가 굽는지 다른 나라 사람이 굽는지에 관계없이 내가 좋아하는 것이므로 내재적인 것이라고 응답했다(「고자 상」 4). 즉 고자 측은 외부의 대상을 강조했고 맹자는 내재적인 반응을 강조한 것인데, 사실 맹자가 든 불고기에 대한 나의 애호는 고자의 입장에서 보면 인의 영역이지 의의 영역이 아니다.

인이라는 것은 나를 밖으로 확장시키는 기능을 한다. 맹자는 이 말을 다른 사람의 불행을 함께 느끼는 능력으로 해석했고, 고자는 나의 육체적인 감각을 충족시켜 줄 대상을 원하는 마음으로 해석했다. 어느 쪽이든 사랑이라는 말로 번역될 수 있다. 맹자에 의하면 사랑은 대상에 대해 측은함과 애틋함을 느끼는 것이지만, 고자에 의하면 사랑은 기본적으로 이기적인 관점에서 대상을 원하는 것이다. 사랑을 원한다면 그것은 자신의 외로움이나 성욕 때문이라고 할 것이다. 사랑이라는 말이 다의적이듯 인의 의미도 다의적이지만 그것이 개인을 개인 안에 머물지 않게 하는 것이라는 의미에서는 한가지이다.

의는, 측은함 때문이든 이기심 때문이든, 어떤 연유에서든 모여서 함께 살아가게 된 사람들을 위한 질서이다. '인내의외' 논쟁은 그 사회적 질서의 근거를 둘러싼 논쟁이다. 비유하자면 동시에 밥을 먹기에는 너무 많은 인원이 어떤 순서로 밥을 먹을 것인가를 정하는 일과 관련된다. 맹자에 의하면 나보다 먼저 먹어야 될 사람들을 생각하고, 그들이 먼저 먹도록 배려해 주는 마음이 태어날 때부터 우리 안에 있다는 것이다. 고자에 의하면 사람들의 본성에는 타인에 대한 그러한 배려가 없다. 그러나 사람들은 질서를 지킨다. 그 질서가 구체적으로 어디에서 온 것인지 고자에게 직접 들 수는 없지만, 인성에 대해 고자와 같은 생각을 한 사람들이 내놓은 사회질서에 대한 생각들을 보면, 어렵지 않게 짐작할 수 있다. 묵자는 인간에게 상벌을 내리는 전지전능한 신이 있으므로 욕망이 하고 싶은 대로 하면 안 된다고 말했다. 순자는 공자가 내면의 덕에 의한 행위 방식이라고 주장했던 예를 교육함으로써 도덕적인 사회를 이룩할 수 있다고 주장했다. 한비자는 강한 권력을 가진 국가가 엄격한 상과 벌을 시행함으로써 이기적인 사람들을 통제할 수 있다고 생각했다.

어느 쪽으로 가든, 질서 있는 사회를 조직할 능력이 인간 자체 안에는 없다는 그러한 생각에 대해 맹자는 맞선 것이다. 이 세상에 사랑뿐 아니라 그것이 사회의 질서이든 어떤 것이든 우리가 아름답다고 할 만한 것이 있다면 그것은 이미 인간 안에 그 근거가 있었기 때문이라는 것이 맹자의 생각이었다. 인간은 신이나 국가권력과 같은 존재가 부여하는 벌에 대한 두려움 때문에, 혹은 부귀영화와 같은 물질 때문에 움직이는 타율적인 존재가 아니었다. 맹자가 보기에 인간은 스스로의 원리에 의해 움직이는 자율적이고 자유로운 존재였다.

『맹자』와 원목차

『맹자』는 맹자가 왕도정치의 이상을 당대에 실현할 전망을 상실하고 고향으로 돌아와 제자들과 함께 유학정신에 대해 토론하면서 만들어진 책이다. 『사기』의 저자 사마천, 후한(後漢)의 조기(趙岐), 남송(南宋)의 주희(朱熹) 등은 『맹자』는 맹자 자신이 직접 지은 책이라고 생각했다. 그러나 당(唐)의 임신사(林愼思)나 한유(韓愈), 또 송대의 『문헌통고』(文獻通考) 등은 맹자 사후 맹자의 제자인 공손추와 만장 등에 의해 편집되었다고 주장했으며, 현재에는 제자들이 편집했다는 설이 더 유력하다.

처음으로 『맹자』에 주를 단 사람은 후한의 조기이다. 조기는 『맹자』 7편을 각각 상하로 나누어 14권으로 만들었고 이것이 『맹자』의 체제로 정착되었다. 『한서』「예문지」에는 "『맹자』 11편"이라고 기록되어 있는데, 아마도 '외서'(外書) 4편을 포함한 수치일 것이다. 조기는 당시에 통용되던 「성선변」(性善辨), 「문설」(文說), 「효경」(孝經), 「위정」(爲政)의 네 편을, 한대의 유자들이 지어서 맹자의 책이라고 가탁

(假託)한 것으로 결론짓고, 『맹자』 안에 편입시키지 않았다.

『한서』「예문지」 이래 『맹자』는 '기타 사상'〔子〕으로 분류되었다. 즉 중국에서는 서적을 경서〔經〕·역사〔史〕·기타 사상〔子〕·시문집〔集〕으로 분류했다. 그 가운데 『논어』와 『시』·『서』 등은 유가적 성인의 말씀이라는 의미에서 경서로 분류된 데 비해, 『맹자』는 기타 사상서로 취급된 것이다.

한대의 사마천이 맹자를 존숭(尊崇)해서 「맹순열전」(孟荀列傳)을 썼고, 또 조기가 『논어』를 잇는 유가서로서 『맹자』의 중요성을 인식하고 주해를 썼다. 그러나 『맹자』에 대한 그들의 높은 평가도 당시에는 그다지 반향을 불러일으키지 못했다. 오히려 맹자를 비난하는 사람이 더 많았다. 순자(荀子)의 「비십이자」(非十二子) 편을 비롯해, 왕충(王充)의 『논형』(論衡) 「자맹」(刺孟) 편, 사마광(司馬光)의 「의맹」(疑孟), 이구(李覯)의 「비맹」(非孟), 조설지(晁說之)의 「저맹」(詆孟) 등은 모두 맹자를 비판한 글들이다.

『맹자』에 대한 그러한 대우에 종지부를 찍은 것은 송대에 이르러서였다. 북송의 정호(程顥)·정이(程頤) 형제는 『예기』에서 「대학」과 「중용」 편을 독립시키고 이 둘을 『논어』·『맹자』와 함께 사서(四書)로 묶었으며, 주희는 이 사서에 주를 달아 『사서집주』(四書集註)를 간행했다. 성리학(性理學)이라고 불리는 고도의 관념철학은 그 관념철학의 토대로서 『맹자』를 필요로 했다. 양명학을 세운 명대의 왕양명(王陽明)은 누구보다도 『맹자』를 중시했다. 양지(良知) 이론을 비롯한 그의 중요한 이론들은 상당 부분 『맹자』에 의거하고 있다. 이후 『맹자』

는 경서로서 존숭되었으며, 사서는 오경과 어깨를 나란히 하는 유가 경전으로서 과거의 필수 과목으로 지정되었다. 다른 유가 경전과 함께 『맹자』의 위세는 청나라가 무너진 20세기 초엽까지 계속되었다.

맹자보다 조금 뒤의 순자나 한비자의 저작에서는 각 편에서 다루는 주된 주제가 있고 편명 역시 그에 상응하는 것으로 되어 있는데, 『맹자』는 『논어』처럼 각 편명을 각 편의 첫 구를 따서 편의적으로 붙였다. 즉 편명에 특별한 의미는 없다. 뿐만 아니라 각 편 안의 장 사이에 논리적인 연관이 없이 나열되어 있다는 점도 『논어』와 같다. 다만, 앞의 「양혜왕」·「공손추」·「등문공」의 3편은 정치적 진퇴를 다루고 있으며 뒤의 「이루」·「만장」·「고자」·「진심」의 4편은 사제 사이의 문답과 잡사를 다루고 있다고 양분할 수 있다. 이는 그대로 정치적 편력 뒤에 고향에 정착해서 교육과 저작에 몰두했던 맹자의 행적을 반영한다.

원목차

제1편 「양혜왕」 상·하 : 이 편은 맹자가 편력한 지방을 보여 주기 위해 편집되었다고 보는 학자도 있다. 즉 양의 혜왕에서 제의 선왕으로, 제에서 추의 목공에게로 옮아가는 대화의 순서가 사실은 그대로 맹자가 여행한 순서였다는 것이다. 각 나라의 제후들을 상대로 맹자가 주장한 것은, 첫번째 얘기가 보여 주듯이, 공리주의를 배격하고 인의를 기본으로 하는 도덕정치의 실시였다.

제2편 「공손추」 상·하 : 이 편은 제자인 공손추의 질문과 이에 대한 맹자의 답변으로 시작하고, 마지막도 공손추의 질문과 답변으로 마무리 된다. 스승과 제자 사이에 갖가지 논의가 전개된다. 유명한 '호연지기'에 대한 것도 여기에 실려 있으며 '성선설'과 관련된 '사단' 역시 여기에서 논의된다.

제3편 「등문공」 상·하 : 등문공 하편은 통일된 주제가 없이 잡박하다. 권력자를 상대하는 맹자의 자존심 등에 관한 이야기 속에서 세상과 싸우는 맹자의 고고한 모습이 보인다. "변론하기를 좋아한다"라는 세상의 평가에 대한 맹자의 해명도 여기에 실려 있다. 등문공 상편은 등나라와 관련된 이야기들이다. 여기에 농지정리와 조세개혁의 내용을 담고 있는 정전제에 관한 것이 실려 있으며, 농가학파와의 논쟁이나 묵가학파와의 논쟁도 실려 있다.

제4편 「이루」 상·하 : 이 편은 대화 형식이 아니라, 주로 맹자의 말을 기록한 것으로 구성되어 있으므로, 앞의 세 편과 형식이 다르다. 하편의 첫 부분은 제7편인 「진심」처럼 짧은 격언이 많다. 내용상으로는 『중용』이나 『대학』 등에서 볼 수 있는 것과 비슷한 내용의 철학적 사고가 많이 보인다. 그 점에서 후대 유가전통이 된 사상적 요소가 많이 담겨 있는 부분이다.

제5편 「만장」 상·하 : 이 편은 제자인 만장과의 문답이 주가 되어 있

다. 만장은 전해져 내려오는 성왕들의 사적에 관심이 많았던 듯, 만장과의 문답은 주로 옛 성현들에 관한 것이다. 이 편을 통해 맹자에게는 최초의 제왕(帝王)이자 최초의 성인인 요·순을 비롯한 전설상의 인물들이 유가의 이상적인 인물로서 정립되고 있음을 볼 수 있다.

제6편 「고자」 상·하 : 이 편을 통해 성선설에 대해 자세히 알 수 있다. 인간의 본성에 관해 맹자와 격론을 펼쳤던 고자와의 논쟁이 이 편에서 전개된다.

제7편 「진심」 상·하 : 이 편은 단문이 많다는 것이 하나의 특색이다. 내용상으로는, 인간의 마음과 본성, 천명에 관한 깊은 사유가 실려 있으며, 교육에 관한 것도 많은데, 이는 노년의 맹자의 말이 중심이 되어 있는 것을 암시하는 것이라고 생각된다. 이 편의 마지막이자 『맹자』의 마지막에서 성인인 요·순에서부터 맹자 자신에 이르기까지의 도의 전통을 서술하고 있는 것은 대단히 의미심장하다.

찾아보기

ㄱ

감각기관 58~60
  외물에 반응하는 ~ 98
  욕심은 ~의 기능 101
  ~과 외부의 사물 57
감정 65
견자(狷者) 208~210
계몽주의 263
고자 85, 300
  ~가 생각하는 인(仁) 305
  ~와의 논쟁 300~301, 307
  ~의 본성론 47, 300, 304
  ~의 선과 악 303
  ~의 인간 303
  ~의 인성 309
공경지심(恭敬之心) 90, 127
공리주의 263
공자 27, 177, 235~236, 291
  ~의 가족윤리 135
  ~의 이름 바로잡기[正名] 214~216
광자(狂者) 208~209
구세제민(救世濟民) 129
군자
  ~는 덕의 전문가 226
  ~의 외적 생활조건 167
근대 253
  진보의 기치를 내걸었던 ~ 266
  한국의 ~ 281
  ~가 길어 낸 보편이성 253
  ~ 문명 283~284
  ~의 정치사상 262
  ~의 특징인 시민혁명과 산업화 267
  ~ 정신 267, 269
기(氣) 67, 112

ㄴ

난신적자(亂臣賊子) 188
남의 말 파악하기[知言] 219~221

『논어』 27, 109, 208, 291, 311~312
「안연」 27
「자로」 27
「학이」 291
「헌문」 109
~의 직궁 27
농가(農家) 192
~의 행위 방식 193

ㄷ·ㄹ

덕(德) 127
~에 의한 정치 262
~은 관계를 맺는 능력 143
~은 관계의 매개 126
~은 사회의 관습을 배우는 일 257
~은 키워야 하는 것 257
~의 형성 과정 123
도(道) 38, 139
~의 완전한 실현 157
~의 존재 방식 39
리(理) 67, 208
우주적 진리인 ~ 67

ㅁ

마비(痲痺) 74
마음 36
개인의 도덕 주체는 ~ 61
공감의 능력인 ~ 248~249
공경(恭敬)의 ~ 63
사단(四端)의 ~ 55~56
사랑의 ~ 36
사양(辭讓)의 ~ 63
사회규범의 근원인 ~ 144
생각하는 ~ 57~58
선한 ~ 36
수오(羞惡)의 ~ 63
시비(是非)의 ~ 63
측은(惻隱)의 ~ 55, 57, 62
타고난 착한 ~ 57, 63, 249
~은 양심 97
~은 윤리의 주체 97
~의 능력 254~255
~지키기 124
마음 흔들리지 않기→부동심
맹모삼천(孟母三遷) 33
맹시사(孟施舍) 112~115
맹자 33
공자의 후계자 ~ 28
왕도정치의 전승자 ~ 30
~가 생각하는 세상 136~138
~가 제시한 유학의 도 141
~의 교육방법 40
~의 도덕정치 168
~의 성선설 34, 41, 52, 246, 248, 289
~의 인간 29, 53, 248, 252
~의 정치사상 236
『맹자』 36, 284~285
「고자」 52, 196, 202, 205, 314
「공손추」 226, 237, 296, 313

「등문공」 126, 183, 194, 203, 313
「만장」 227, 233~234
「양혜왕」 170, 200, 237, 294, 312
「이루」 144~145, 158, 313
「진심」 151, 153, 161, 197, 224, 239, 290, 314
　~의 혁명사상 238~241
명(命)과 본성 149~157
묵가 30, 48, 85
　사랑의 층차를 무시하는 ~ 268
　~의 가부장제와 봉건제 부정 180
　~의 겸상애교상리(兼相愛交相利) 180
　~의 인간본질 180
　~의 인성 309
　~의 평등애 182
　~의 평등한 공동체 30
묵적(墨翟) 37, 178~179, 190
문왕·무왕·주공 175
민주주의 263~265
　대의~ 272
　대중~ 268

ㅂ

방심(放心) 103
　마음을 놓아 버린 상황 ~ 102
　마음이 없는 ~ 103
버크, 에드먼드(Burke, Edmund) 262, 264
　~의 보수주의 정치철학 262

법가 25~28, 85, 196
　이익을 좇는 ~ 110
　~의 부국강병 88, 195, 268
　~의 신상필벌(信賞必罰) 25~26
　~의 인간관계 28~29
　~의 인간 이해 49
　~의 인성론 48
　~의 제도개혁 25
보수주의 261~273
　근대 서양의 ~ 262
　근대정신에 반대하는 ~ 262
　한국의 ~ 262
　~의 공동체 265
　~의 모델인 맹자 262
　~의 중간결사체 265
보수주의자 279
　~들이 말하는 인간 이성 263
　~들의 공동선(Common Good) 264
부동심(不動心) 40, 111~114, 218~219
북궁유(北宮黝) 112~115
불인지심(不忍之心) 293~295
　연민의 마음인 ~ 293
불평등 274, 317
　교육의 ~ 274
　부의 ~ 274
　유학적 사회의~ 275

ㅅ

사단(四端) 55, 84
사단칠정논쟁(四端七情論爭) 101

사랑 69
　공감의 능력 ~ 69
　부모 자식 사이의 ~ 77
　아버지에 대한 ~ 181
　이성 간의 ~ 70
　~은 배워야 하는 것 71
　~은 자극에 의해 자라는 감정 77
　~은 훈련되는 것 74
　~의 마음 73~75, 105
사양지심(辭讓之心) 90
사이비 군자 207
　→ 견자, 광자, 향원
사회계약론 263
삼왕(三王)의 시대 267
상앙(商鞅) 23, 49, 197
성즉리(性卽理) 208
소진(蘇秦) 24, 201~202
손자(孫子) 24
송대의 성리학 67
　~자(者) 48, 74
수신(修身) 106~108
　선한 본성을 실현하는 ~ 106
　자신에게 몰두하는 일 ~ 107
수오지심(羞惡之心) 52, 89, 127, 140
　~인 의(義) 292
순임금 79, 129, 167, 175, 187
순자의 본성이론 49
시비지심(是非之心) 90
　옳고 그름을 느끼는 능력 ~ 93
　지혜(智)의 덕은 ~ 93
10분의 1세법 190~193

ㅇ

양능(良能) 290
양명학 311
양심 247
양주(楊朱) 31, 37, 178~179, 190
　개인주의를 주장하는 ~ 30, 268
　세속의 사회를 부정하는 ~ 268
　~사상의 핵심은 개인주의 185
　~의 위아설(爲我說) 186
　~의 은둔철학 185
　~의 자기존중사상 186
　~학파 177
양지(良知) 290, 311
양혜왕(梁惠王) 198~199
『여씨춘추』 185
『열녀전』 33~34
『열자』 185
예(禮) 52, 92
『예기』 101, 311
오륜(五倫) 126
왕도(王道) 29
왕도정치(王道政治) 29~31, 132
　군자의 존재의의인 ~ 110
　인의의 덕을 바탕으로 하는 ~ 35
　~의 동업자인 유학자 228
　~의 선결과제 171
　~의 실현 223~225
　~의 핵심 36
요임금 173, 175, 187
운명 169

객관상황인 ~ 169
　　~과 사명 171~172
유학 181
　　보수주의의 콘텐츠인 ~ 270
　　삶의 철학인 ~ 246
　　정치 이념인 ~ 261, 273
　　~에서 말하는 사랑 181
　　~의 개인 256
의(義) 52, 91
　　군신 간의 ~ 230~231
　　사회의 정의인 ~ 92
　　윗사람을 존경하는 ~ 91
　　~는 외재적인 것 305
　　~는 인위의 산물 306
　　~의 덕 91
위기지학(爲己之學) 109, 120
위인지학(爲人之學) 109
이목구비의 감정 101
　　~의 욕구 102
이윤(伊尹) 39, 227, 239~241
이지(夷之)의 두 가지 근본 183
인(仁) 52
　　어버이를 사랑하는 것이 ~ 90
　　측은지심인 ~ 292, 296
　　~은 내재적인 것 305
인간의 종적 특징 297
　　~ 감각이 갖는 공통 기호 288~299
　　~ 욕망 250~252
　　~ 종적인 보편성 47
인과 의 19
　　문명의 핵심인 ~ 179

　　~는 보편적 덕목 292
인의예지(仁義禮智) 79, 86
　　~는 내면의 덕 139
　　~는 인간의 본질 296
　　~의 덕 81
　　~의 싹 133
일치일란(一治一亂) 175

ㅈ

자산(子産) 25
자유주의 261
자포자기(自暴自棄) 158
장의(張儀) 201~202
재아자(在我者) 153
재외자(在外者) 153
전국시대(戰國時代) 46, 195, 267
전체주의 264~265, 272
정(鄭) 25
　　~의 재상 자산(子産) 25
정전제(井田制) 141,190
정주성리학자 104
제(齊) 20~21, 35
제선왕(齊宣王) 54, 73, 237, 294
제자백가 192
제후국 20~21
주(周)대의 종법사회 135, 291
중도(中道)의 선비 208~209
진(秦) 21
　　~의 관리 상앙(商鞅) 23, 49, 197

ㅊ

천명(天命) 사상 236
『춘추』 176, 205
춘추시대(春秋時代) 21
측은지심(惻隱之心) 52, 65, 72, 82~83, 89, 111, 126~127, 131, 140, 145
    공감하는 마음인 ~ 271
    유학자들의 ~ 276
    타인과 연대하는 ~ 251
    ~은 사랑의 실질적 내용 272
    ~의 확장 105
칠웅(七雄) 21

ㅌ·ㅍ

타인과의 관계 맺기 123
탕임금 175, 227
패도정치 187, 195
패자제도 21

프랑스혁명 262, 264, 268
『프랑스혁명에 관한 고찰』 262

ㅎ

한(韓) 21
    ~의 신불해(申不害) 24
한비자 185
    ~의 인성 48, 309
향원(鄕原=鄕愿) 208~214
혁명의 정당성 235
현대 신유학 269
호연지기(浩然之氣) 40, 112, 116, 237
    의가 쌓여서 생기는 ~ 116~117
    의와 도라는 방향성을 가진 기운인 ~ 116
    ~는 떳떳함에서 오는 용기 118
    ~ 키우기 119~120
효(孝)와 제(悌) 189, 291~293
희로애락애오욕(喜怒哀樂愛惡欲) 101